民國文化與文學 研究文叢

初 編

李 怡 主編

第 8 冊

新式教育與五四文學的發生

李 宗 剛 著

國家圖書館出版品預行編目資料

新式教育與五四文學的發生／李宗剛 著 — 初版 — 新北市：
花木蘭文化出版社，2012〔民 101〕
序 6+ 目 2+218 面；19×26 公分
（民國文化與文學研究文叢 初編：第 8 冊）
ISBN：978-986-254-885-1（精裝）
1. 五四新文學運動　2. 教育史　3. 中國
541.26208　　　　　　　　　　　　　　　101012598

特邀編委（以姓氏筆畫為序）：

丁　帆	王德威	宋如珊
岩佐昌暲	奚　密	張中良
張堂錡	張福貴	須文蔚
馮　鐵	劉秀美	

ISBN-978-986-254-885-1

民國文化與文學研究文叢
初　編　第　八　冊　　　　　ISBN：978-986-254-885-1

新式教育與五四文學的發生

作　　者　李宗剛
主　　編　李　怡
企　　劃　北京師範大學民國歷史文化與文學研究中心（籌）
　　　　　四川大學民國文學暨海外漢學研究中心（籌）
　　　　　現代中國文化與文學研究中心
總 編 輯　杜潔祥
印　　刷　普羅文化出版廣告事業
出　　版　花木蘭文化出版社
發 行 人　高小娟
聯絡地址　新北市永和區中正路五九五號七樓
　　　　　電話：02-2923-1455／傳真：02-2923-1452
網　　址　http://www.huamulan.tw 信箱 sut81518@gmail.com
初　　版　2012 年 9 月
定　　價　初編 18 冊（精裝）新台幣 30,000 元

《民國文化與文學研究文叢》總序

李　怡

　　這是一套試圖從新的角度——民國歷史文化的視角重新梳理分析中國現代文學的叢書，計劃在數年內連續推出百餘種相關主題的論述，逐漸形成關於現代中國文學的新的學術思路。為什麼會提出這樣的設想？與最近一些年大陸中國悄然出現的「民國熱」有什麼關係？最終，我們又有怎樣的學術預期呢？

　　近年來大陸中國的「民國熱」折射出了諸多耐人尋味的社會心理：對於一種長期被遮蔽的歷史的好奇？市民情懷復蘇時代的小資心態？對當前社會文化秩序的厭倦與不滿？或許，就是這幾種心理的不同程度的組合？作為生活在「民國熱」時代的我們，自然很難將自己與這些社會心理切割開來，不過，在學術自身的邏輯裡追溯，我們卻不得不指出，作為文學史敘述的「民國」概念，無疑有著更為深遠的歷史，擁有更為豐富的內涵。

一

　　迄今為止，在眾多中國現代文學史的敘述概念中，得到廣泛使用的有三種：「新文學」、「近代／現代／當代文學」、「二十世紀中國文學」。值得注意的是，這三種概念都不完全是對中國文學自身的時空存在的描繪，概括的並非近現代以來中國具體的國家與社會環境，也就是說，我們文學真實、具體的生存基礎並沒有得到準確的描述。因此，它們的學術意義從來就伴隨著連續不絕的爭議，這些紛紜的意見有時甚至可能干擾到學科本身的穩定發展。

　　「新文學」是第一個得到廣泛認可的文學史概念。從 1929 年春朱自清在清華大學講授「中國新文學」、編訂《中國新文學研究綱要》到 1932 年周作人在輔仁大學講演新文學源流、出版《中國新文學的源流》，從 1933 年王哲

甫出版《中國新文學運動史》到 1935 年全面總結第一個十年成就的《中國新文學大系》的隆重推出，從 1950 年 5 月中央教育部頒佈的教學大綱定名爲「中國新文學史」到 1951 年 9 月王瑤出版《中國新文學史稿》（上冊），都採用了「新文學」這一命名。此外，香港的司馬長風和臺灣的周錦先後撰寫、出版了同名的《中國新文學史》。乃至在新時期以後，雖然新的學科命名——近代文學、現代文學、當代文學——已經確定，但是以「新文學」爲名創辦學會、寫作論著的現象卻依然不斷地出現。

以「新」概括文學的歷史，在很大程度上來源於這一時段文學運動中的自我命名。晚清以降中國文學與中國文化的動向，往往伴隨著一系列「新」思潮、「新」概念與「新」名稱的運動，如梁啓超提出「新民說」、「新史學」、「新學」，文學則逐步出現了「新學詩」、「新體詩」、「新派詩」、「新民體」、「新文體」、「新小說」、「新劇」等。可以說，鴉片戰爭以後的中國進入了一個「求新逐異」的時代，「新」的魅力、「新」的氛圍和「新」的思維都前所未有地得到擴張，及至五四時期，「新文學運動」與「新文化運動」轟然登場，「新文學」作爲文學現象進入讀者和批評界的視野，並成爲文學史敘述的基本概念，顯然已是大勢所趨。《青年雜誌》創刊號有文章明確提出：「夫有是非而無新舊，本天下之至言也。然天下之是非，方演進而無定律，則不得不假新舊之名以標其幟。夫既有是非新舊則不能無爭，是非不明，新舊未決，其爭亦未已。」〔註 1〕今天，學界質疑「新文學」的「新」將其他文學現象排除在外了，以至現代的文學史殘缺不全。其實，任何一種文學史的敘述都是收容與排除並舉的，或者說，有特別的收容，就必然有特別的排除，這才是文學研究的基本「立場」。沒有對現代白話的文學傳統的特別關注和挖掘，又如何能體現中國文學近百年來的發展與變化呢？「新」的侷限不在於排除了「舊」，而在於它能否最準確地反映這一類文學的根本特點。

對於「新文學」敘述而言，真正嚴重的問題是，這一看似當然的命名其實無法改變概念本身的感性本質：所謂「新」，總是相對於「舊」而言，而在不斷演變的歷史長河中，新與舊的比照卻從來沒有一個確定不移的標準。從古文經學、荊公新學到清末西學，「新學」在中國學術史上的內涵不斷變化，「新文學」亦然。晚清以降的文學，時間不長卻「新」路不定，至「五四」已今非昔比，「新」能夠在多大的範圍內、在多長的時間中確定「文學」的性質，實在是一個不容

〔註 1〕汪叔潛：《新舊問題》，《青年雜誌》1915 年第 1 卷第 1 號。

忽視的學術難題。我們可以從外來文化與文學的角度認定五四白話文學的「新」，像許多新文學史描述的那樣；也可以在中國文學歷史中尋覓「新」的元素，以「舊」爲「新」，像周作人的《中國新文學的源流》那樣。但這樣一來，反而昭示了「新」的不確定性，爲他人的質疑和詬病留下了把柄。誠如錢基博所言：「十數年來，始之以非聖反古以爲新，繼之歐化國語以爲新，今則又學古以爲新矣。人情喜新，亦復好古，十年非久，如是循環；知與不知，俱爲此『時代洪流』疾卷以去，空餘戲狎懺悔之詞也。」〔註2〕

更何況，中國文學的「新」歷史肯定會在很長時間中推進下去，未來還將發生怎樣的變動？其革故鼎新的浪潮未必不會超越晚清－五四一代。屆時，我們當何以爲「新」，「新文學」又該怎麼延續？這樣的學術詰問恐怕不能算是空穴來風吧。

「新」的感性本質期待我們以更嚴格、更確定的「時代意義」來加以定義。「現代」概念的出現以及後來更爲明確的近代／現代／當代的劃分似乎就是一種定義「意義」的方向。

「現代」與「近代」都不是漢語固有的語彙，傳統中國文獻如佛經曾經用「現在」來表示當前的時間（《俱舍論》有云：「若已生而未已滅名現在」）。以「近代」、「現代」翻譯英文的 modern 源自日本，「近代」、「現代」係日文對 modern 的經典譯文。「現代」在一開始使用較少，但至遲在 20 世紀初的中國文字中也開始零星使用，如梁啓超 1902 年的《新民說》。〔註3〕只是在當時，modern 既譯作「現代」與「近代」，也譯作「摩登」、「時髦」、「近世」等。直到 30 年代以後，「現代」一詞才得以普遍使用，此前即便作爲時間性的指稱，使用起來也充滿了隨意性。「近代」進入文學史敘述以 1929 年陳子展的《中國近代文學之變遷》爲早，「現代」進入文學史敘述則以 1933 年錢基博的《現代中國文學史》爲先，但他們依然是在一般的時間概念上加以模糊認定。尤其是錢基博，他的「現代」命名就是爲了掩蓋更具有社會歷史內涵的「民國」：「吾書之所爲題『現代』，詳於民國以來而略推跡往古者，此物此誌也。然不

〔註 2〕錢基博：《現代中國文學史》，長沙：嶽麓書社，1986 年，第 506 頁。
〔註 3〕《新民說》有云：「凡此皆現代各國之主動力也，而一皆自條頓人發之成之，是條頓人不當全世界動力之主人翁也。」參見《梁啓超全集》第 2 冊，北京：北京出版社，1999 年，第 658、659 頁。關於日文中「近代」、「現代」一詞的來源及使用情況可以參見柳父章：《翻譯語成立事情》，日本岩波書店 1982 年 4 月出版。

題『民國』而曰『現代』，何也？曰：維我民國，肇造日淺，而一時所推文學家者，皆早嶄露頭角於讓清之末年，甚者遺老自居，不願奉民國之正朔；寧可以民國概之？」〔註4〕也就是說，像「民國」這樣直接指向國家與社會內涵的文學史「意義」，恰恰是作者要刻意迴避的。

在「現代」、「近代」的概念中追尋特定的歷史文化意義始於思想界。1915年，《青年雜誌》創刊號一氣刊登了陳獨秀兩篇介紹西方近現代思想文化的文章：《法蘭西人與近世文明》和《現代文明史》，「近代（近世）」與「現代」同時成爲對西方思想文化的概括。《青年雜誌》〔註5〕後來又陸續推出了高一涵的《近世國家觀念與古相異之概略》（第1卷第2號）和《近世三大政治思想之變遷》（第4卷第1號）、劉叔雅的《近世思想中之科學精神》（第1卷第3號）、陳獨秀的《孔子之道與現代社會》（第2卷第4號）和《近代西洋教育》（第3卷第5號）、李大釗的《唯物史觀在現代歷史學上的價值》（第8卷第4號）。《新潮》則刊發了何思源的《近世哲學的新方法》（第2卷第1號）、羅家倫的《近代西洋思想自由的進化》（第2卷第2號）、譚鳴謙的《現代民治主義的精神》（第2卷第3號）等。1949年以後，大陸中國文學研究界找到了清晰辨析近代／現代／當代的辦法，更是確定了這幾個概念背後的歷史文化內涵，其根據就是由史達林親自審查、聯共（布）中央審定、聯共（布）中央特設委員會編的《聯共（布）黨史簡明教程》和由蘇聯史學家集體編著的多卷本的《世界通史》。《聯共（布）黨史簡明教程》於1938年在蘇聯出版，它先後用67種文字出版301次，是蘇聯圖書出版史上印數最多的出版物之一。就在蘇聯正式出版此書的二三個月後，該書的第七章和結束語就被譯成中文在《解放》上發表，隨後不久，在中國就出現了4種不同的中文譯本：由博古任總校閱、中國出版社1939年2月出版的「重慶譯本」，由吳清友翻譯、上海啓明社1939年5月出版的「上海譯本」，由蘇聯外文出版局主持翻譯和出版、任弼時等人擔任實際翻譯工作的「莫斯科譯本」，以及解放社於1939年5月出版的「延安譯本」。「上海譯本」多流行於上海和新四軍活動區域，陝甘寧邊區和華北各抗日根據地擁有「莫斯科譯本」與「延安譯本」，大後方各省同時流行「重慶譯本」與「莫斯科譯本」（見歐陽軍喜《論抗戰時期〈聯

〔註4〕錢基博：《現代中國文學史》，第9頁。

〔註5〕1916年9月第2卷第1號起，《青年雜誌》改名爲《新青年》，文中爲了表述連貫，不作明確指出。

共（布）黨史簡明教程〉在中國的傳播及其對中國共產黨宣傳工作的影響》，
載《黨史研究與教學》2008 年第 2 期）。早在延安時代，《簡明教程》就被列
入「幹部必讀」書，建國之後，《簡明教程》中的三章加上「結束語」曾被指
定爲廣大幹部學習的基本教材，在中國自己編寫的「國際共運史」教材面世
之前，它也是高校馬列主義基礎課程的通用教材，直接參與構築了新中國教
育的基本歷史觀念。作爲「學科」的中國現當代文學就是在這樣一種歷史觀
念的形成中生成的。中譯本《世界通史》第一卷最早由生活‧讀書‧新知三
聯書店於 1959 年初版，至 1978 年出版到第八卷，第九、第十卷由吉林人民
出版社分別於 1975、1978 年出版，第十一卷繼續由三聯書店於 1984 年出版，
第十二、十三卷由東方出版社 1987、1990 年出版，可以說也伴隨了 1990 年
代之前中國的歷史認識過程。

　　就這樣，馬列主義的五種社會形態進化論成爲劃分近代與現代的理論基
礎，由近代到現代的演進，在蘇聯被描述爲 1640 年英國資產階級革命－十月
社會主義革命的重大發展，在中國，則開始於淪爲「半殖民地半封建」的 1840
年鴉片戰爭，完成於標誌著社會主義思想傳播的「五四」。大陸中國的史學家
更是在「現代」之中另闢「當代」，以彰顯社會主義與共產主義社會的到來，
由此確定了中國文學近代／現代／當代的明確格局——這樣的劃分，不僅在
時間分段上不再模糊，而且更具有明確的思想內涵與歷史文化質地：資產階
級文學（舊民主主義革命文學）、新民主主義革命文學與社會主義文學就是近
代－現代－當代文學的歷史轉換。

　　當然，來自蘇聯意識形態的歷史劃分與西方學術界的基本概念界定存在
明顯的分歧。在西方學術界，一般是以地理大發現與資本主義經濟及社會文
化的興起作爲「現代」的開端，Modern Times 一般泛指 15～16 世紀地理大發
現以來的歷史，這一歷史過程一直延續到今天，並沒有近代／現代之別，即
使是所謂的「當代」（Late Modern Time 或 Contemporary Time），也依然從屬
於 Modern Times 的長時段。〔註6〕「現代」的含義也不僅與「革命」相關，
而且指涉一個相當久遠而深厚的歷史文化的變遷過程，並包含著歷史、哲學、

〔註 6〕代表作有阿克頓主編的 14 卷本的《康橋近代史》（*The Cambridge Modern
　　　　History , Cambridge university press .1902-1912*），後來康橋大學出版社又出版
　　　　了克拉克主編的 14 卷本的《新編康橋近代史》（*The New Cambridge Modern
　　　　History. Cambridge university press .1957-1959*），這套著作的中文譯本於 1987
　　　　年起，由中國社會科學出版社陸續出版，名爲《新編康橋世界近代史》。

宗教等多方面的資訊。德國美學家姚斯在《美學標準及對古代與現代之爭的歷史反思》中考證,「現代」一詞在 10 世紀末期首次被使用,意指古羅馬帝國向基督教世界過渡時期,與古代相區別;而今天一般將之理解爲自文藝復興開始尤其是 17、18 世紀以後的社會、思想和文化的全面改變,它以工業化爲基礎,以全球化爲形式,深刻地影響了世界各民族的生存與觀念。

到了新時期,在大陸中國的國門重新向西方世界開放以後,「走向世界」的強烈渴望讓我們不再滿足於革命歷史的「現代」,但問題是,其他的「現代」知識對我們而言又相當陌生,難怪汪暉曾就何謂「現代」向唐弢先生鄭重求教,而作爲學科泰斗的導師也只是回答說,這是一個「很複雜」的問題。〔註7〕1990 年代,中國學術界開始惡補「現代」課,從西方思想界直接輸入了系統而豐富的「現代性知識」,這個「與世界接軌」的具有思想深度的知識結構由此散發出了前所未有的魅力。正是在「現代性知識」體系中,對現代、現代性、現代化、現代主義的辨析達到了如此的深入和細緻,對文學的觀照似乎也獲得了令人激動不已的效果和不可估量的廣闊前程,中國現代文學史至此有望成爲名副其實的「現代性」或「現代學」意義上的文學史敘述。

應當承認,1990 年代對「現代」知識的重新認定,的確爲我們的文學史研究找到了一個更具有整合能力的闡釋平臺。例如,藉助福柯式的知識考古,我們固有的種種「現代」概念和思想得到了清理,現代、現代性、現代化這些或零散或隨意或飄忽的認識,都第一次被納入一個完整清晰的系統,並且尋找到了在人類精神發展流程裡的準確位置。最近 10 年,「現代性」既是中國理論界所有譯文的中心語彙,也幾乎就是所有現當代文學史研究的話語支撐點。

但是,從另一角度來看,我們的「現代」史學之路卻難以掩飾其中的尷尬。無論是蘇聯的革命史「現代」概念還是今日西方學界的「現代」新知,它們的闡釋功效均更多地得力於異域的理論視野與理論邏輯,列寧與史達林如此,吉登斯、哈貝馬斯與福柯亦然。問題是,中國作家的主體經驗究竟在哪裡?中國作家背後的中國社會與歷史的獨特意義又何在?在革命史「現代」觀中,蘇聯的文學經驗、所謂的「現實主義」道路成爲金科玉律,只有最大程度地符合了這些「他者」的經驗才可能獲得文學史的肯定,這被後來稱爲

〔註 7〕 汪暉:《我們如何成爲「現代的」?》,《中國現代文學研究叢刊》1996 年第 1 期。

「左」的思想的教訓其實就是失去了中國主體經驗的惡果。同樣，在最近 10 餘年的文學史研究中，鮮活的現代中國的文學體驗也一再被納入到全球資本主義時代的共同命題中，兩種現代性、民族國家理論、公共空間理論、第三世界文化理論、後殖民批判理論……大清帝國的黃昏與異域的共和國的早晨相遇了，兩個不同國度的感受能否替換？文學的需要是否就能殊途同歸？他者的理論是否真讓我們一勞永逸？中國文學的現代之路會不會自成一格？有趣的甚至還有如下的事實：在 90 年代初期，恰恰也是其中的一些理論（現代性質疑理論）導致我們對現代文學存在價值的懷疑和否定，而到了 90 年代中後期，當外來的理論本身也發生分歧與衝突的時候（如哈貝馬斯對現代性的肯定），我們竟又神奇地獲得了鼓勵，重新「追隨」西方理論挖掘中國文學的「現代性價值」──中國文學的意義竟然就是這樣的脆弱和動搖，只能依靠西方的「現代」理論加以確定？

除了這些異域的「現代」理論，我們的文學史家就沒有屬於自己的東西嗎？如我們的心靈，我們的感受，能夠容納我們生命需要的漢語能力。

現代，在何種意義上還能繼續成為我們的文學史概念？沒有了這一通行的「世界」術語，我們還能夠表達自己嗎？

問題的嚴重性似乎不在於我們能否在歷史的描述中繼續使用「現代」（包括與之關聯的「近代」、「當代」等概念），而是類似的辭彙的確已被層層疊疊的「他者」的資訊所塗抹甚至污染，在固有的中國現代文學史敘述框架內，我們怎樣才能做到全身而退，通達我們思想的自由領地？

中國有「文學史」始於清末的林傳甲、黃摩西，隨著文學史寫作的持續展開，尤其是到了 1949 年以後，「現代」被單獨列出，不再從屬於「中國文學史」，這彷彿包含了一種暗示：「現代」是異樣的、外來的，不必納入「中國文學」固有的敘述程式。

「二十世紀中國文學」是中國文學研究界學術自覺，努力排除蘇聯「革命」史觀影響，尋求文學自身規律的產物。正如論者當年意識到的那樣：「以前的文學史分期是從社會政治史直接類比過來的。拿『近代文學史』來說，從一八四〇年鴉片戰爭到一八九八年戊戌變法，半個多世紀裡頭，幾乎沒有什麼文學，或者說文學沒有什麼根本的變化。……政治和文學的發展很不平衡。還是要從東西方文化的撞擊，從文學的現代化，從中國人『出而參與世界的文藝之業』，從文學本身的發展規律，從這樣的一些角度來看文學史，才

比較準確。」「『二十世紀中國文學』這一概念首先意味著文學史從社會政治史的簡單比附中獨立出來，意味著把文學自身發生發展的階段完整性作為研究的主要對象。」〔註8〕這樣的歷史架構顯然具有重大的學術價值，「二十世紀中國文學」直到今天依然是影響最大的文學史理念，然而，它也存在著難以克服的一些問題。姑且不論「二十世紀」這一業已結束的時間概念能否繼續涵蓋一個新世紀的歷史情形，而「新世紀」是否又具有與「舊世紀」迥然不同的特徵，即便是這種歷史概括所依賴的基本觀念——文學的世界性、整體性與「現代化」，其實也和文學的「現代」史觀一樣，在今天恰恰就是爭論的焦點。

「二十世紀」作為一個時間概念也曾被國外史家徵用，但是正如當年中國學者已經意識到的那樣，外人常常是在「純物理時間」的意義上加以使用，相反，「二十世紀中國文學」更願意準確地呈現文學自身的性質。〔註9〕這樣一來，「二十世紀」的概念也同我們曾經有過的「現代」一樣，實際上已由時間性指稱轉換為意義性指稱。那麼，構成它們內在意義的是什麼呢？是文學的世界性、整體性與「現代化」——這些取諸世界歷史總體進程的「元素」，它們在何種程度上推動了我們文學的發展，又在多大的程度上掩蓋了我們固有的人生與藝術理想，都是大可討論的。例如，面對同樣一個「世界」的背景，是遭遇了「世界性」還是我們自己開闢了「世界性」，這裡就有完全不同的文學感受；再如，將「二十世紀」看作一個「整體」，我們可能注意到「五四」與「新時期」在「現代化」方向上的一致：「我是從搞新時期文學入手的，慢慢地發現好多文學現象跟『五四』時期非常相像，幾乎是某種『重複』。比如，『問題小說』的討論，連術語都完全一致。我考慮比較多的是美感意識的問題。『傷痕』文學裡頭有一種很濃郁的感傷情緒，非常像『五四』時期的浪漫主義思潮，我把它叫作歷史青春期的美感情緒。」「魯迅對現代小說形式的問題很早就提出一些精彩的見解。我就感覺到當代文學提出的很多問題並不是什麼新鮮問題。」〔註10〕但是，這樣的「整體性」的相似只是問題的一方面，認真區分起來，「五四」與「新時期」其實更有著一系列重要的分歧。文

〔註8〕黃子平、陳平原、錢理群：《二十世紀中國文學三人談》，北京：人民文學出版社，1988年，第36頁、25頁。

〔註9〕黃子平、陳平原、錢理群：《二十世紀中國文學三人談》，第39頁。

〔註10〕黃子平、陳平原、錢理群：《二十世紀中國文學三人談》，第29～30、31頁。

學的意義恰恰就是建立在細節的甄別上，上述細節的差異不是可有可無的，它們標識的正是文學本身的「形態」的差別，既然「形態」已大不相同，那麼粘合的「整體」的也就失去了堅實的基礎。

更有甚者，雖然已被賦予一系列「現代性」的意義指向，「二十世紀」卻又無法終結人們對它的「時間」指稱。新的問題由此產生：人們完全可能藉助這樣的「時間」框架，重新賦予不同的意義，由此在總體上形成了「二十世紀」指義的複雜和含混。在 80 年代，「二十世紀中國文學」的提出者是以晚清的「新派」文學作爲「現代性」的起點，努力尋找五四文學精神的晚清前提與基礎，但是近年來，我們卻不無尷尬地發現美國漢學界已另起爐竈，竭力發掘被五四文學所「壓抑」的其他文學源流。結果並不是簡單擴大了文學的源頭，讓多元的聲音百家爭鳴，而是我們從此不得不面對一個彼此很難整合的現代文學格局，在晚清的世俗情欲與「五四」的文化啓蒙之間，矛盾的力量究竟是怎樣被「整合」的？如果說，「五四」的文化啓蒙壓抑了晚清的世俗情欲，而後者在中國其實已有很長的歷史流變過程，那麼，這樣壓抑／被壓抑雙方的歷史整合就變得頗爲怪異，而「五四」、二十世紀作爲文學「新質」的特殊意義也就不復存在，我們曾引以自豪的新文學的寶貴傳統可能就此動搖和模糊不清。難道，一個以文學闡釋的「整體性」爲己任的學術追求至此完成了自我的解構？

我們必須認眞面對「二十世紀中國文學」這一概念，包括其並未消失的價值和已經浮現的侷限。

二

我們對近現代以來中國文學史的幾大基本概念加以檢討，其目的並不是要在現有的文學描述中將之「除名」，而是想藉此反思我們目前文學研究與文學史敘述的內在問題。「新文學」力圖抓住中國文學在本世紀的「新質」，但定位卻存在很大的模糊空間；「現代文學」努力建立關於歷史意義的完整觀念，但問題是，這些「現代」觀念在很大程度上來自異域文化，究竟怎樣確定我們自己在本世紀的生存意義，依然有太多的空白之處；「二十世紀」致力於「文學」輪廓的勾勒，但純粹的時間概念的糾纏又使得它所框定的文學屬性龐雜而混沌，意義的清晰度甚至不如「新文學」與「現代文學」。這就是說，在我們未來的文學史敘述中，有必要對「新文學」、「近代／現代／當代」、「二

十世紀中國文學」等概念加以限制性的使用，盡可能突出它們揭示中國文學現象獨特性的那一面，盡力壓縮它們各自表意中的模糊空間。與此同時，更重要的是重新尋找和探測有關文學歷史的新的敘述方式，包括新的概念的選擇、新的意義範圍的確定，以及新的研究範式的嘗試等。

「新文學」作為對近百年來白話文學約定俗成的稱謂，繼續使用無妨，且無須承擔為其他文學樣式（如舊體文學）騰挪空間的道德責任，但未來的文學發展又將如何刷「新」，新的文學現象將怎樣由「新」而出，我們必須保留必要的思想準備與概念準備；「現代」則需要重新加以清理和認定，與其將西方資本主義文化的種種邏輯作為衡量「現代性」的基礎，還不如在一個更寬泛的角度認定「現代」：中華帝國結束自我中心的幻覺，被迫與其他世界對話的特殊過程，直接影響了中國人與中國作家的人生觀與自我意識，催生了一種區別於中國古代文學的「現代」樣式。這種「現代」受惠與受制於異域的「現代」命題尤其是西方資本主義的命題，但又與異域的心態頗多區別，我們完全不必將西方的「現代」或「現代性」本質化，並作為估價中國文學的尺度。異域的「現代」景觀僅僅是我們重新認識中國現象的比照之物，也就是說，對於「現代」的闡述，重點不應是異域（西方）的理念，而是這一過程之中中國「物質環境」與「精神生態」的諸多豐富形態與複雜結構。作為一個寬泛性的「過程」概念的指稱，我們使用側重於特殊時間含義的「現代文學」，而將文學精神內涵的分析交給更複雜、更多樣的歷史文化分析，以其他方式確立「意義」似乎更為可行；「二十世紀」是中國文學新的「現代」樣式孕育、誕生和發展壯大的關鍵時期，因為精神現象發生的微妙與複雜，這種時間性的斷代對文學本身的特殊樣式而言也不無模糊性，而且其間文學傳統的流變也務必單純和統一，因此，它最適合於充當技術性的時間指稱而非某種文學「本質」的概括。

這樣一來，我們似乎有可能獲得這樣的機會：將已粘著於這些概念之上的「意義的斑駁」儘量剔除，與其藉助它們繼續認定中國文學的「性質」，不如在盡力排除「他者」概念干擾的基礎上另闢蹊徑，通過對近現代以來中國文學發生與發展歷史情景的細緻梳理來加以全新的定義。

一個民族和國家的文學歷史的敘述，所依賴的巨大背景肯定是這一國家歷史的種種具體的歷史情景，包括國家政治的情狀、社會體制的細則、生存方式的細節、精神活動的詳情等等，總之，這種種的細節，它來自於歷史事實的「還

原」而不是抽象的理論概括。國家是我們生存的政治構架，在中國式的生存中，政治構架往往起著至關緊要的作用，影響及每個人最重要的生存環境和人生環節，也是文學存在的最堅實的背景；在國家政治的大框架中又形成了社會歷史發展的種種具體的情態：這是每個個體的具體生存環境，是文學關懷和觀照的基本場景，也是作爲精神現象的文學創造的基礎和動力。

　　從文學生存的社會歷史文化角度加以研究，並注意到其中「國家政治」與「社會背景」的重要作用，絕非始於今日。在「以階級鬥爭爲綱」的年代，就格外強調社會歷史批評的價值，新時期以後，則有「文化角度」研究的興起，90年代至今，更是「文化批評」或「文化研究」的盛行。不過，強調「國家歷史情態」與這些研究都有很大的不同，它是屬於我們今天應當特別加強的學術方式。

　　傳統的社會歷史批評以國家政治爲唯一的闡釋中心，從根本上抹殺了文學自身的獨立性。在新時期，從「文化角度」研究文學就是要打破政治角度的壟斷性，正如「二十世紀中國文學」倡導者所提出的「走出文學」的設想：「『走出文學』就是注重文學的外部特徵，強調文學研究與哲學、社會學、政治學、民族學、心理學、歷史學、民俗學、文化人類學、倫理學等學科的聯繫，統而言之，從文化角度，而不只是從政治角度來考察文學。」﹝註11﹞這樣的研究，開啓了從不同的學科知識視角觀察文學發展的可能。「文化角度」在這裡主要意味著「通過文化看文學」。也就是說，運用組成社會文化的不同學科來分析、觀察文學的美學個性。與基於這些「文化角度」的「審美」判斷不同，90年代至今的「文化研究」甚至打破了人們關於藝術與審美的「自主性」神話，將文學納入社會文化關係的總體版圖，重點解釋其中的文化「意味」，包括社會結構中種種階級、權力、性別與民族的關係。「文化研究」更重視文學具體而微的實際經驗，更強調對日常生活與世俗文化的分析和解剖，更關注文學在歷史文化經驗中的具體細節。這顯然更利於揭示文學的歷史文化意義，但是，「文化研究」的基本理論和模式卻有著明顯的西方背景。一般認爲，「文化研究」產生於50年代的英國，其先驅人物是威廉姆斯（R.Williams）與霍加特（R.Hoggart）。霍加特在1964年創辦的英國伯明罕當代文化研究中心是第一個正式成立的「文化研究」機構，從80年代開始，「文化研究」在加拿大、澳大利亞及美國等地迅速發展，至今，它幾乎已成爲一個具有全球影響的知識領域。90年代，「文化

﹝註11﹞黃子平、陳平原、錢理群：《二十世紀中國文學三人談》，第61頁。

研究」傳入中國後對文學批評的影響日巨，但是，中國「文化研究」的一系列主題和思路（如後殖民主義批判、文化／權力關係批判、種族與性別問題、大眾文化問題、身份政治學等等）幾乎都來自西方，而且往往是直接襲用外來的術語和邏輯，對自身文化處境獨特性的準確分析卻相當不足。〔註12〕

突出具體的歷史情景的文學研究充分肯定國家政治的特殊意義，但又絕對尊重文學自身的獨立價值；與80年代「文化角度」研究相似，它也將充分調動哲學、社會學、政治學、民族學、心理學、歷史學、民俗學、文化人類學、倫理學等學科知識，但卻更強調具體國家歷史過程中的「文學」對人生遭遇「還原」；與「文化研究」相似，這裡的研究也將重點挖掘歷史文化的諸多細節，但需要致力於來自「中國體驗」的思想主題與思維路徑。

傳統的中國文學詮釋雖然沒有「社會歷史批評」這樣的概念，但卻在感受、體驗具體作家創作環境方面頗多心得，形成了所謂「知人論世」的詮釋傳統，正如章學城在《文史通義・文德》中說：「不知古人之世，不可妄論古人之辭也。知其世矣，不知古人之身處，亦不可以遽論其文也。」這都是我們今天跳出概念窠臼、返回歷史感受的重要資源。不過，中國現代文學的歷史敘述需要完成的任務可能更為複雜，在今天，我們不僅需要為了「知人」而「知世」，而且作為「世」的社會歷史也不僅僅是「背景」，它本身就構成了文學發展的「結構」性力量，正是在這個意義上，我們更傾向於使用「情景」而不是「背景」；挖掘歷史的我們也不僅要以「世」釋「人」，而且要直接呈現特定條件下文學精神發展的各種內在「機理」，這些「機理」形成了中國文學的「民國機制」，文學的民國機制最終導致我們的現代文學既不是清代文學的簡單延續，也不是新中國文學的前代榜樣。

新的文學史敘述範式將努力完整地揭示近現代以來中國文學生存發展的基本環境，這種揭示要盡可能「原生態」地呈現這個國家、社會、文化和政治的各種因素，以及這些因素如何相互結合、相互作用，並形成影響我們精神生產與語言運行的「格局」，剖析它是如何決定和影響了我們的基本需求、情趣和願望。這樣的揭示，應盡力避免對既有的外來觀念形態的直接襲用——雖然我們也承認這些觀念的確對我們的生存有所衝擊和浸染，但最根本的觀念依然來自於我們所置身的社會文化格局，來自於我們在這種格局中體驗人生和感受世界的態度與方式。眾說紛紜、意義斑駁的「現代性」無法揭開

〔註12〕參見陶東風：《社會轉型與當代知識份子》，上海：上海三聯書店，1999年。

這些生存的「底色」。我們的新研究應返回到最樸素的關於近現代以來中國國家與社會的種種結構性元素的分析清理當中，在更多的實證性的展示中「還原」中國人與中國作家的喜怒哀樂。過去的一切解剖和闡釋並非一無是處，但它們必須重新回到最樸素的生存狀態的分析中——如中外文化的衝突、現代資本主義文化的入侵、現代民族國家的建立、現代性的批判、全球化時代的文化趨勢等。我們需要知道，這些抽象的文化觀念不是理所當然就覆蓋在中國人的思想之上的，只有在與中國人實際生存和發展緊密結合的時候，它們的意義才得以彰顯。換句話說，最終是中國人自己的最基本的生存發展需要決定了其他異域觀念的進入程度和進入方向。如果脫離中國自己的國家與社會狀況的深入分析，單純地滿足於異域觀念的演繹，那麼，即便能觸及部分現象甚至某些局部的核心，也肯定會失去研究對象的完整性，最終讓我們的研究和關於歷史的敘述不斷在抽象概念的替代和遊戲中滑行。近百年來中國文學研究的最深刻教訓即在於此。今天，是應該努力改變的時候了。

作為生存細節的歷史情景，屬於我們的物質環境與精神追求在各個方面的自然呈現。不像「ｘｘ文化與中國現代文學」式的特定角度進行由外而內的探測（這已經成為一種經典式的論述形式），歷史情景本身就形成了文學作為人生現象的構成元素。如在「政治意識形態與中國文學」的研究模式中，我們論述的是這些政治觀念對中國文學的扭曲和壓抑，中國作家如何通過掙脫其影響獲得自由思想的表達，而在作為人生現象的文學敘述中，一切國家政治都在打造著作家樸素的思想意識，他們依賴於這些政治文化提供的生存場域，又在無意識中把國家政治內化為自己的思想構成，同時，特定條件下的反叛與抗爭也生成了思想發展的特定方向——這樣的考察，首先不是觀念的應用和演繹，而是歷史細節、生活細節的挖掘和呈現，我們無須藉「文化理論」講道理，而是對這些現象加以觀察和記錄。

國家歷史情態的意義也是豐富的，除了國家的政治形態之外，還包括社會法律形態、經濟方式、教育體制、宗教形態以及日常生活習俗以及文學的生產、傳播過程等，它們分別組成了與特定國家政治相適應的「社會結構」與「人生結構」。我們的研究，就是在「還原性」的歷史敘述中展開這些「結構」的細部，並分析它們是如何相互結合又具體影響著文學發展的。

作為一種新的文學史敘述方式，我們應特別注意那種「還原性」的命名及其背後的深遠意義，比如「民國文學史」的概念。

　　1999 年，陳福康藉助史學界的概念，建議中國文學的「現代」之名不妨「退休」，代之以民國文學之謂。近年來，張福貴、湯溢澤、趙步陽、楊丹丹等人都先後提出這一新的命名問題，〔註13〕我之所以將這樣的命名方式稱之為「還原」式，是因為它所指示的國家社會的概念不是外來思想的借用——包括時間的借用與意義的借用——而是中國自己的特定生存階段的真實的稱謂，藉助這樣具體的歷史情景，我們的文學史敘述有可能展開過去所忽略的歷史細節，從而推動文學史研究的深入。

三

　　肯定「民國文學」式的還原性論述，並不僅僅著眼於文學史的概念之爭，更重要的是開啟一種新的敘述可能。國家歷史情態的諸多細節有可能在這樣的敘述中獲得前所未有的重視，從而為百年中國文學轉換演變的複雜過程、歷史意義和文化功能提出新的解釋。

　　學術界曾經有一種設想：藉助「民國文學」這樣的「時間性」命名可以容納各種各樣的文學樣式，從而為現代中國文學的宏富圖景開拓空間。這裡需要進一步思考的問題包括兩個方面：其一，「民國文學」是否就是一種單純的時間性概念？其二，文學史敘述的目標是否就是不斷擴大自己的敘述對象？顯然，以國家歷史情態為基準的歷史命名本身就包含了十分具體的社會歷史內容，它已經大大超越了單純的「時間」稱謂。單純的時間稱謂，莫過於西元紀年，我們完全可以命名「中國文學（1911～1949）」，這種命名與「民國文學」顯然有著重大的差異。同樣，是否真的存在這麼一種歷史敘述模式：沒有思想傾向，沒有主觀性，可以包羅萬象？正如韋勒克、沃倫所說：「不能同意認為文學時代只是一個為描述任何一段時間過程而使用的語言符號的那種極端唯名論觀點。極端的唯名論假定，時代的概念是把一個任意的附加物加在了一堆材料上，而

〔註13〕 參看張福貴《從意義概念返回到時間概念——關於中國現代文學的命名問題》（香港《文學世紀》2003 年第 4 期）；湯溢澤、郭彥妮《論開展「民國文學史」研究的必要性與可行性》（《當代教育理論與實踐》2010 年第 2 卷第 3 期）；湯溢澤、廖廣莉《論開展「民國文學史」研究的迫切性》（《衡陽師範學院學報》2010 年第 2 期）；趙步陽、曹千里等《現代文學」，還是「民國文學」？》（《金陵科技學院學報》2008 年第 1 期）；張維亞、趙步陽等《民國文學遺產旅遊開發研究》（《商業經濟》2008 年第 9 期）；楊丹丹《「現代文學史」命名的追問與反思》（《長春師範學院學報》2008 年第 5 期）。

這材料實際上只是一個連續的無一定方向的流而已；這樣，擺在我們面前的就一方面是具體事件的一片渾沌，另一方面是純粹的主觀的標籤。」「文學上某一時期的歷史就在於探索從一個規範體系到另一個規範體系的變化。」〔註14〕

　　在此意義上，作爲文學史概念的辨析只是問題的表面，更重要的是我們新的文學史敘述需要依託國家歷史情態，重新探討和發現近現代以來中國文學的「一個規範體系到另一個規範體系的變化」。面對日益高漲的「民國文學史」命名的呼籲，我更願意強調中國文學在民國時期的機制性力量。忽略國家歷史情態，我們對現代中國文學發展內在機理的描述往往停留在外來文化與傳統文化二元關係的層面上，而對中國現代歷史本身的構造性力量恰恰缺少足夠的挖掘；引入「民國文學機制」的視角，則有利於深入開掘這些影響——包括推動和限制——文學發展的歷史要素。

　　在歷史的每一個階段，文學之所以能夠出現新的精神創造與語言創造，歸根結底在於這一時期的國家歷史情態中孕育了某種「機制」，這種「機制」是特定社會文化「結構」的產物，正是它的存在推動了精神的發展和蛻變，最終撐破前一個文化傳統的「殼」脫穎而出。考察中國文學近百年來的新變，就是要抓住這些文化中形成「機制」的東西，而「機制」既不是外來思想的簡單輸入，更不是「世界歷史」的共識，它是社會文化自身在演變過程中諸多因素相互作用的最終結果。

　　強化文學史的國家與社會論述，自覺挖掘「文學機制」，可能對我們的研究產生三個方面的直接推動作用。

　　首先，從中國文學研究的中外衝撞模式中跨越出來，形成在中國社會文化自身情形中研討文學問題的新思路。百年來，中外文化衝突融合的事實造就了我們對文學的一種主要的理解方式，即努力將一切文學現象都置放在外來文化輸入與傳統文化轉換的邏輯中。這固然有其合理性，但是，在實際的文學闡釋與研究當中，我們又很容易忽略「衝突融合」現象本身的諸多細節，將中外文化關係的研究簡化爲異域因素的「輸入」與「移植」辨析，最終便在很大程度上漠視了文學創作這一精神現象的複雜性，忽略了精神產品生成所依託的複雜而實際的國家與社會狀況，民國文學機制的開掘正可以爲我們展開關於國家與社會狀況的豐富內容。我們曾倡導過「體驗」之於中國現代

〔註14〕 韋勒克、沃倫：《文學理論》，劉象愚等譯，北京：三聯書店1984年，第302、307頁。

文學研究的意義，而作家的生命體驗就根植於實際的國家與社會情景，文學的體驗在「民國文學機制」中獲得了最好的解釋。

其次，對「文學機制」的論述有助於釐清文學研究的一系列基本概念，如「現代」、「現代化」、「民族」、「進化」、「革命」、「啓蒙」、「大眾」、「現實主義」、「浪漫主義」、「現代主義」等概念，都將獲得更符合中國歷史現實的說明。在過去，我們主要把它們當作西方的術語，力圖在更接近西方意義的層面上來加以運用，近年來，爲了弘揚傳統文化，又開始對此質疑，甚至提出了回歸古典文論、重建中國文論話語的新思路。問題在於，中國古典文論能否有效地表達現代文學的新體驗呢？前述種種批評話語固然有其外來的背景，但是，一旦這些批評話語進入中國，便逐步成了中國作家自我認同、自我表達的有機組成部分，在看似外來的語彙之中，其實深深地滲透了中國作家自己的體驗和思想。也就是說，它們其實已經融入了中國自己的話語體系，成爲中國作家自我生命表達的一種方式。當然，這樣的認同方式和表達方式又都是在中國現代社會文化的場域中發生的，都可以在特定國家歷史情態中獲得準確定位。經過這樣的考辨和定位，中國現代學術批評的系列語彙將重新煥發生機：既能與外部世界對話，又充分體現著「中國特色」，眞正成爲現代中國話語建設的合理成分。

再次，對作爲民國文學機制具體組成部分的各種結構性因素的剖析，可以爲近百年來中國文學的研究提供新的課題。這些因素包括經濟方式、法律形態、教育體制、宗教形態、日常生活習俗以及文學的生產、傳播過程等等。作爲文學的經濟方式，我們應注意到民國時期的民營格局之於中國近現代的出版傳播業的深刻影響，一方面，出版傳播業的民營性質雖然決定了文學的「市場利益驅動」，但另一方面，讀者市場的驅動本身又具有多元化的可能性，較之於一元化思想控制的國家壟斷，這顯然更能爲文學的自由發展提供較大的空間；作爲文學的法律保障，民國時期曾經存在著一個規模龐大的法律職業集團，這樣一個法律思想界別的存在加強著民國社會的「法治」意識，我們目睹了知識份子以法律爲武器，對抗專制獨裁、捍衛言論自由的大量案例，知識者的法律意識和人權觀念在很大程度上保證了爭取創作空間的主動性，這是我們理解民國文學主體精神的基礎；民國教育機構三方並舉（國立、私立與教會）的形式延遲了教育體制的大統一進程，有助於知識份子的思想自由，即便是國立的教育機構如北京大學，也能出現如蔡元培這樣具有較大自主權力並且主張「兼容並

包」、「學術自由」的教育管理者；也是在五四時期，知識份子形成了一個巨大的生存群落，他們各自有著並不相同的思想傾向，有過程度不同的文化論爭，但又在總體上形成了推動文化發展的有效力量。歐遊歸來、宣揚「西方文明破產」的梁啓超常常被人們視作「思想保守」，但他卻對新文化運動抱有很大的熱情和關注，甚至認爲它從總體上符合了自己心目中的「進化」理想；甲寅派一直被簡單地目爲新文化運動的「反對派」，其實當年《甲寅》月刊的努力恰恰奠定了《新青年》出現的重要基礎，後來章士釗任職北洋政府，《甲寅》以周刊形式在京復刊，與新文化倡導者激烈論爭，但論戰並沒有妨礙對手雙方的基本交誼和彼此容忍；學衡派也竭力從西方文化中尋找自己的理論支援，而且並不拒絕「新文化」這一概念本身；與《新青年》「新文化派」展開東西方文化大論戰的還有「東方文化派」的一方如杜亞泉等人，同樣具有現代文化的知識背景，同樣是現代科學文化知識的傳播者——正是這樣的「認同」，爲這些生存群體可以形成以「五四」命名的文化圈創造了條件。而一個存在某種文化同約性的大型文化圈的出現，則是現代中國文化發展十分寶貴的「思想平臺」——它在根本上保證了新的中國文化從思想基礎到制度建設的相對穩定和順暢，所有這些相對有利的因素都在「五四」前後的知識份子生存中聚集起來，成爲傳達自由思想、形成多元化輿論陣地的重要根基。我們可以這樣認爲五四新文化運動第一次呈現了「民國文學機制」的雛形，而這樣的「機制」反過來又藉助五四新文化運動的思想激盪得以進一步完善成型，開始爲中國文學的自由創造奠定最重要的基礎。

「民國文學機制」在中國現代文化後來的歷史中持續性地釋放了強大的正面效應。我們可以看到，無論生存的物質條件有時變得怎樣的惡劣和糟糕，中國文學都一再保持著相當穩定的創造力，甚至，在某種程度上，由國家與社會各種因素組合而成的「機制」還構成了對國民黨專制獨裁的有效制約。中國在20年代後期興起了左翼文化，而且恰恰是在國民黨血腥的「清黨」之後，左翼文化得到了空前的發展，並且以自己的努力、以影響廣大社會的頑強生命力抵抗了專制獨裁勢力的壓制。抗戰時期，中國文學出現了不同政治意識形態的分區，所謂的「國統區」與「解放區」。有意思的是，中國文學在總體上包容了如此對立的文學思想樣式，而且一定程度上還可以形成這兩者的交流與對話，其支撐點依然是我們所說的「民國文學機制」。民國文學的基礎是晚清－五四中國知識份子的文化啓蒙理想，在文化結構整體的有機關係中，這樣的理想同時也

流布到了左翼文化圈與中國共產黨人的文化論述當中，雖然他們另有自己的政治主張與政治信仰。過去文學史敘述，往往突出了意識形態的不可調和性，也否認社會文化因素的有機的微妙關係，如「啟蒙」與「救亡」的對立面似乎理所當然地壓倒了它們的通約性。只有依託中國文學的具體歷史情景，在「民國文學機制」的歷史細節中重新梳理，我們才能發現，在抗戰時期的文壇上，至少在抗戰前期的文學表達中，「啟蒙」並沒有因為「救亡」而消沉，反而藉「救亡」而興起，這就是抗戰以後出現的「新啟蒙運動」。

引入「民國文學機制」的觀察，我們還可以進一步發現，中國文學在「民國時期」呈現了獨特的格局：國家執政當局從來沒有真正獲得文化的領導權，無論袁世凱、北洋政府還是蔣介石獨裁，其思想控制的企圖總是遭遇了社會各階層的有力阻擊，親政府當局的文化與文學思潮往往受到自由主義與左翼文化的多重反抗，尤其是左翼文化的頑強生存在很大程度上形成了民國文學爭取自由思想的強大推動力量，民國文學的主流不是國民黨文學而是左翼文學與自由主義文學。有趣的是，在民國專制政權的某些政策執行者那裡，他們試圖控制文學、壓縮創作自由空間的努力不僅始終遭到其他社會階層的有力反抗，而且就連這些政策執行者自己也是矛盾重重、膽膽突突的。例如，在國民黨掌控意識形態的宣傳部長張道藩所闡述的「文藝政策」裡，我們既能讀到保障社會「穩定」、加強思想控制的論述，也能讀到那些對於當前文藝發展的小心翼翼的探討、措辭謹慎的分析，甚至時有自我辯護的被動與無奈。而當這一「政策」的宣示遭到某些文藝界人士（如梁實秋）的質疑之後，張道藩竟然又再度「退卻」：「乾脆講，我們提出的文藝政策並沒有要政府施行文藝統治的意思，而是赤誠地向我國文藝界建議一點怎樣可以達到創造適合國情的作品的管見。使志同道合的文藝界同仁有一個共同努力的方向。」「文藝政策的原則由文藝界共同決定後之有計劃的進行。」〔註15〕由「文藝界共同決定」當然就不便於執政黨的思想控制了，應該說，張道藩的退縮就是「民國文學機制」對獨裁專制的成功壓縮。

強調「民國文學機制」之於文學研究的意義，是不是更多侷限於強調文學史的外部因素，從而導致對於文學內部因素（語言、形式和審美等）的忽略呢？在我看來，之所以需要用「機制」替代一般的制度研究，就在於「機制」是一種綜合性的文學表現形態，它既包括了國家社會制度等「外部因素」，

〔註15〕張道藩：《關於「文藝政策」的答辯》，《文化先鋒》1942年第1卷第8期。

又指涉了特定制度之下人的內部精神狀態，包括語言狀態。例如，正是因爲辛亥革命在國家制度層面爲中國民眾「承諾」了現代民主共和的理想，「民主共和國觀念從此深入人心」，〔註16〕以後的中國作家才具有了反抗專制獨裁、自由創造的勇氣和決心，白話文最終成爲現代文學的基本語言形式，也源自於中國作家由「制度革命」延伸而來的「文學革命」的信心。所以，「民國文學機制」的研究同樣包括對民國時期知識份子所具有的某種推動文學創造的個性、氣質與精神追求的考察，這就是我們今天所謂的「民國範兒」。我認爲，「民國範兒」既是個人精神之「模式」，也指某種語言文字的「神韻」，這裡可以進一步開掘的文學「內部研究」相當豐富。

　　不理解「民國範兒」的特殊性，我們就無法正確理解許多歷史現象。如今天的「現代性批判」常常將矛頭直指「五四」，言及五四一代如何「斷裂」了傳統文化，如何「偏激」地推行「全盤西化」，其實，民國時期尚未經過來自國家政權的大規模的思想鬥爭，絕大多數的論爭都是在官方「缺席」狀態下的知識界內部的分歧，「偏激」最多不過是一種言辭表達的語氣，思想的討論並不可能眞正形成整個文化的「斷裂」，就是在新文化倡導者的一方，其儒雅敦厚的傳統文人性格昭然若揭。在這裡，傳統士人「身任天下」的理想抱負與新文明的「啓蒙」理想不是斷裂而是實現了流暢的連接，從「啓蒙」到「革命」，一代文學青年和知識份子眞誠地實踐著自己的社會理想，其理想主義的光輝與信仰的單純與執著顯然具有很大的輻射效應，即便在那些因斑斑劣跡載入史冊的官僚、軍閥那裡，也依然可以看到以「理想」自我標榜的情形，如地方軍閥推行的「鄉村建設運動」和「興學重教」，包括前述張道藩這樣的文化專制的執行人，也還洋溢著士大夫的矜持與修養。總之，歷史過渡時期的現代知識者其實較爲穩定地融會了傳統士人的學養、操守與新時代的理想及行動能力，正是這樣的生存方式與精神特徵既造就了新的文明時代的進取心、創造力，又自然維持了某種道德的底線與水準。

　　一旦我們深入到歷史情景的「機制」層面，就不難發現，僅僅用抽象的「現代化」統攝近現代以來的中國文學史，的確掩蓋了歷史發展的諸多細節。從某種意義上看，「民國文學機制」的出現和後來的解體恰恰才在很大程度上分開了20世紀上下半葉的文學面貌，從根本上看，歷史的改變就在於曾有過的影響文化創造的「機制」的解體和消失；不僅是社會的「結構」性因素的

〔註16〕見《建國以來毛澤東文稿》第4冊，中央文獻出版社，1990年，第546頁。

消失和「體制」的更迭，同時也是知識份子精神氣質的重大蛻變。

自然，我們也看到，還原歷史情景的文學史敘述同樣也將面對一系列複雜的情形，這要求我們的研究需包含多種方向的設計，如包括民國社會機制之於文學發展的負面意義：官紳政權的特殊結構讓「人治」始終居於社會控制的中心，「黨國」的意識形態陰影籠罩文壇，扭曲和壓制著中國文學的自然發展，作家權益遠沒有獲得真正的保障，「曲筆」、「壕塹戰」、「鑽網」的文化造就了中國文學的奇異景觀，革命／反革命持續性對抗強化了現代中國的二元對立思維，在一定程度上妨礙了現代文化思想的多維展開。除此之外，我們也應當承認，國家與社會框架下的文學史敘述需要對國家與社會歷史諸多細節進行深入解剖和挖掘，其中有大量的原始材料亟待發現，難度可想而知。同時，文學作為國家歷史的意義和作為個體創作的意義相互聯繫又有所區別，個體的精神氣質可以在特定的國家歷史形態中得到解釋，但所有來自環境的解釋並不能完全洞見個體創造的奧妙，因此，文學的解讀總是在超越個體又回到個體之間循環。當我們藉助超越個體的國家歷史情態敘述文學之時，也應對這一視角的有限性保持足夠的警惕。

以上的陳述之所以如此冗長，是因為我們關於文學歷史的扭曲性敘述本來就如此冗長！今天，呈現在讀者諸君面前的這一套文叢試圖重新返回民國歷史的特殊空間，重新探討從具體國家歷史情景出發討論文學的可能，當然，離開民國實在太久了，我們剛剛開始的討論可能還不盡圓熟，對一些問題的思考有時還會同過去的思想模式糾纏在一起，但是我想，任何新的研究範式的確立均非一朝一夕之功，每一種思想的嘗試都必然經過一定時間的蹣跚，重要的是我們已經開始了！從「民國文化與文學研究文叢」第一輯出發，我們還會有連續不斷的第二輯、第三輯……時間將逐漸展開我們新的思想，揭示現代中國文學研究在未來的宏富景觀。

這一套規模宏大的學術文叢能夠順利出版，也得益於花木蘭文化出版社，得益於杜潔祥先生的文化情懷與學術遠見，我相信，對歷史滿懷深情的注視和審察是我們和杜潔祥先生的共同追求，讓我們的思想與「花木蘭文化」一起成長，讓我們的文字成為中華文明的百年見證。

二〇一二年三月五日，農曆驚蟄

新式教育與五四文學的發生

李宗剛　著

作者簡介

李宗剛，男，1963 年出生，山東惠民人，現爲山東師範大學文學院教授，博士，中國現當代文學國家重點學科博士生導師；《山東師範大學學報》（人文社會科學版）主編。曾經在《文學評論》《中國現代文學研究叢刊》《魯迅研究月刊》《文藝爭鳴》等學術期刊發表論文 70 餘篇。獨立出版過三部學術專著，合作出版過兩部專著。曾經獲得山東省社科三等獎一次，山東省教育廳一等獎一次，劉勰文藝評論獎一次（合作）。主持過兩次山東省社科專案。目前，正在獨立主持研究國家社科基金課題《民國教育體制與中國現代文學》。

提　　要

　　本書從新式教育的視點，對五四文學的發生進行了深入的解讀，認為新式教育和五四文學的發生具有緊密的互動關係，是新式教育促成了五四文學創建主體現代文化心理結構的建構，也正是新式教育，促成了五四文學接受主體現代文化心理結構的建構；而五四文學則又促成了新式教育的發展。新式教育對五四文學的發生起到的重要作用，不僅在於它培養了具有異質文化心理結構的創建主體，而且還在於它培養了與創建主體文化心理結構相對應的接受主體。前者在五四文學的發生過程中，起到了主導作用，他們用自己的青春、激情和現代理性，書寫了打上他們思想烙印的一代文本，標示著那一時代的文學所企及的高度；後者則用自己的青春、激情和現代理性，盡情地承受著接受主體的思想滋潤，在充滿激情的回應中擴放了這一思想的音量，使之最終成為磅礴於時代的主潮，這不僅刷新了中國的教育，而且也刷新了中國的文學，使五四文學獲得了最終的確立。

　　在諸多的文學史敘事中，五四文學的發生史幾乎演變成五四文學的創建主體的文學訴求和文本實驗的歷史，遮蔽了五四文學的接受主體對其文學訴求和文本實驗的回應的重要性。本書認為，如果離開了五四文學的接受主體的積極回應，五四文學的創建主體就無法最終確立五四文學形態，自然也就談不上五四文學的發生。五四文學的接受主體並不是在傳統教育熏染下成長起來的士子或市民，而是在新式教育的熏染下成長起來的學生和由學生轉化而來的知識份子。五四文學的發生並不缺少創建主體，而缺少接受主體。新式教育培養的學生群體，成為五四文學的主要的接受主體，他們以其接納的西學知識建構起的現代文化心理結構和審美期待視野，實現了五四文學的創建主體的現代文學心理結構和審美取向的對接。

序

　　李宗剛同志獲取研究生學位後，留校從事教學與研究工作。他總是默默地探索，孜孜地追求，任勞任怨，埋頭苦幹，即使科研有了新成果也不張揚；然而他內心的奮鬥目標卻從未動搖過，這就是通過自我的辛勤耕耘來創建自己的學術園地，做一個名副其實的「眞學者」。爲了實現這個目標，他跨出的第一步就是於 2002 年考取了博士研究生，心想通過深造使自己在學術上登上新臺階；經過三年的深鑽苦研，他的確圓了博士夢，而且學養有所深化，學術明顯提高，似乎步入了新的治學境界，爲繁榮現代學術文化的信心越發增強了。

　　三年攻讀博士學位，對於宗剛這位年屆不惑之年的學者來說，並不輕鬆，雖然在知識與學問上他有相當積累，也有了高級職稱；但是博士的標杆是很高的，欲獲得優秀博士學位談何容易，不拼上幾年，不掉幾斤肉，不絞盡腦汁，不狠挖潛能，是難以寫出一篇具有創新性的博士學位論文的，而且本身的學術水平也不可能有個整體性的提升。也許宗剛考博前已做好了各方面的準備，並且把「家」從省委宿舍搬到山師大的斗室，全家人竭誠支持他拼搏了三年。雖然親人的支持增強了宗剛的動力，但是他本人若缺乏健全的人格力量那也是達不到預設目標的。人格力量對於一個追求上進、追求超越的人來說，實在太重要了。宗剛的人格儘管是多側面的，然而在他攻讀博士學位期間起決定作用的則是「堅毅」與「誠實」兩個性格特點；就是說，是「堅毅」與「誠實」的性格特點所顯現的持久而強大的精神力量支撐著宗剛攻克一個個科研難關，實現了自己之所求和自己之所想。記得博士論文開題報告時，宗剛的論題範圍是環繞著五四文學發生學展開研究的，而從何角度切入

則是決定本論題能否出新的關鍵一環，不過當時並未選好；與此同時他承擔的省社科規劃專案《現代中國文學英雄敘事論稿》的「十七年」文學英雄敘事的十幾萬字的撰稿任務，亦要求突破出新，不能老調重彈。這兩個科研課題之間的差異又太大，不論邏輯框架、理論觀點或者資料搜集、整理辨識都不能互相貫通與彼此借鑒，實際上是在不同思路軌迹上同時完成著兩個課題，這越發增加了研究的難度。不僅如此，在兩個大課題的完成過程中他還要在國內核心期刊上發表相當數量的學術論文，方可取得答辯的資格。面對著如此繁重的科研任務，宗剛表現得異常的堅毅和誠實。博士論文從定題、運筆到成稿，他不厭其煩地徵求導師、同學的意見，修改了再修改，有時導師的批評很尖銳，他也能虛心聽取，誠實接受，並且反覆追詢，打破沙鍋問到底，從來也沒有流露出不懂裝懂、不會裝會或者姑妄聽之、內心不服的情緒，在學問面前誠誠實實，虛懷若谷，即使有些水平不及他的人也能不恥下問；尤其能正確對待外審博士論文的評閱意見，逐句逐條地進行研究，找出不足與差距，即使有些評審意見主觀武斷隨意評之他也能認真思考，並沒有什麼抱怨情緒，總是從自身找問題。正由於他如此誠實虛心地看待作學問，如此一絲不苟地堅韌不拔地修改博士論文，所以最終答辯時獲得了「優秀博士論文」的評語。宗剛這種堅毅與誠實的人格精神固然體現在多方面，但我感受較深的除在完成博士論文的過程外，還有他承擔的「十七年」文學英雄敘事的撰寫。這部書稿由多人完成，為保證全書學術質量的勻衡，我對每個章節的要求都比較嚴格，凡是不符合總體設想的或不達標的書稿一律要大改或重寫；宗剛有些章節不知修改過多少遍，甚至有的篇章重寫過，但他總是真誠實在地聽取意見，認認真真地修改，哪怕熬上幾個夜晚也不叫苦，直到改得自己滿意為止，表現出一種超常的毅力。然而，宗剛在科研中表現出的堅毅與誠實的人格力量和治學態度，終於轉化為可喜的學術成果，得到了回報，不衹是他博士論文有的章節發表在國家級刊物《文學評論》上，而且他參與撰寫的《現代中國文學英雄敘事論稿》也作為「重點專案」由山東教育出版社正式出版了；與此同時，近兩年他在國內核心期刊上發表了十幾篇學術論文，並產生了較大的反響。特別值得提及的是，通過科研實踐，宗剛選好了「晚清至五四文學」和「十七年文學」兩塊園地，定準了「五四文學發生結構學」與「十七年文學英雄敘事重讀重評」兩個主攻方向，並由此發散開去深化現代文學與古代文學的關係研究以及 20 世紀現代中國文學的整體把

握；有了自己的研究園地與主攻方向，他就會使自己的發現邏輯機制與創造潛能開出更燦爛的學術之花。

正是在堅毅與誠實的人格力量與治學精神的驅動下，宗剛在博士論文的基礎上，經過精心設計和修改，形成了《新式教育與五四文學的發生》（以下簡稱《文學發生》）這部學術專著。雖然眼下不少書上都貼上學術專著的標籤，但是仔細研讀一下便可發現其並不具有專著的特點，連點學術味道都沒有怎能成為專著呢？相比較而言，宗剛的力作《文學發生》應是地道的學術專著，從其顯示出的創新點足以證明之：

選取新視角切入，形成探索的新思路。五四文學發生學的研究並不是新課題，前人已從多維度考察了五四文學發生的原因，早就突破了單一的因果鏈條，既有從外在律探討的學術成果又有從內在律剖析的研究論著，也有從遠因與近因、偶然與必然相結合勘察的新見卓識，總之五四文學發生學研究是個老話題了。因此想在前人研究的深厚基礎上有所突破有所前進，必須選取新角度發現新領域，若只綜合現有研究成果那是沒有多大意義的。宗剛不想吃別人嚼過的饃，在對前人的著述瀏覽、梳理與辨析之後，他發現雖然前人在探究五四文學發生的多方面原因時，對新式教育有所觸及，但卻沒有深入地全面地從新式教育與五四文學發生之間的深遠而複雜的關係作出有力度的探索與闡釋。這一發現為其五四文學發生學研究選定了新角度、展開了新視域，且形成了新理路。這不僅在很大程度上突破前人對五四文學發生學研究的整體框架，填補了長期被忽略的薄弱環節；而且也為五四文學發生學探討開拓了新思路，展示出五四文學與現代教育跨學科研究的可能性和必要性。

遵循選定的新視角、新理路，本書作者圍繞「新式教育與五四文學」互動關係這個中心點，充分發揮輻射思維的獨特功能，從多側面多維度展開發散以探索新式教育與五四文學發生的複雜深微關係。這裡既有宏觀上的考察：新式教育下的課程設置與五四文學之發生、科舉制度的廢除與五四文學之發生、新式教育下的教師與五四文學之發生、新式教育下的學生與五四文學之發生、新式教育下的公共領域與五四文學之發生等；又有微觀的個案剖析：林譯小說與新式教育下五四文學之發生、新式教育的科學品格（以魯迅為例）與五四文學之發生。通過這諸多錯綜交叉關係的宏觀中有微觀、微觀中有宏觀的探索與闡釋，不僅深刻揭示出新式教育與五四文學相輔相成的互動關係，使人誠服地認識到沒有新式教育的興起不可能有五四文學的迅速發

生並取得成功，而新文學的生成又大大推動了現代教育的發展並改變其面貌，這就為五四文學研究的學術庫藏增進了新成果。

宗剛對新式教育與五四文學發生互動關係的探索，並未停留在課程設置、教育內容、教學方式等與五四文學發生的一般表層關係的考察上，而是出色地運用現代心理學來探察新式教育對五四文學創建主體現代文化心理結構形成所起的獨特作用，五四文學創建主體正是在新式教育所塑造的現代文化心理和審美心理的驅動與制導下才倡導或創建了五四新文學，並使自己成了五四文學革命的先驅或中堅，這應是有深度的研究；並啟發我們聯想到：若不是胡適、陳獨秀、李大釗、魯迅、周作人以及留日派和歐美派一批現代知識份子接受了新式教育，樹立了現代文化觀、文學觀、審美觀，自覺而積極地投入五四文學的倡導與創建，哪有五四文學的蓬勃興起和創作實績的瞬間輝煌？當然我也不否認其他方面的原因，祇是對忽略新式教育對五四文學發生所起的重要作用有點遺憾，感佩本書對此作了補救。作者對主體心理分析不僅關注文學倡導者和創建者對五四文學發生的內在作用，而且也關注了接受主體心理變化對五四文學發生的重要作用，這是個新發現的視角，以往的研究很少從接受主體的角度來探討五四文學的發生，這一角度不只新穎獨到也是五四文學發生學研究的新開拓。正如著者所作的辯證而精到的分析：「新式教育對五四文學的發生起到的重要作用，不僅在於它培養了具有異質文化心理結構的創建主體，而且還在於它培養了與創建主體文化心理結構相對應的接受主體。前者在五四文學的發生過程中，起到了主導作用，他們用自己的青春、激情和現代理性，書寫了打上他們思想烙印的一代文本，標示著那一時代的文學所企及的高度；後者則用自己的青春、激情和現代理性，盡情地承受著創建主體的思想滋潤，在充滿激情的回應中擴放了這一思想的音量，使之最終成為磅礡於時代的主潮，這不僅刷新了中國的教育，而且也刷新了中國的文學，使五四文學獲得了最終的確立。」這是合情合理地令人誠服的帶有辭彩的邏輯判斷。在不少研究五四文學的著作中之所以只突出創建主體的決定作用而遮蔽了接受主體對五四文學的作用，一因研究視角的單一，二因有些接受主體也是創建主體，具有雙重身份；其實，五四文學的生成缺乏接受主體的積極回應甚至參與，那五四文學的發生難以形成規模，即使建構的文學形態不經接受主體的檢驗也不可能確立，所以只有從五四文學創建主體和接受主體的結合上對現代文化心理建構作出有深度的剖析，才有

可能深刻地揭示五四文學發生的內在機制和潛在原因，這正是本書最具新意、深度之所在。

本書借用了哈貝馬斯的「公共領域」範疇，用來解釋新式教育與五四文學發生的關係，所作出的分析也給人眼前一亮之感：「新式教育促成了公共領域的確立。公共領域的確立使知識份子找尋到表達自己意見並進行交流對話的場所。特別是新式教育下的大學，公共領域的功能就更具有顯著的效力，這成為知識份子在報刊媒介之外進行對話又一重要公共領域，使五四文學的發生找尋到了自我實現的獨特方式。」這不衹是開拓了五四文學與新式教育關係研究的新視域，而且這種分析也合乎五四文學發生的實際語境，是頗有新意的。另外，在新式教育與五四文學發生關係總論的統領下，對林譯小說和魯迅科學品格所作的個案分析也有不少新拓展新發現；尤其從新式教育塑造現代學人文化心理的視角對魯迅所作的闡釋，確有新的發掘新的概括，這都增強了本書的新意或創意。

如果對新式教育與五四文學發生關係的探索，把教育背景再擴大一些，資料的搜求再詳盡一些，理論思維再放開一些，邏輯論證再嚴密一些，那專著的科學品格與創新品格則會更耀目一些。儘管如此，但這並不影響本書是一部從一個新的角度對五四文學發生學進行開拓性研究的既有深度又有新意的學術專著。

著者雖然出版了幾本著作，又發表了數十篇有學術含量的論文；但這對於心懷宏志的宗剛來說僅是在學術征途上跨出第一步的成果，今後的學術步伐既要跨得快一些又要追求創新趨優，這就要求宗剛繼續發揚「堅毅」與「誠實」的人格力量和治學精神，以實現其科研理想與學術期待。

朱德發於 2006 年 8 月 3 日

目次

第一章 緒 論

　　五四文學運動已經過去近 90 年了，但人們沒有忘記五四文學的創建主體和接受主體共同掀起的那場波瀾壯闊的文學解放運動，也沒有忘記勘探辨析五四文學發生的來龍去脈，這不僅已經成長為中國知識份子一個精神的情結，而且還成為中國知識份子得以為文學安身立命而汲取的精神資源，他們經常在五四文學的豐富礦藏中，找尋到當下文學發展的理論根據和事實支持，以至於人們已經習慣地把五四文學當作了一個衡量當下文學的價值尺度，五四文學則成為人們無法質疑的存在。本文正是在前輩學人和時賢俊才既有研究成果的基礎上對五四文學發生的再解讀。

第一節　五四文學發生研究的現狀

　　在五四文學的研究中，關於五四文學的發生問題一直是諸多學者無法紓解的心理情結。的確，我們要對五四文學作出更為符合實際的言說，便無法繞開五四文學的發生這一門檻。尤其是隨著一代代學人對中國現代文學本體世界認識的突進，人們更有理由聚焦於中國現代文學是怎樣走過來的，這恐怕也正是一些學者面對五四文學由衷地發出這樣感喟的根據：「我感到整個中國現當代文學的制高點就是『五四』，正如古代文學的制高點是先秦一樣。」〔註1〕

　　我認為，五四文學的發生是多種因素共同作用的結果：既是中國文學自身演變發展的結果，又是中國古典文學和西方文學融會的「寧馨兒」；既與中

〔註1〕　高旭東：《五四文學與中國文學傳統》，濟南：山東大學出版社，2004 年版，第 1 頁。

國社會危機所帶來的傳統文化體系的裂變有關係，又與那些致力於文化重構的先驅者的文化建構策略有關聯；既與現代大眾傳播媒介有著直接的內在聯繫，又與新式教育有著無法剝離的具體實在的聯繫。實際上，正是如此眾多因素的合力促成了五四文學的發生——從最初的基因胚，經過遺傳與變異，同化與順應，最終確立起了現代文學。周作人在論及五四文學運動的發端時這樣說過，「自甲午戰後，不但中國政治上發生了極大的變動，即在文學方面，也在時時動搖，處處變動，正好像是上一個時代的結尾，下一個時代的開端。」〔註2〕當然，我們可以對周作人的這一「結尾」和「開端」的時間界定上存有疑義，但無法否認這是一個有著「結尾」和「開端」的特殊歷史時期。事實上，正是由此以後，中國文學揭開了嶄新的一頁——儘管擺在中國文學面前的成長道路並不是一帆風順，但任何的文學漩渦都無法阻擋五四文學大潮奔湧向前的方向。

從五四文學發生到今天，時間已經過去了很久了，但人們並沒有淡漠五四文學的創建主體和接受主體共同掀起的那場波瀾壯闊的文學解放運動，也沒有忘記勘探辨析五四文學發生的來龍去脈，這不僅已經成長為中國知識份子一個精神的情結，而且還成為中國知識份子得以為文學安身立命而汲取的精神資源，他們經常在五四文學的豐富礦藏中，找尋到當下文學發展的理論根據和事實支持，以至於人們已經習慣地把五四文學當作了一個衡量當下文學的價值尺度，五四文學則成為人們無法質疑的真理性存在。人們可以對中國任何時期的文學有著不同的解讀（甚至是否定性解讀），但人們已經不能容忍對五四文學存有否定性解讀。這樣的一種共識，已經超越了意識形態的藩籬，使他們從自己的意識規範制約下的文化立場出發，對五四文學作出屬於自己的肯定性解讀——儘管這些肯定性解讀可能是相互牴牾的。如中國國民黨主導下的意識形態和中國共產黨主導下的意識形態儘管在 20 世紀的大部分時間裏是截然對峙的兩極，但他們都把五四文學所開拓的現代文學發展道路，當作不可質疑的發展道路。再如在同一主流意識形態制導下的不同派別，儘管他們之間有著攸關生死的路線鬥爭，但他們都從自己的政治需要出發，於五四文學那裡找尋到了當下文學發展所需要的支持。即便是到了「文化大革命」時期，「四人幫」也無法否定五四文學的真理性，最後只好從五四文學那裡找尋到了當下法家和儒家鬥爭所需要的文化資源。至於到了 20 世紀 70 年代末 80 年代初開啟的新時期文學，

〔註2〕 周作人：《中國新文學的源流》，北平：人文書店，1932 年版，第 85 頁。

更是在對五四文學的呼喚中找尋到了自我存在和發展的資源。即便是從事現代中國文學研究的學界，對整個現代中國文學的反思也是從對五四文學的反思開始的。如朱德發先生的《五四文學初探》〔註3〕、許志英先生的《五四文學革命指導思想再探討》〔註4〕等專著或文章，都是從對五四文學的反思切入，實現了對現代中國文學的整體性反思。然而，這些反思五四文學的文章，在乍暖乍寒的時節裏，都曾經受到過來自左的思潮的擠壓，但幸運的是，此時的歷史畢竟已經進入了「沉舟側畔千帆過，病樹前頭萬木春」的新階段。

　　既然促成五四文學發生的要素是多方面的，那麼考察五四文學發生的視角就可以是多方位的，諸如社會文化學、社會心理學、大眾傳媒以及文學自身演變的規律等。事實也的確如此，在對五四文學的解讀中，人們從其所擁有的知識結構出發，已經從不同的視角來探尋並解讀五四文學。這些解讀，無疑極大地豐富了五四文學研究的學術意蘊，擡高了五四文學研究的學術門檻。但是，正如一些學者所認為的，任何解讀視角，在具有其優勢的同時，也具有其明顯的局限。實際上，任何期望從單一的知識結構和由這知識結構而來的解讀視角對研究對象作出全面的解讀，都是不完整的，也是不可能的。然而，擺在我們面前的事實是，任何學者的學術研究，只能從自我既有的知識結構以及這知識結構而來的視角出發進行屬於自我的解讀，即便是所謂的通才式的學者，相對於人類業已創造的文明來講，也只能是滄海之一粟。但這並不應該妨礙我們對研究對象的解讀。事實上，人們正是從不同的知識結構和由這知識結構而來的視角出發，完成了對研究對象某一側面的解讀，而人們對研究對象的全面把握，正是在對這不同側面的解讀的總匯中接近了研究對象。從這樣的意義上說，任何一種知識結構和由這知識結構而來的視角，都意味著從一個新的層面切入到對象中去，都意味著一種新的發現和解讀。這誠如維特根斯坦所指出的那樣，一種新語詞不僅包含著一種新概念、新意義，它還隱含著一種觀照問題的新角度、新方式。這就是說，從新的角度楔入研究對象中，其本身就蘊涵著極其深刻的觀念變革，意味著觀照問題時有了新角度、新方式。著名的科學家愛因斯坦在評價伽利略提出的測定光速問題時指出：「提出一個問題往往比解決一個問題更重要，因為解決一個問題也

〔註3〕　朱德發：《五四文學初探》，濟南：山東人民出版社，1982年版。

〔註4〕　許志英：《五四文學革命指導思想再探討》，《中國現代文學研究叢刊》，1983年第1輯。

許僅僅是一個數學上的或實驗上的技能而已。而提出新問題、新的可能性，從新的角度去看舊問題，卻需要有創造性的想像力，而且標誌著科學的真正進步。」〔註5〕由此可見，提出新的問題也就意味著從新的角度來楔入研究對象，也就意味著從新的角度獲得對對象的新的闡釋。正是基於這樣的認識，我們在審視五四文學發生這一問題時發現，把五四文學的發生和新式教育聯繫起來，作為一個課題凸現出來進行研究，不僅是必要的，而且也是可行的。因為從某種意義上來說，五四文學的發生和新式教育之間存在著直接的緊密的關係。然而，這一課題並沒引起五四文學研究者們很好的關注和闡釋。這可能是在人們的潛意識中，認為新式教育和五四文學的發生之間的關係是不言而喻、不證自明的，是沒有必要進行深入地探究下去的。

目前，對五四文學與新式教育的關係的研究尚處在一個新的起點上，其系統性還不是很強，也缺少專著專門論及這一課題，據我們瞭解，較早感知到新式教育與五四文學關係並作出解讀的首推胡適。胡適作為一個信守實驗主義哲學的學者，注重從事實中發見問題並作出解讀。他由此認定新式教育和五四文學發生之間存在著這樣的關係：「儻使科舉制度至今還在，白話文學的運動決不會有這樣容易的勝利」〔註6〕，「我們講文學革命，提倡語體文，這些問題，時常與教育問題發生了關係。」〔註7〕當然，胡適在此僅僅提出了新式教育與五四文學之間緊密關係這一命題，並沒有由此深入地探究新式教育和五四文學發生之間的深層關係。其次是陳子展對五四文學發生原因的解讀，把教育的需要作為一個重要因素提了出來。陳子展從四個方面探討了五四文學發生的原因，一是文學發展上的新趨勢，二是外來文學的刺激，三是思想革命的影響，四是國語教育的需要，〔註8〕在此，陳子展雖沒有把新式教育對五四文學發生的作用凸現出來，僅僅凸現了國語教育的需要，而沒有涉及到新式教育對五四文學發生的作用，但陳子展畢竟看到了教育和五四文學之間的內在關係。此後，在很長的時間裏，很少有人循著胡適和陳子展等人

〔註5〕 愛因斯坦、英費爾德：《物理學的進化》，上海：上海科學技術出版社，1962年版，第66頁。

〔註6〕 胡適：《五十年來中國之文學》，《胡適文存》（二集），合肥：黃山書社，1996年版，第246頁。

〔註7〕 胡適：《新文學運動與教育問題》，《胡適文集》（第12卷），北京：北京大學出版社，1998年版，第483頁。

〔註8〕 陳子展：《中國近代文學之變遷》，上海：中華書局，1930年版。

所提出的命題從新式教育的視角對五四文學的發生作出進一步的闡釋。

　　這種情形在 20 世紀 90 年代有了一定的改變。這方面的代表性人物是陳平原和沈衛威等中青年學者。陳平原敏銳地洞察到了新式教育和五四文學的發生之間的關係，並作出這樣的定論：「在二十世紀的中國，『新教育』與『新文學』往往結伴而行。最成功的例證，當屬五四新文化運動。蔡元培、陳獨秀、胡適之等人提倡新文化的巨大成功，很大程度得益於其強大的學術背景——北京大學。……十九世紀下半葉開始的『西學東漸』，進展最爲神速、影響最爲深遠的，在我看來，當屬教育體制——尤其是百年中國的大學教育。談論『文學革命』，無論如何不該繞過此等重要課題。」〔註 9〕應該承認，這一立論是不容質疑的。但是，由於陳平原的總體立論並不是要深入闡釋這一問題，所以，他提出了問題而沒有就該問題進行深入的闡釋。陳平原把五四文學的發生從五四文學的發難者推進到了「北大教授們的學術背景」層面上，從「個人才華」轉變到了「制度建設」上——「從胡適開始，世人之談論『文學革命運動』，多注重蔡元培、陳獨秀、胡適、錢玄同、劉半農、三沈二馬以及周氏兄弟的貢獻，這自然沒錯。引入這些北大教授們的學術背景，將主要著眼點從『個人才華』轉爲『制度建設』，目的是突出知識生產過程的複雜性，以便從另一角度理解五四文學革命的成功。」〔註 10〕這固然對我們接近五四文學發生的本體大有裨益；但由於受其學術研究的目的制約，陳平原所引入的「北大教授們的學術背景」並未闡釋清楚新式教育與五四文學的發生之間的複雜關係，這主要在於他凸現了「北大教授們的學術背景」的同時又遮蔽了五四文學的接受主體對五四文學的發生所起到的無可替代的作用。

　　如果說陳平原因爲北京大學這樣的「學術背景」而具有某種便利的話，那麼，沈衛威因爲南京大學這樣的「學術背景」而具有的另一種便利，則對東南大學的教授群體給予了更多的關注和闡釋。這一課題無疑是沈衛威所關注的中國自由主義知識份子和學衡派知識份子話題的自然延伸。在此課題中，他通過翔實的資料論證了南京高等師範學校——東南大學對五四文學運動的重要作用。沈衛威認爲，「到了五四新文化－新文學運動，卻出現了極大的反差，並在南北兩所最重要的大學表現出分別。即北京大學與南京大學的東南大學時期出現了激進與保守的分野，也就有了在現代新格局下的學分南

〔註 9〕　陳平原：《中國大學十講》，上海：復旦大學出版社，2002 年版，第 102 頁。
〔註 10〕陳平原：《中國大學十講》，上海：復旦大學出版社，2002 年版，第 103 頁。

北。」〔註11〕顯然，這樣的立論從矛盾相互依存的兩個方面切入，符合當時五四文學運動發展的基本情況。事實上，在五四文學發生和發展的矛盾運動中，正是在對保守主義的文化主張的辯解中，我們才會理解到五四文學的激進主義文化立場和主張的內在根據。沈衛威還進一步追溯了五四文學發生的萌芽階段，對留美學生群體展開的文學質疑和由此而來的文學觀念裂變進行了梳理，認爲「從留美學生群體及《留美學生季報》上的文學討論看，哈佛大學的留學生與新文化運動是疏離的。《論新文化運動》是留學生中攻擊新文學運動最爲激烈，也是最具有顛覆意義的一篇，並同時引發出新人文主義與實驗主義的矛盾衝突。」〔註12〕這就點出了五四文學發生過程中留學生群體在新文學運動上的截然不同的價值取向，爲我們進一步考察五四文學和西學的複雜關係提供了一個可資展開的平臺。至於沈衛威在對新式教育的考察中所指認的新式教育的重要功能，也是富有啓示性的結論。如沈衛威認爲「從晚清的學堂到民國初現代大學形態的確立，現代中國的大學形態是在受過西學教育的留學生手中完成的。而現代大學又成爲現代知識份子活動的公共空間，成了他們思想的發散場地」。〔註13〕當然，由於作者受其研究對象的制約，並沒有專門地就五四文學的發生和新式教育之間的複雜關係作深入的辨析。

其他青年學者也表現出了對教育與中國現代文學之間關係的關注。如鄭春先生的《留學背景與中國現代文學》，〔註14〕方長安先生的《選擇・接受・轉化》，〔註15〕葉雋先生的《另一種西學——中國現代留德學人及其對德國文化的接受》，〔註16〕都從較爲寬泛的教育層面上對現代中國文學作出了新的解讀。鄭春先生在其研究中引入了留學背景這一概念，由此對整個中國現代文學的發展進行了考察辨析，闡釋了留學背景與中國現代文學之間的複雜關係；方長安先生則以晚清至 20 世紀 30 年代初中國文學流變與日本文學關係爲中心，考辨了晚清至 20 世紀 30 年代初中國文學流變過程中對日本文學的

〔註11〕沈衛威：《百年南大的人文研究傳統》，《南京大學報》，2003 年 5 月 30 日。
〔註12〕沈衛威：《彼與此新文學發生時的語境關聯》，《中國現代、當代文學研究》，2003 年第 12 期。
〔註13〕沈衛威：《現代大學理念與中文系的教育取向》，《江蘇社會科學》，2004 年第 1 期。
〔註14〕鄭春：《留學背景與中國現代文學》，濟南：山東教育出版社，2002 年版。
〔註15〕方長安：《選擇・接受・轉化》，武漢：武漢大學出版社，2003 年版。
〔註16〕葉雋：《另一種西學——中國現代留德學人及其對德國文化的接受》，北京：北京大學出版社，2005 年版。

選擇接受和轉化，這儘管沒有直接涉及教育和中國現代文學的關係，但從總體上看仍然隸屬於教育和文學關係這一大的範疇；葉雋先生則從留德學人對德國文化的接受切入，對中國現代文學和「另一種西學」——德國文化之間的複雜關係進行了解讀，其中有大量的關於德國教育對中國現代文學創作主體的影響的考辨，這無疑是對教育課題的更為深入的解讀。

　　新式教育已經逾百年（今年是晚清政府正式廢除科舉考試制度、大力推行新式教育 100 週年），人們站在當下的基點上，開始對教育在知識生產與文學傳播中的作用有了深刻的反思。其中，2005 年 5 月 13 日至 14 日在北京大學中文系會議廳召開的「教育：知識生產與文學傳播」學術研討會〔註17〕就可以看作目前學界學術研究的新動向。在這次研討會上，共有 20 多名學者參與了研討，其中，夏曉虹作的題為《秋瑾與晚清北京的女子教育》、陳平原作的題為《流動的風景與凝視的歷史——晚清北京畫報中的女學》、錢理群作的題為《五四新文化運動與中小學國文教育改革》、蔡可作的題為《壬戌學制與中學文學教育的實踐》、高恒文作的題為《「京派」文學的「大學」背景》的學術報告中，都從具體的對象切入，對教育和中國現代文學之間的關係進行了梳理和整合，提出了很多值得玩味的學術見解。在對五四文學的發生與新式教育之間的關係的闡釋中，以夏曉虹和陳平原的發言最具有代表性。夏曉虹從秋瑾這一個案切入論題，她認為，「追蹤秋瑾女性獨立意識的萌生，1902 年前後北上京城實為一大契機。旅京以後，秋瑾的思想風貌迅速改觀。其時，北京儘管仍在清政府直接控制下，新學卻已相當流行。秋瑾置身新環境，獲讀各種新書新報，結識眾多新學之士，特別是與京師大學堂教員與學生的交往，使其很快確立了男女平權思想。此時，推行女子教育被秋瑾視為女性爭取獨立地位最重要的手段，這從她熱心參與京城最早的婦女團體『中國婦女啟明社』的活動，以及答應出任京師第一所女學堂教習等情況可清楚看出。即使 1904 年的留學日本，對於當時的秋瑾，首先考慮的也是要獲取合格的執教資格。因此，秋瑾北京時期的思想、活動，可概括為以『興女學』為中心。本文通過鈎稽秋瑾與京、津新學界的關係，重點考察秋瑾早期思想與晚清北京女子教育的同步與互動。」〔註18〕陳平原的論述策略則是：「以畫報的圖文

〔註17〕「教育：知識生產與文學傳播」學術研討會會程表，見學術批評網，2005 年 5 月 11 日。

〔註18〕 夏曉虹：《秋瑾與晚清北京的女子教育》，見學術批評網，2005 年 5 月 11 日。

來鈎稽北京女學的發展；反過來，又以女學的眼光，來審視畫報的性別意識」。陳平原認為，「晚清北京塵土飛揚的大街上，走過若干身著嶄新校服的女學生，吸引了眾多民眾以及記者、畫師的目光。千萬別小看這幅略顯黯淡的圖景。正是這些逐漸走出深閨的女子，十幾年後，借助五四新文化潮流，登上了文學、教育乃至政治的舞臺，展現其『長袖善舞』的身姿，並一舉改變了現代中國的文化地圖。畫報的存在，起碼讓我們瞭解，這些其實並不弱小的『弱女子』們，如何在公眾的凝視下，逐漸成長的艱辛歷程。那些充滿好奇心的『凝視』，包含驚訝與激賞，也隱藏偏見與誤會；但所有這些目光，已經融入女學成長的歷程，值得我們認真鈎稽、仔細品味。」〔註19〕顯然，這些視角與立論為我們理解五四文學的發生和新式教育的關係，提供了具體的實證。

對五四文學發生的解讀，也是近年來一個熱門話題。這一研究在新時期可以追溯到 20 世紀 80 年代黃子平等人提出的「二十世紀中國文學」概念，這可以看作更為寬泛意義上的五四文學的發生研究，但他們並沒有使用「二十世紀中國文學的發生」這樣的提法。「二十世紀中國文學」這一概念修補了中國近代文學、現代文學和當代文學的斷裂層面，孕育著文學史觀念的深層變革，蘊涵著五四文學的發生學闡釋。再如陳平原於 20 世紀 80 年代末出版的《中國小說敘事模式的轉變》〔註20〕一書，也標示出了中國現代文學的發生學研究的某些特點。甚至在 20 世紀 90 年代的中國現代文學研究的「關鍵字」中，一度流行的話語就是「轉變」、「轉換」和「轉型」等，不管「轉變」、「轉換」還是「轉型」，都帶有發生學的某些蘊義。

20 世紀 90 年代後期，國外學術界更多地注重從晚清文化、文學等視角來審視五四文學，這些解讀都帶有發生學的意味。在國外，這方面的代表性人物是李歐梵和王德威。李歐梵的「晚清文化、文學與現代性」〔註21〕、王德威的「沒有晚清，何來『五四』」〔註22〕等論文，都強調了晚清文學在五四文學發生中的重要作用。這些立論，因應了 90 年代前期的學術研究，很快成為學術界的流行話語，這自然也可以看作對五四文學的發生學闡釋；在國內，

〔註19〕陳平原：《流動的風景與凝視的歷史——晚清北京畫報中的女學》，見學術批評網，2005 年 5 月 11 日。
〔註20〕陳平原：《中國小說敘事模式的轉變》，北京：北京大學出版社，2003 年版。
〔註21〕李歐梵：《中國現代文學與現代性十講》，上海：復旦大學出版社，2002 年版。
〔註22〕王德威：《想像中國的方法》，上海：三聯書店，1998 年版，第 3 頁。

這方面的代表著作是劉納的《嬗變——辛亥革命時期至五四時期的中國文學》〔註23〕，劉納在此論著中儘管沒有使用「五四文學的發生」這樣的話語，但從其所勘探的主體來看，更可以歸結到五四文學的發生論研究的範疇。劉納通過對大量原始資料的發掘和重新解讀，對五四文學的嬗變軌跡和規律作出了見解獨到且富有價值的描述，是五四文學的發生學研究中的扛鼎之作。

　　在此學術背景下，從發生學的角度來重新認知五四文學的生成，逐漸成爲學界的熱點，其所使用的關鍵字也從「轉變」、「何來」轉變爲「發生」。如欒梅健的《二十世紀中國文學發生論》〔註24〕、楊聯芬的《晚清至五四：中國文學現代性的發生》〔註25〕、王一川的《中國現代性體驗的發生》〔註26〕、鄭家建的《中國文學現代性的起源》〔註27〕、陳方競的《多重對話：中國新文學的發生》〔註28〕等專著，都凸現了「發生」這一關鍵字，儘管他們在實際的闡釋中並沒有就自己所使用的「發生」這一關鍵字的含義作出界說。在這些論著中，著者從不同的視點出發，對五四文學的發生作出了自己的解讀，把五四文學的發生論研究推向了一個新的階段。

　　值得肯定的是，從 20 世紀 80 年代以來，致力於五四文學研究的朱德發先生，一直關注五四文學的發生學研究，這從其 1980 年代的《五四文學初探》〔註29〕、《中國五四文學史》〔註30〕、再到 1990 年代出版的《跨進新世紀的歷程》〔註31〕、《五四文學新論》〔註32〕，實現了從五四文學的本體解讀到五四文學發生的解讀的飛躍。朱德發先生在新著《跨進新世紀的歷程》中，試圖從中國文學的傳統中來梳理五四文學的源頭，這可以看作是對五四文學發生的拓展。

〔註23〕劉納：《嬗變——辛亥革命時期至五四時期的中國文學》，北京：中國社會科學出版社，1998 年版。

〔註24〕欒梅健：《二十世紀中國文學發生論》，臺北：業強出版社，1992 年版。

〔註25〕楊聯芬：《晚清至五四：中國文學現代性的發生》，北京：北京大學出版社，2003 年版。

〔註26〕王一川：《中國現代性體驗的發生》，北京：北京師範大學出版社，2001 年版。

〔註27〕鄭家建：《中國文學現代性的起源語境》，上海：三聯書店，2002 年版。

〔註28〕陳方競：《多重對話：中國新文學的發生》，北京：人民文學出版社，2003 年版。

〔註29〕朱德發：《五四文學初探》，濟南：山東人民出版社，1982 年版。

〔註30〕朱德發：《中國五四文學史》，濟南：山東文藝出版社，1986 年版。

〔註31〕朱德發：《跨進新世紀的歷程》，濟南：明天出版社，2000 年版。

〔註32〕朱德發：《五四文學新論》，濟南：山東文藝出版社，1995 年版。

從總體上來看，到目前為止，當今許多學者對發生後的五四文學從教育視角給予了必要的觀照，但缺少對新式教育和五四文學的發生作出追根溯源式的梳理，人們對新式教育和五四文學發生之間的關係的解讀，還留有許多可發掘之處，從新式教育的視角對五四文學的發生過程作出解讀的專著還不多見。如何更好地闡釋並解讀新式教育與五四文學發生之間的複雜關係，依然是擺在學界的一個非常艱巨的任務。

第二節　對幾個概念的釐定

本文闡釋的論題是新式教育與五四文學的發生。在我所展開的新式教育與五四文學發生之間的關係闡釋中，有兩個基本概念首先需要加以界定，其一是新式教育，其二是五四文學的發生。

實際上，學界對新式教育這一概念的使用是很混亂的。本來，人們用「新式」來修飾限定教育，本身就帶有一定的侷限性。因為所謂「新式」往往和「舊式」相對應，帶有新近出現的樣式的某種意思，然而，新近出現的樣式就和事物質的規定性並不完全是一回事。因為有些時候，新近出現的樣式可能是既有樣式的回潮，也可能是事物發展的一種歧途。並且，「新式」和「舊式」往往是相對而言的，在這一時間的端點上的「新式」，可能就是另一時間端點上的「舊式」。這在人們使用「新式」這一修飾語來限定教育時，就已經出現了這一情況。從晚清洋務運動開啟的新式教育，嚴格講來與民國時期開啟的新式教育有著極大差異，但人們似乎並沒有在乎這一差異，而是徑直把晚清開啟的區別於中國傳統教育、帶有西化教育特質的教育，都泛稱為新式教育。這就說明，人們在使用新式教育這一概念時，更多地著眼於教育的西化特點。

不僅如此，人們還經常使用「新式」來修飾那些與新式教育相伴而生的學堂，稱之謂「新式學堂」。其實，學堂這一概念，嚴格講來，就是西化的產物，其實根本沒有必要用「新式」與「舊式」來區分或界定。在中國傳統社會中，人們一般用私塾、書院等來指代學堂，很少用學堂這一稱謂。所以，晚清時人們一開始把新式教育下學習語言的學校稱之謂「館」，把從事「西藝」的新式教育的學校稱之謂「學堂」。如京師同文館（1862年建立），上海廣方言館（1863年建立）、廣州同文館（1864年建立）；馬尾造船廠附設的福建船政學堂，上海機器學堂（1867年建立），天津電報學堂（1879年建立）以及培養海、陸軍人

才的天津水師學堂（1880 年建立）、天津武備學堂（1885 年建立）、江南水師學堂（1890 年建立），京師大學堂（1898 年建立）。隨著中華民國的建立，這樣的一些稱謂才開始轉變，改稱學校或大學，如京師大學堂便改爲北京大學。

　　新式學堂不同於中國傳統的舊式學校。如果從教育的目的來看，新式學堂不再是培養「仕」，而是爲救亡圖存培養能夠掌握西方技藝的「士」。這目的就決定了其教學內容不再是四書五經和八股，而是「西文」（外國語文）和「西藝」（外國科學技術知識和軍事技術知識）。但這並不說明新式學堂已經確立了西學的主導地位，誠如張之洞所說的那樣「學堂之法約有六要。一曰新舊兼學」，新舊兼學的首要任務則是「改定課程，一洗帖括詞章之習，惟以造眞才濟時用爲要歸」〔註33〕。這就規範了此時的西學還只能是在中學之本中找尋到自我存在的位置。

　　本文所使用的「新式教育」這一術語，主要是泛指在「中學」教育中滲透了「西學」教育的一切教育形式。那麼，什麼叫西學，什麼叫中學呢？所謂「西學」，也稱「新學」，「西政、西藝、西史爲新學」。其實，「西學」的內涵隨著人們對西方文化的理解，是一個發展並擴展的概念。這也從另一個層面上標明了在人們的頭腦中所建構的知識地圖有了很大的改觀，從而更大程度上接近了西學的內涵。鄭觀應曾經將西學分爲三類：一類是天學，以天文爲綱。包括算學、曆法、電學、光學諸藝包括在內。二是地學，以地輿爲綱。包括測量、經緯、種植、車舟、兵陣諸藝包括在內。三是人學，以方言文字爲綱。包括一切政教、刑法、食貨、製造、商賈、工技諸藝包括在內。〔註34〕張之洞則把西學分爲三部分，一是西政，學校、地理、度支、賦稅、武備、律例、勸工、通商都包括在內。二是西藝，「學校、地理、度支、賦稅、武備、律例、勸工、通商，西政也；算、繪、礦、醫、聲、光、化、電，西藝也。」三是西史，西方國家的歷史。〔註35〕很明顯，西政是指西方有關文教制度、工商財政、軍事建制和法律行政等管理層面的文化；西藝即近代西方科技。〔註36〕

〔註33〕張之洞：《張之洞全集》（第 2 冊），石家庄：河北人民出版社，1998 年版，第 1299 頁。

〔註34〕鄭觀應：《盛世危言・西學》，參見夏東元編《鄭觀應集》（上冊），上海：上海人民出版社，1982 年版，第 272 頁。

〔註35〕張之洞：《張之洞全集》（第 12 冊），石家庄：河北人民出版社，1998 年版，第 9740 頁。

〔註36〕參閱孫培青：《中國教育史》，上海，華東師範大學出版社，2000 年版，第 316 頁。

　　什麼叫「中學」呢？這用張之洞的話語來界定，「中學」也稱「舊學」，「《四書》、《五經》，中國史事、政書、地圖爲舊學，西政、西藝、西史爲新學。舊學爲體，新學爲用，不使偏廢。」〔註37〕支撐「中學」最重要的內容是綱常名教：「五倫之要，百行之原，相傳數千年更無異義。聖人所以爲聖人，中國所以爲中國，實在於此。」「中國神聖相傳之至教，社政之原本，人禽之大防」，必須無條件地堅守，「不得與民變革者也」，「如果不以中學固其根底，端其識趣，則強者爲亂首，弱者爲人奴，其禍更烈於不通西學者」。正是基於這樣的認識，張之洞把中學與西學的關係規範爲「體」與「用」（也就是「本」與「末」的關係），提出了「無論何等學堂，均以忠孝爲本，以中國經史之學爲基。俾學生心術壹歸於純正，而後以西學渝其知識，練其藝能，務期他日成材，各適實用」〔註38〕。這樣的辦學宗旨，對西學進入中學起到了積極的促進作用，相對於把夷夏對峙起來的思想，也自然前進了一大步。這就從根本上打破了中國人自大的文化心理：「他們不知道地球的大小而又夜郎自大，所以中國人認爲所有各國中只有中國值得稱羨。就國家的偉大、政治制度和學術的名氣而論，他們不僅把所有別的民族都看成是野蠻人，而且看成是沒有理性的動物。他們看來，世上沒有其他地方的國王、朝代或者文化是值得誇耀的。」〔註39〕如此以來，從洋務運動到民國時期的教育，只要是把西學教育納入其中，都可以視爲新式教育。在此，我們有意識地省略了對新式教育的現代特質的釐定，這主要緣於新式教育既包括近代教育又包括現代教育。顯然，近代教育和現代教育的特質是有差異的，但是，二者的差異並不足以遮蔽「西學」登陸「中學」的基本事實。因此，我們在此把「西學」突入到「中學」所引發的學生文化心理結構的裂變與重構的一切教育都指認爲新式教育。

　　然而，學生在中學主導下所建構的知識譜系中，缺少對中國知識譜系的把握。學生所建立的知識譜系往往是圍繞著科舉而展開，這就出現了諸如「翰苑清才，而竟有不知司馬遷、范仲淹爲何代人，漢祖、唐宗爲何朝帝者。若問以亞非之輿地，歐美之政學，張口瞪目，不知何語矣。」〔註40〕「自考官及多士，

〔註37〕張之洞：《張之洞全集》（第 12 冊），石家庄：河北人民出版社，1998 年版，第 9740 頁。
〔註38〕張之洞：《張之洞全集》（第 2 冊），石家庄：河北人民出版社，1998 年版。
〔註39〕何高濟等譯：《利瑪竇中國箚記》（上冊），北京：中華書局，1983 年版，第 181 頁。
〔註40〕康有爲：《請廢八股試貼楷法試士改用策論折》，《戊戌變法》（二），上海：神

多有不識漢唐爲何朝、貞觀爲何號者。至於中國之輿地不知，外國之名形不識，更不足責也。」〔註41〕這也就說明了學生在晚清科舉教育下的制導下，他們的知識譜系不僅缺少歷史話語的體系，而且更缺少現實的人文關懷。

　　學生在中學主導下所建構的知識譜系中，不僅缺少對中國知識譜系的把握，而且也缺少對西方自然科學知識譜系的把握。這在外國學業已形成的理念中幾乎是不可理喻的事情。對此，他們通過比較發現，「從古代到現在的一千多年以來，中國教育的實質內容並沒有經歷什麼變化」〔註42〕，「當今的學生們正在接受著與十個世紀以前他們的前輩所經歷的一模一樣的教學模式，無論是教科書還是教學方法都沒有絲毫的變化，沒有哪個學校會爲此召開校務會，並作出決定認爲哪些書和教學方法已經過時，而代之以現代的書籍和新式的教學法。」〔註43〕美國威斯康星大學教授，著名的社會學家 E·A·羅斯認爲：中國舊式教育主要注重中國歷史和古典文學，在學校裏見不到自然科學、地理、他國歷史等基本學科。〔註44〕而這樣的局面，隨著晚清新式教育下西學課程的設置，已經產生了根本的改變。當然，隨之而來的就不再是教育形式的改變，而且還有學生的文化心理結構的改變，像「當今的學生們正在接受著與十個世紀以前他們的前輩所經歷的一模一樣的教學模式，無論是教科書還是教學方法都沒有絲毫的變化」的情形，將是一去不復返了。事實上，接納新式教育的學生，正是在這樣新的教學內容和模式的驅動下，他們開始了建構自我區別於中國傳統的文化心理結構的艱難歷程。也正是從這樣的意義上，我們說新式教育和五四文學的發生具有密切的關係，並非虛妄之談。

　　至於本文所使用的「五四文學的發生」這一術語，則可以從其內容構成上來理解。其一指五四文學，其二指發生。學界對五四文學的概念已經基本上沒有什麼大的歧異，在人們常用的一些表述中，有時候使用「新文學」這一術語，有時候使用「現代文學」這一術語，但總體上都是指區別於中國古

　　　　州國光社，1953 年，第 208～211 頁。

〔註41〕　梁啓超：《公車上書請變通科舉析》，《國聞報》（天津），1898 年 7 月 1 日。

〔註42〕　〔美〕何天爵：《眞正的中國佬》，鞠方安譯，北京：光明日報出版社，1998
　　　　年版，第 178 頁。

〔註43〕　〔英〕麥高溫：《中國人生活的明與暗》，朱濤、倪靜譯，北京：時事出版社，
　　　　1998 年版，第 62 頁。

〔註44〕　〔美〕E·A·羅斯：《變化中的中國人》，公茂虹、張皓譯，北京：時事出版
　　　　社，1998 年版，第 293 頁。

典文學的具有現代特質的文學。然而，人們對「發生」這一概念的理解則不同了。從學理上說，發生學是一門研究事物的發生規律的系統科學，如宇宙發生學，就被看作是研究宇宙起源的科學；再如皮亞傑的「發生認識論」則力圖通過把認識追究到兒童時期甚至胚胎時期的辦法來說明認識的發生。但發生學本身作為一門科學，依然缺少必要的系統性和科學性。在社會科學研究中，人們有時候即便從發生學的角度來研究對象，卻不見得就使用「發生」或「發生學」這樣的概念，如劉納使用的「嬗變」、陳平原使用的「轉變」以及當下人們使用的「轉型」等話語。

「發生」這一概念，源於植物學、生物學、宇宙學等學科常用的「發生」這一概念，即基因團是如何受孕、生成和最終分娩出來的過程。這樣看來，「發生」的內涵指的是「生成」之義。因此，五四文學的發生，指的是五四文學是怎樣從中國古典文學母體中「受孕、生成和分娩」出來的、并形成獨具現代文化品格的文學的發生過程。這樣以來，本文所要闡釋的問題自然應該集中在對「發生」階段的五四文學的考辨上，至於五四文學「發生」後的情形，則不在本文的視閾之內。換言之，本文要考辨的是五四文學在新式教育這一溫床中從當初的「基因團」成長為「寧馨兒」的過程，基於此，我們把五四文學的發生上溯到新式教育的肇始階段，下限界定到1917年五四文學革命口號的正式提出，適當地兼顧到1919年的五四文學的最終生成。

在本論文中，還經常使用的一個重要的概念就是「文化心理結構」。人在知識認同、價值觀念、情感指向、審美趣味、道德規範、思維模式和行為方式等方面所顯現出來的深層結構，這種深層結構積澱為一種「文化心理結構」。這主要是從李澤厚那裡借鑒而來的。李澤厚在《美的歷程》中，揚棄了榮格的神秘的集體原型說，創立了民族文化心理結構是不同時代的「社會生活和社會感情」的「歷史積澱」的理論。李澤厚在論及「實用理性」這一概念時說：「就如同『積澱』和『文化心理結構』一樣，並不是一個封閉的概念。它們都不是指某些一成不變的模式或形式，而是指一個活生生的過程中的結構原則或創造原則。它們指的是文化在人的心理中所發揮的作用和與個體相衝突和交融的歷程。人的心理不是死東西，如桌椅板凳那樣，它本身乃是一個不斷展開、不斷向前推進的過程。因此，無論是積澱還是文化心理結構（formation）都是一些活生生的過程。說『塑形』（shaping）和『形成』（forming）可能更準確一些，或許需要用一個新詞『積澱過程』（sedimentating）來取代

『積澱』（sedimentation）一詞。」〔註45〕李澤厚在此強化了文化心理結構「文化在人的心理中所發揮的作用和與個體相衝突和交融的歷程」，也就是結構的塑形和形成的過程。這也是我在本論文中使用這一概念時所特別追求的。用皮亞傑的圖式理論來解釋的話，則是認知主體的「圖式」在認知過程中要通過「同化」和「順化」過程完成這種「塑形」過程：「一切的需要首先傾向於把外在的人物吸收到主體自己的活動中去，即把外在世界『同化』到主體原已構成的結構中去，然後隨著細微的變化去適應於這些結構，使得這些結構去『順應』於外在的客體。〔註46〕正是從這裡出發，皮亞傑的所謂「認識發生論」不單指認識的發生，還包含發展。一個整體，一個系統，一個集合結構，正是在不斷地同化和順應中完成自我結構的「建構」過程的，這和李澤厚所說的文化心理結構有其相通之處。這也是我在本論文中把現代的文化心理結構看成是「從胚胎最初的基因團起，就通過對外環境的刺激起同化作用而演化」〔註47〕的結果的重要根據。當然，我主要是從新式教育這一視角透視五四文學創建主體和接受主體的文化心理結構的「同化」和「順應」的建構過程。

除了以上幾個重要的概念之外，本文對新式教育下的學生也作了類別上的劃分，提出了第一代學生、第二代學生和第三代學生這樣三個概念。第一代學生主要是指十九世紀「五六十年代」出生的一代，第二代學生主要是指「八九十年代」出生的一代，第三代學生主要是指十九世紀與二十世紀這一「世紀之交」出生的一代。這既是我出於行文的方便，又是我出於他們所顯現出來的文化特質的差異；既顧及到他們所出生的自然年代，又兼顧到他們在接受新式教育過程中所獲得的文化品格。其實，類似的劃分在鄭伯奇那裡也使用過。如鄭伯奇在對第一個十年的文學進行總結時這樣說過，雖然落後國家產生了文學新潮，但先進國家所經歷的文學進程，它還要反覆一遍。不同的是，這個反覆是快速的，「這快速的度率和落後的程度可說是反比例的。越是落後的國度，這種進化中的反覆來得越快，」「回顧這短短十年間，中國文學的進展，我們可以看出西歐二百年中的歷史在這裡很快地反覆了一番，」「西歐兩世紀所經歷過了的文學上的種種動向，都在中國很匆促地而又很雜

〔註45〕李澤厚：《再談「實用理性」》，《李澤厚哲學文存》下編，合肥：安徽文藝出版社，1999 年版。

〔註46〕〔瑞士〕讓·皮亞傑：《兒童的心理發展》，濟南：山東教育出版社，1982 年版，第 25 頁。

〔註47〕〔瑞士〕讓·皮亞傑：《結構主義》，北京：商務印書館 1987 年版。

亂地出現過來。」〔註48〕這就是說，在五四文學發生後的這十年的時間裏，中國文學就把西歐二百年中的歷史反覆了一番。當然，鄭伯奇在此著眼的是五四文學發生後的闡釋，但我們如果把五四文學發生的幾十年的時間裏來審視中國文學的進展，那就是對西方文藝復興這一更爲漫長的歷史過程的反覆。如此以來，在五四文學的發生過程中，他們起碼也會「被擠成三代以上的人」。〔註49〕

我把洋務運動時期的新式教育培育出來的、能夠和西方文化展開對話的學生，看作是第一代學生。第一代學生大多出生於十九世紀五六十年代，屬於鴉片戰爭後出生的一代。新式教育把他們拋離了士子們以一貫之的人生軌迹，使他們由此接觸了到了西方的科學知識，實現了知識結構上的轉型，這由此深刻地影響到他們的文化心理結構的重新建構。我們根據其出生的年份把第一代學生排列如下：

1852 年：林紓。

1853 年：嚴復。

1857 年：劉鶚、裘廷梁。

1858 年：康有爲。

1863 年：夏曾祐、周桂笙。

1865 年：譚嗣同。

1866 年：孫中山、吳趼人、吳光建、黃摩西。

1867 年：李伯元、張元濟。

1868 年：蔡元培。

1869 年：章太炎。

1873 年：梁啓超。

這就是說，第一代學生基本上包括了對五四文學創建主體產生過深刻影響的主要人物。尤其是嚴復、康有爲、林紓、蔡元培、章太炎、梁啓超等人，幾乎成爲五四文學創建主體建構自我現代文化心理結構的主要思想資源。但這裡有幾個主要學生需要加以說明一下。

〔註48〕鄭伯奇：《中國新文學大系・小說三集・導言》，上海：上海文藝出版社，1981年影印本，第 2 頁。

〔註49〕1932 年，劉半農在《新編白話詩稿序》時，曾經深有感慨地說，從五四文學運動的 1917 年到 1932 年這短短的十五年光景，他們那一輩人「都被擠成三代以上的人」，當年新鮮的東西也都不覺得變成了古董。

其一是嚴復。第一代學生或受到西學的直接熏染，或親炙於西方文化，或借助於懂西方語言、又有一定的西學積累的翻譯家爲中介，完成了對西學的接納和確認。這就使他們所獲得的西學起點較之那些沒有受到過西學熏染的前輩來說，已經在文化心理結構上產生了極大的變異，這使他們如入無人之境般地確立起了他們在中國文化史和文學史中的獨特地位。

客觀地說，嚴復對新式教育在理論上的貢獻還是爲同時代一般人所難以企及的。我們甚至可以把嚴復和蔡元培等量齊觀。嚴復面對救亡的艱巨任務，提出的應對策略是教育啓蒙。他把政治、經濟變革當作「標」，把教育的變革當作「本」，主張「標本兼治」：「勢亟，則不能不先事其標；勢緩，則可以深維其本」，而「標本兼治」的關鍵在於「人才」，用嚴復的話語來說，就是「無人才則所謂標、本之治皆不行」。〔註50〕而求取「人才」的方式只能通過新式教育才能實現：「今之教育，將盡去吾國之舊，以謀西人之新與？曰：是又不然」。〔註51〕這就是說，嚴復看到了中學的教育方法和西學的教育方法具有質的差異，他們本不屬於同一文化範疇，但嚴復希冀調和二者之間的緊張關係，在去舊謀新中實現「標本兼治」的文化目標。至於嚴復「標本兼治」的「人才觀」，對五四文學來說，亦具啓迪意義，即無人才則所謂建構新型文學「皆不行」。如此說來，第一代學生或通過著書立說，或通過辦刊物，或通過出版等諸多形式參與到了第二代學生的文化心理結構的建構過程中。不過，第二代學生接納他們的影響則主要是通過新式教育這一平臺完成的。這主要體現在兩個方面：其一是他們都具有相似的西學知識背景，這是他們能夠實現文化心理結構對接的一個重要前提條件。如嚴復在新式教育下所學習的物理、化學、數學等科學知識，和二十年後魯迅所學習的物理、化學、數學並沒有什麼二致；其二是第二代學生在接納第一代學生的著述時，依託的是學校這一特定的物質空間。也就是說，學校在當時除了具有直接傳輸西學知識的功能之外，還具有接納西學知識的功能，離開了這一特定的物質空間，他們的著述既不會進入第二代學生的文化視野，更不會成爲接納的對象。

〔註50〕嚴復：《擬上皇帝書》，《嚴復集》（第1冊），北京：中華書局，1986年版，第65頁。

〔註51〕嚴復：《與「外交報」主人書》，《嚴復集》（第3冊），北京：中華書局，1986年版，第560頁。

　　嚴復作為第一代學生對第二代學生最大的作用，當然還是他於 1895 年譯述的英國赫胥黎的《進化論與倫理學》一書。嚴復在翻譯的過程中強調了「天道變化，不主故常」、「恃自皇古迄今，為變蓋漸」的進化觀點，尤其是凸現了達爾文的「物競天擇，適者生存」生物進化論，並在此基礎上完成了對斯賓塞爾所闡發的「物各競存，最宜者立，動植如是，政教亦如是也」〔註 52〕的認同。這就使《天演論》成為嚴復結合救亡實際而表達自我啟蒙話語的譯著。該譯著一經刊發，迅即引發了強烈的社會反響。對此，胡適說：「自嚴氏之書出，而物競天擇之理釐然當於人心，而中國民氣為之一變」。〔註 53〕這使人們在認同「智存愚滅，天擇其群」的同時，達到了「眷念黃人，不覺淚下」〔註 54〕的啟蒙效果。

　　在新式教育中，嚴復的這一譯著雖然並不是學生學習的功課，但該譯著借助於新式教育下的學校這一平臺，成為學生們喜歡的課外讀物，進而參與到了第二代學生的文化心理結構的建構過程中。對此，魯迅和胡適都從不同的側面宣示了這一過程的存在。

　　胡適就自己接受《天演論》的影響作過這樣的表白：「《天演論》出版之後，不上幾年，便風行到全國，竟做了中學生的讀物了。讀這書的人，很少能瞭解赫胥黎在科學史和思想史上的貢獻。他們能瞭解的祇是那『優勝劣敗』的公式在國際政治上的意義。……幾年之中，這種思想像野火一樣，延燒著許多少年的心和血。『天演』、『物競』、『淘汰』、『天擇』等等術語都漸漸成了報紙文章的熟語，漸漸成了一班愛國志士的『口頭禪』。」〔註 55〕顯然，這和魯迅的宣示有異曲同工之妙：「看新書的風氣便流行起來，我也知道了中國有一部書叫《天演論》。星期日跑到城南去買了來，白紙石印的一厚本，價五百文正。翻開一看，是寫得很好的字，開首便道：『赫胥黎獨處一室之中，在英倫之南，背山而面野，檻外諸境，歷歷如在機下。乃懸想二千年前，當羅馬大將愷徹未到時，此間有何景物？計惟有天造草昧……』」這新異的文字，給處於正在人生成長關鍵期的魯迅打開了一個全新的世界：「哦！原來世界上竟還有一個赫胥黎坐在書房裏那麼想，而且想得那麼新鮮？一口氣讀下去，『物

〔註 52〕 嚴復：《原強》，《侯官嚴氏叢刊》，南昌：讀有用書之齋，1901 年版。
〔註 53〕 胡適：《胡適自敘》，北京：團結出版社，1996 年版，第 76～77 頁。
〔註 54〕 《杜國大統領古魯家列傳》，轉引自丁守和：《辛亥革命時期期刊介紹》（第 2 集），北京：人民出版社，1982 年版，第 108 頁。
〔註 55〕 胡適：《胡適自敘》，北京：團結出版社，1996 年版，第 49～50 頁。

競』『天擇』也出來了，蘇格拉第、柏拉圖也出來了，斯多噶也出來了。學堂
裏又設立了一個閱報處，《時務報》不待言，還有《譯學彙編》，那書面上的
張廉卿一流的四個字，就藍得很可愛。」〔註56〕

　　由此可以看出，接納著第一代學生的思想滋潤的第二代學生，正沉浸於
新式教育所帶來的思想蒙昧開啓的興奮中，這愛屋及烏的情感，甚至於連「張
廉卿一流的四個字」也「受益匪淺」，從而變得「很可愛」起來。

　　其二是康有爲。事實上，以康有爲爲代表的維新變法實踐，不管是在救
亡情結的濃鬱上還是在啓蒙實踐的深度上，都給五四文學創建主體建構現代
文化心理結構以智性啓迪。

　　其實，康有爲對新式教育的貢獻來源於他作爲思想家的睿智，這使他所倡
導開辦的新式教育和洋務運動下的新式教育具有不同的路徑。他更注重用自己
所認同的思想對學生進行啓蒙教育，他所使用的西學不是「原裝」的西學，而
是登陸中學後，以中學的面貌出現的。這和洋務運動中徑直採納西學知識作爲
新式教育的主要內容具有顯著的不同。這也決定在康有爲的新式教育下成長起
來的學生有獨特之處：第一，康有爲具有濃鬱的政治情結，他們把啓蒙的側重
點置於政治啓蒙上，而對政治之外的文化啓蒙則納入到了政治啓蒙的話語中。
如康有爲早在1891～1895年於廣州創辦了萬木草堂。他一反舊式書院的傳統，
不是要求學生潛心經學，而是引導學生關心天下大事，學以致用，在給學生講
課時，每談及國事，康有爲總是慷慨悲歎，涕淚縱橫。對此，1894～1895年曾
經在萬木草堂學習的盧湘父回憶說：「萬木草堂不過私人講學之所，在兩年同學
中，其人數又不滿五十，似乎無足輕重。但當時能轉移風氣，與戊戌之『百日
維新』，爲中國之一大轉機，實基於萬木草堂之學風與萬木草堂之人物……」。
如梁啓超、歐榘甲、韓文舉、徐勤、麥孟華、龍澤厚、葉覺邁等人，後來都成
爲維新運動的主將。〔註57〕這就是說，康有爲把新式教育作爲實現自己政治抱
負的手段，其直接目的是培養政治上維新變法的忠實支持者和堅定追隨者。

　　第二，康有爲爲了達到西學東漸的目的，在中學中找尋西學存在的合理
性，採取了託古的方式爲西學張目。正是在這樣的意義上，康有爲撰寫的《孔
子改制考》和《大同書》，通過採用在中學中找尋與其學說相對應的話語等方

〔註56〕魯迅：《朝花夕拾》，北京：人民文學出版社，1979年版，第64～65頁。
〔註57〕轉引李劍萍：《康有爲教育思想研究》，瀋陽：遼寧教育出版社，1997年版，
　　　　第25頁。

式，達到了置換主流意識形態的目的。康有爲在「百日維新」期間，還特意將《孔子改制考》等繕錄進呈。他指出：「今所編撰，特發明孔子爲改制教主，六經皆孔子所作，俾國人知教主，共守信之。」〔註58〕「孔子改制」與康有爲的維新活動相伴始終。如此以來，康有爲就把孔子思想置換成了自己的思想，這就和主流意識形態所認同的孔子思想有了根本差異，或者說，這已經解構了主流意識形態話語下的孔子思想，使孔子具有了西學文化內涵。康有爲採取的這一策略，對西學的傳播產生了積極作用，同時，這一策略也符合文化傳播和接受的規律，異質文化要想在另一個封閉文化體系中獲得生成和發生的土壤，只能通過「攀親結緣」的方式才能獲得認可與接納，否則，本土文化就會對其抗拒與排斥，使之失卻生成和發生的條件。

康有爲作爲啓蒙思想家，其主張的自由、平等、博愛等人道主義的文化觀念，解構了「三綱五常」等舊禮教和舊道德的合法性。人道主義在倫理上主張一切以人爲中心的道德觀，反對封建主義和宗教禁欲主義對人性的抑制和扼殺。這在西方法國的資產階級那裡，則被具體化爲「自由、平等、博愛」等口號，要求保障人的天性及應有的各種權利。〔註59〕康有爲則借助於中學來闡釋西學中的一些基本價值範疇，如在對「自由」的解讀中，康有爲借助子貢所說的「我不欲人之加諸我也，吾亦欲無加諸人」，前者凸現了其「自立自由」的一面，後者凸現了「不侵犯人之自立自由」的一面，並因此把「自由之義漸明」歸之於「實爲子貢爲之祖。」〔註60〕這和盧梭所說的自由相似，盧梭說：「自由不是無限制的、本能的、爲所欲爲的權利，而是認識到了自己對整個社會對自己本身應盡的義務的、公民的完全理智而善良的行爲」。〔註61〕

康有爲從人道主義出發，對「綱常名教」的合法性進行了大膽的質疑。他說：「若夫名分之限制，體制之迫壓，託於義理以爲桎梏，比之囚於圄圄尙有甚焉。君臣也，夫婦也，亂世人道所號爲大經也，此非天之所立，人之所爲也。」〔註62〕康有爲在此基礎上還提出了婦女解放、男女平等等命題，這就

〔註58〕湯志鈞：《近代經學與政治》，北京：中華書局，1989年版，第181頁。

〔註59〕張豈之、陳國慶：《近代倫理思想的變遷》，北京：中華書局，1993年版，第102頁。

〔註60〕康有爲：《論語注》卷五。見張豈之、陳國慶：《近代倫理思想的變遷》，北京：中華書局，1993年版，第103頁。

〔註61〕〔法〕盧梭：《社會契約論》，北京：商務印書館，1980年版，第30、23頁。

〔註62〕康有爲：《大同書》，北京：中華書局，1956年版，第43頁。

和五四文學運動時期把「綱常名教」打翻在地的激進文化姿態有了相通之處。

　　總之，康有爲通過新式教育和思想啓蒙，消解了君主專制政體的合法性，顛覆了人們文化心理結構中的綱常名教存在的合理性，這就使康有爲和五四文學創建主體對綱常名教的清理相對應，起到了五四文學思想革命的清道夫作用。這一點可以從康有爲的思想所受的頑固派們的指責性話語中得到證明。如葉德輝就說過：「今日說經之書汗牛充棟，……然未有以『平等』爲『相近』，以人與禽獸爲無別也」，並由此認定康有爲的這種行爲，無疑於「居光天之下，而無父無君，與周、孔爲仇敵」。〔註63〕這和林紓對五四文學創建主體的詰難性話語「復孔孟，鏟倫常」是相通的。由此可見，康有爲的思想和五四文學革命的思想的確具有同質同構的某些特點。從這樣的意義上說，康有爲等人所進行的思想啓蒙甚至可以看作五四文學啓蒙的預演，這不僅因爲五四文學的很多話語已經在康有爲那裡獲得了淋漓盡致的表述，並對君主專制和封建等級制度進行了解構，而且還因爲它與五四文學運動時期陳獨秀所主張的倫理覺醒相對應。

　　康有爲對五四文學發生的另一重要影響，體現在實踐層面上開展的維新變法運動。其「藉助託古改制及皇帝御旨的威懾力，在一定程度上推動了西學在中國的傳播。」〔註64〕但遺憾的是，康有爲的這些變法思想與實踐，其一因爲缺少政權的強力支持，其二因爲缺少回應這種思想的接受主體，最終只能曇花一現。但從新式教育看來，那些具有堅定的維新信念的人，大多是在他們的新式教育下培養出來的學生。然而，由於其新式教育未能全面鋪開，這就使他們所培養的學生還不足以構成一個具有獨立話語權的群體。在主流社會中，佔據著絕對多數的依然是那些接受傳統私塾教育的士子們。這些士子們甚至還因爲康有爲的變法實踐斷送了他們的仕途而轉化爲立場堅定的反對者。這和五四文學確立之時的學生成爲最堅強的擁護者形成了鮮明的比照。所以，隨著慈禧太后的親政，變法實踐便煙消雲散了。但所幸的是，儘管「早期的文化將變成一堆灰土。但是精神將縈繞著灰土。」〔註65〕事實也

〔註63〕《長興學記駁議》，《翼教叢編》卷四。見張壴之，陳國慶：《近代倫理思想的變遷》，北京：中華書局，1993年版，第129頁。

〔註64〕董寶良：《中國近現代教育思潮與流派》，北京：人民教育出版社，1997年版，第88頁。

〔註65〕尚志英：《尋找家園——多維視野中的維特根斯坦語言哲學》，北京：人民出版社，1992年版。

的確如此，隨著中國社會危機的加深，慈禧太后實行的「新政」，在很多方面
已經接納甚至超過了戊戌變法，這不能不說是戊戌變法實踐在很大程度上解
構了人們既有的文化心理結構的緣故。

其三是林紓。林紓雖然從出生的年代當屬第一代學生，但和嚴復這樣正
規的學生相比，他並沒有接受新式教育的熏染，但林紓的翻譯活動卻是和新
式教育緊密地聯繫在一起的，這主要體現在林紓的合譯者都是新式教育下的
學生，這樣的話，林紓的翻譯就不再是林紓個體的文化活動，而是和新式教
育下的學生文化活動聯繫在一起的文化活動，因此我把林紓也納入到第一代
學生之列，實際上隱含著我對林紓的合譯者的凸現，關於這一問題，我在隨
後的章節中還會有所專門的論述。

其四梁啓超。嚴格說來，梁啓超並不能歸屬第一代學生之列，他較之第
一代學生也確實有些差異，況且梁啓超還是第一代學生康有爲的得意門生，
梁啓超自己便深受乃師的影響。儘管梁啓超和第一代學生有所差異，但這構
不成他們本質上的差異。作爲第一代學生，他們或受到西學的直接熏染，或
親炙於西方文化，或借助於懂西方語言、又有一定的西學積累的翻譯家爲中
介，完成了對西學的接納和確認。這就使他們和那些沒有受到過西學熏染的
前輩相比，具有了知識結構上的優越性，這也是他們如入無人之境般地確立
起了在中國文化史和文學史中的獨特地位的重要緣故。

同時，我們也應該看到，梁啓超和第一代學生相比，確實有顯著的區別。
這表現在梁啓超的思想時常蟄居其中，又時常游離其外。從他們所接納的新式
教育來看，可能與梁啓超在人生成長的關鍵期接納的新式教育相對較多有一定
的關係。但梁啓超和第二代學生相比，也有差異性，這可能與梁啓超所接納的
新式教育不如第三代學生系統和全面有關。在自然科學等方面，梁啓超的西學
根底便明顯地不如後學魯迅、胡適、郭沫若等五四文學創建主體那樣深厚了。

但梁啓超和第一代學生一道，的確成爲第二代學生思想和情感的重要資
源。對此，胡適曾經這樣說過：「梁先生的文章，明白曉暢之中，帶著濃摯的
熱情，使讀的人不能不跟著他走，不能不跟著他想。」「我個人受了梁先生的
無窮的恩惠。現在追想起來，有兩點最分明。第一是他的《新民說》，第二是
他的《中國學術思想變遷之大勢》。」「《新民說》諸篇給我開闢了一個新世界，
使我徹底相信中國之外還有很高等的民族，很高等的文化。《中國學術思想變
遷之大勢》也給我開闢了一個新世界，使我知道《四書》、《五經》之外中國還

有學術思想。」〔註 66〕錢玄同也曾經說過：「余自童至今，最嗜小學及經學，然彼時於學術思想之變遷，實茫然無所知也。壬寅讀梁任公之論中國學術思想變遷之大勢，……於是始知國學梗概。」〔註 67〕至於魯迅和周作人等五四文學創建主體，早在接受新式教育的過程中，都深受梁啓超思想的影響。正是基於這一點，我們把梁啓超看作了第一代學生。如梁啓超對國民性問題的探尋，這給第二代學生以深刻的啓迪。梁啓超在對中國社會問題的探尋過程中，尖銳地指出，這些問題的主要根源在於我國「民德、民智、民力」之不足，他們徘徊觀望，把希望寄託在「一二賢君相」身上，而不知自己起來爭取和保衛自己的權利。他進而指出，沒有良好的國民，任何形式的政體都是空的，任何樣子的改革都不會有好結果；即使有「一二賢君相」能進行某些成功的改革，待這「一二賢君相」去後，仍將化爲烏有。他說：「國也者，積民而成，國之有民，猶身之有四肢五臟筋脈血輪也。未有四肢已斷，五臟已瘵，筋脈已傷，血輪已涸，而其身猶能存者，則亦未有其民愚陋怯弱渙散混濁，而國猶能立者。故欲其身之長生久視，則攝生之術不可不明，欲其國之安富尊榮，則新民之道不可不講。」〔註 68〕所以，梁啓超以「新民」爲當務之急。那麼新民用什麼來「新」呢？在梁啓超看來，就是要用西方的政治、思想、文化、人物以及道德作爲新民的武器。爲此他還把小說賦予了文學之最上乘的封號，以實現其「新民」的啓蒙目的。如梁啓超凸現了乃師康有爲的這一立論：「僅識字之人，有不讀經，無有不讀小說者。故六經不能教，當以小說教之；……」〔註 69〕小說正是在對於政治變革這一終極目標的滿足中找到了存在的價值。其邏輯思維展開的程式是：新一國之政治——新一國之民——新一國之小說。即便是梁啓超對小說藝術內在規律的探尋，亦都源於如何更好地滿足政治需要。他認同小說具有支配人道的四種力，即熏、浸、刺、提，「此四力者，可以盧牟一世，亭毒群倫，教主之所以能立教門，政治家所以能組織政治，莫不賴是。……而此四力所最易寄者，惟小說」。〔註 70〕也許，正是從這樣的意義上說，錢玄同認爲「梁任

〔註 66〕　胡適：《胡適自敍》，北京：團結出版社，1996 年版，第 77 頁。

〔註 67〕　《劉申叔先生遺書·錢玄同序》，《劉申叔先生遺書》卷首。

〔註 68〕　梁啓超：《新民說》，《飲冰室合集》專集之四，北京：中華書局，1989 年影印本。

〔註 69〕　梁啓超：《譯印政治小說序》，見《中國近代文論選》（上），北京：人民文學出版社，1959 年版，第 155 頁。

〔註 70〕　梁啓超：《論小說與群治之關係》，《新小說》1902 年第 1 期，見《中國近代文論選》（上），北京：人民文學出版社，1959 年版，第 160 頁。

公實爲創造新文學之一人」並非一點道理也沒有。

顯然，這樣的認知對改變人們既有文化心理結構中排斥小說的傾向，凸現小說這一藝術形式的重要性，起到了無可替代的歷史作用。由此以來，小說藝術作爲「救亡」和「啓蒙」的工具，獲得了充分的發展，小說在此成爲啓蒙的重要形式，這對五四文學創建主體把小說當作重要形式具有奠基作用。

梁啓超在對國民性的解析中還進一步指出，中國衰弱的「犖犖大端」在於「舉國之大，竟無一人不被人視爲奴隸者，並無一人不自居奴隸者」。「人人皆頂禮人焉，人人皆蹴踏人焉」。〔註71〕由此出發，梁啓超對國民性的反思歸結出：「欲以探求我國腐敗墮落之根源，而以他國所以發達進步比較之，使國民知受病所在，以自警厲，自策進。」〔註72〕並指出「今日欲抵擋列強之民族帝國主義，以挽浩劫而拯生靈，惟有我民族主義之一策，而欲實行民族主義於中國，捨新民末由。」〔註73〕梁啓超的這些不同凡響的見解，在當時產生了深遠的影響。這給正在進行探尋救亡道路的魯迅以啓迪，使魯迅把其眼光聚焦於國民性問題上，進而思考著：「一，怎樣才是最理想的人性？二，中國國民性中最缺乏的是什麼？三，它的病根何在？」〔註74〕這說明魯迅的思考正是對第一代學生所發出的「天問」的進一步推進和深化。當然，魯迅所依託的是他接納的新式教育，特別是在日本所接受的現代教育。這就是說，他們因爲依託的基點不同，由此獲得的認知結果也就大相徑庭。如梁啓超把「新民」的啓蒙目的歸之於「利群」，其思維的路徑依然是揚國家思想，而抑「利己主義」；而魯迅的思想則是「首在立人」，強化了「誠若爲今立計，所當稽求既往，相度方來，掊物質而張靈明，任個人而排眾數。人既發揚踔厲矣，則邦國亦以興起」。〔註75〕這是梁啓超和魯迅建構文學的原點差異，即所謂的「差之毫釐，謬以千里」中的「根本之差」，這也是在五四文學的建構過程中，爲什麼一個從聲譽顯赫的文化中心滑到了偃旗息鼓的文化邊緣，而另

〔註71〕 梁啓超：《中國魂·中國積弱溯源論》，《飲冰室合集·文集》卷7，北京：中華書局，1989年影印本。

〔註72〕 梁啓超：《新民主義》，《飲冰室合集》文集之三，第7卷。北京：中華書局，1989年影印本。

〔註73〕 梁啓超：《新民說》，《飲冰室合集》專集之四，北京：中華書局，1989年影印本。

〔註74〕 許壽裳：《摯友的懷念》，石家莊：河北教育出版社，2001年版，第12頁。

〔註75〕 魯迅：《文化偏至論》，《魯迅雜文全集》，鄭州：河南人民出版社，1994年版，第14頁。

一個則從蟄伏已久的文化邊緣進入了如日中天的文化中心的重要緣由。

其五是蔡元培。蔡元培在思想和情感上和第二代學生有更多的相通之處，這樣看來把他專門歸於第一代學生有點不是很得當。但考慮到蔡元培的出生年代和他的思想情感形成的主要區間，以及他所體現出來的文化品格，我還是把他歸於第一代學生之列。但蔡元培作為第一代學生對五四文學發生的直接推動作用，是第一代學生中的一般人所無法匹配的，特別是當蔡元培也大力提倡白話文運動時，其影響力是巨大的，這恐怕是當蔡元培對原來同屬於第一代學生之列的林紓反戈一擊時，能夠引起如此軒然大波的重要緣由。

總之，晚清經過嚴復、康有爲、梁啓超、林紓、蔡元培等爲代表的第一代學生的思想啓蒙，尤其是隨著新式教育的發展，人們既有的文化心理結構出現了裂變，西學已經成爲人們爭相接受的對象。對此，梁啓超曾經說過：「光緒間所謂『新學家』者，欲求知識於域外，則以此爲枕中鴻秘。蓋『學問饑餓』，至是而極矣。」〔註76〕在此值得注意的是，處於「學問饑餓」的這些「新學家」，恰好處於十九世紀九十年代後期和二十世紀初期這一階段。這就是說，未來的五四文學運動的創建主體，也就是「八九十年代」出生的一代，幾乎無一例外地都深受他們以及由他們推動的新式教育的影響。

正是由此出發，我把「八九十年代」出生的一代稱爲第二代學生，現依照其出生先後排序如下：

1879 年：陳獨秀。

1881 年：魯迅、馬君武。

1883 年：沈尹默。

1885 年：周作人、高一涵。

1886 年：黃侃、蔣夢麟。

1887 年：錢玄同、陶孟和。

1889 年：李大釗。

1891 年：胡適、劉半農。

1892 年：郭沫若。

1893 年：陳衡哲、丁西林。

1894 年：葉聖陶、周瘦鵑、洪深。

1895 年：張恨水、鄭伯奇。

〔註76〕梁啓超：《清代學術概論》，北京：中華書局，1954 年版，第 71 頁。

1896 年：郁達夫、茅盾、徐志摩。

在此，我把第二代學生出生的上限提到了 1879 年，主要是爲了把五四文學的創建主體和領軍式人物陳獨秀納入其中。如果把五四文學發生的時間定位到 1917 年的話，陳獨秀此時已經 38 歲，算是其中年齡較長的。但就其盟友來看，則多是第二代學生，他們是在 19 世紀與 20 世紀之交接納了新式教育的熏染成長起來的一代。我們在這裡用第二代學生來指代他們，更多地賦予了文化屬性上的意蘊。

第一代學生與第二代學生之間的關係是密切的，這主要表現在第一代學生是第二代學生的啓蒙老師。第二代學生之所以成長爲五四文學的創建主體，一個很重要的原因就是他們站了第一代學生的肩膀上的緣故。正是從這樣的意義上，我感到五四文學的發生必須上溯到洋務運動時期的新式教育那裡，正是新式教育所培育的第一代學生直接啓迪和孕育了五四文學的創建主體和接受主體，陳獨秀、胡適、周氏兄弟、李大釗、劉半農、錢玄同、沈尹默和馬裕藻等，無不是在第一代學生所奠定的根基上建構起了五四文學大廈。

不過，需要指出的是，在第一代學生中，他們直接從事新式教育的人不是太多，即便是從事新式教育，也沒有取得第二代學生那樣顯赫的業績。這可能與他們在著述方面取得的顯赫成就有關，從而遮蔽了他們從事新式教育的獨特貢獻。如嚴復，儘管做過教師，甚至還擔當過北京大學的校長，對保全北京大學具有無可取代的功勞，但他並沒有把自己著述中的理論與學生這樣的接受主體的現代文化心理結構的建構結合起來。所以，人們依然難以把嚴復和新式教育有機地聯繫在一起。

值得慶幸的是，第二代學生和第一代學生相比，已經隨著主流意識形態救亡圖存的需要，特別地凸現了新式教育的作用。由此而代之以國家統一興辦學堂，統一聘請教師，統一進行講解等現代教育方式。這就和中國傳統的書院教育有了根本的區別，從而具有了近代教育的特質。

從新式教育下的目的看來，設置洋務學堂的初衷是對西學的認同，他們儘管沒有把中學置於一邊，但西學作爲當務之急，還是佔據了主導地位。這倒不是說新式教育因此就獲得了自由的發展機緣，而是說出於救亡的需求，不能不把西學置於首位。這就是說，主流意識形態之所以認可新式教育，並不是看重了它對於傳統文化的顛覆和重構作用，而是看重了它對傳統文化的加固和修補作用。如此以來，其對西學的認同便被納入到了修補中國傳統文

化結構這一終極目的上來了。

　　然而，不管身居主流意識形態位置的當政者怎樣企圖用「中學爲體、西學爲用」來把西學納入到中學的體系中，但實際的歷史情形卻和這當初的設想大相徑庭。客觀的事實是，一旦西學介入了學生文化心理結構的建構過程，它就不再遵循著他者所規範好了的路徑來發展了。如魯迅在接納了新式教育後，不僅沒有堅固中學之本，反而因之而消解了中學之本的地位，甚至「漸漸的悟得中醫不過是一種有意的或無意的騙子，同時又很起了對於被騙的病人和他的家族的同情」。〔註77〕這就是說，像魯迅這樣一批在新式教育熏染下成長起來的學生，隨著對西學瞭解的深入，他們不但沒有因此而堅定對中學的信仰，反而在局部開始了對中學的質疑，甚至這種質疑還由此得出了是「騙子」的結論。儘管這質疑並不是一下子就對整個中學都作出了這樣的價值判斷。事實上，這裡的質疑，正像千里之堤潰於蟻穴一樣，蟻穴已經找尋到了其存在的位置，那隨之而來的就是對千里之堤的解構。由此以來，新式教育下的西學，便充當了解構和顛覆中學的歷史主體。自然，千里之堤潰決之時，便是五四文學興起之日，當五四文學的創建主體以前所未有的激進文化姿態，全面解構了中學存在的合法性的時候，他們所看到的，已經不再是「中醫」這樣具體的科目是否是「騙子」了，而是整個中國文化都是「騙子」——甚至比「騙子」還要嚴重，而是「吃人」了：「我翻開歷史一查，這歷史沒有年代，歪歪斜斜的每葉上都寫著『仁義道德』幾個字。我橫豎睡不著，仔細看了半夜，才從字縫裏看出字來，滿本都寫著兩個字是『吃人』！」〔註78〕由此可見，正是新式教育，導致了學生對整個中學認同產生了不信任感，並在質疑的基礎上產生否定性的結論。這使「中學爲本，西學爲用」只能停留在口號的宣示上，而在某些情況下，甚至還充當了西學解構中學的掩護傘，進而推動了學生對西學的接納。學生只要接納了西學，就爲顛覆其既有的文化心理結構提供了可能性。正是從這種意義上說，興起於十九世紀六十年代的洋務運動在新式教育中就佔有舉足輕重的地位。儘管洋務運動中的新式教育的啓蒙和五四文學創建主體所倡導的啓蒙有著根本的差異，諸如前者的啓蒙更注重西方科學和技藝上的物質啓蒙，後者的啓蒙更注重西方個性解放和主體自由的精神啓蒙，但這依然不妨礙新式教育之於五四文學創建主體的偉大歷史作用。

〔註77〕魯迅：《魯迅全集》（第1卷），北京：人民文學出版社，1981年版，第416頁。
〔註78〕魯迅：《魯迅全集》（第1卷），北京：人民文學出版社，1981年版，第425頁。

　　總之，新式教育使第二代學生的文化心理結構承受著晚清以來所接納的全部西學的滋潤，解放了他們被束縛和桎梏了許久的人性，為他們成為五四文學發生的創建主體和接受主體奠定了堅實的基礎。這一代人正是利用新式教育所接納的西學，真切地反觀到了中國傳統文化的弊端，進而對之產生了進一步的質疑。我們完全可以這樣說，這一代獲得了前所未有的自由發展空間的學生，以他們所接納的新式教育為共同的文化背景，成就了前所未有的文學偉業。事實也的確如此，魯迅在晚清這場新式教育思潮的裏挾下，其迅即變更的文化心理結構已經和五四文學創建主體十餘年後所提出的文化主張非常相似了。

　　第三代學生是「世紀之交」出生的一代，他們是在五四文學的影響下成長起來的，和第二代學生相比，沒有太長的時間間隔，甚至年齡上的差距也不是太大。但是，在此我依然把他們獨立歸到第三代學生之列，這主要體現在他們的現代文學創作是在五四文學的影響下開始的，而不像第二代學生那樣，是在自主的基礎上完成了對五四文學的確認。第三代學生的出生時間界定在 1897 年到 1910 年，我們按照其出生的順序排列如下：

　　1897 年：王統照、宗白華、朱光潛、曹靖華。

　　1898 年：鄭振鐸、朱自清、周谷城、郭夢良。

　　1899 年：老舍、聞一多、廬隱、朱謙之、丘東平。

　　1900 年：冰心、俞平伯、夏衍。

　　1901 年：洪靈菲、蔣光慈。

　　1902 年：沈從文、韋素園、柯仲平、胡風。

　　1903 年：梁實秋、鍾敬文、臺靜農、胡也頻、聶紺弩、黃藥眠。

　　1904 年：巴金、丁玲、夏徵農。

　　1905 年：臧克家、馮至。

　　1906 年：李廣田、陳伯吹、吳伯簫。

　　1908 年：周立波、周揚、歐陽山。

　　1907 年：於伶。

　　1909 年：羅大岡、羅烽、柯靈、高蘭、殷夫。

　　1910 年：曹禺、艾青、卞之琳、姚雪垠。

　　這就是說，第三代學生大都出生於世紀之交，他們所接受的教育和第二代學生相比，已經有了根本性的差異，他們是順承著晚清新政和中華民國政體確

立後成長起來的，這就使他們比第二代學生帶有更爲深刻的西學知識背景，特別是對西學中民主、自由、博愛和個性等話語的認同。他們從某種程度上構成了五四文學的接受主體，成爲五四文學磅礴爲洶湧的文學大潮的主要動因。

第三節　學生背景的引進及論文的主要構想

要很好地闡釋新式教育與五四文學的發生這一課題，離不開對新式教育下的學生的描述。事實上，如果不是晚清開啓的新式教育培育了一個龐大的學生群體，那五四文學的發生幾乎就是無法想像的事情。正是在新式教育所培育的大量學生的基礎上，五四文學才從少數學生的文學主張演化爲整個社會的文學主張，才從可能轉變爲現實。毛澤東曾經說過，「數十年來，中國已出現了一個很大的知識份子群和青年學生群。……他們在現階段的中國革命中常常起著先鋒的和橋梁的作用。」〔註79〕如果除卻了其話語的政治性，我們依然可以發現這一論斷是符合客觀實際的。這一個很大的「知識份子群和青年學生群」當然是指那些曾經接納新式教育熏染的學生和正在接納新式教育的學生。前者因爲已經離開了新式教育而成爲「知識份子群」，這自然也包括那些從事新式教育的教師。實際上，新式教育不僅在中國革命中起著先鋒和橋梁作用，而且在五四文學中也起著先鋒和橋梁的作用。

隨著新式教育的發展，特別是 1905 年廢除科舉制度這一重大舉措的實施，新式學堂數量大量增加，受到新式教育熏染的學生數量也急劇增加。1904年，學堂總數爲4222所，學生總數爲92169人；1907年，學校總數達37888所，學生總數爲102，4988人。〔註80〕如果以1907年學部統計爲例，京師有學堂127所，直隸有4591所，吉林有1526所，湖北有1298所，河南有2692所〔註81〕，出現了「上有各府州縣學堂之設立，下有愛國志士熱心教育蒙學女學各種私學堂之設立」〔註82〕的前所未有的爭相創辦新式教育的局面。1916年，根據教育部刊佈的統計，「不包括川、黔、桂三省和未立案的私立學校，學生已達3974454人。1921年～1922年『中華基督教教育調查團』的報告表

〔註79〕毛澤東：《中國革命和中國共產黨》，《毛澤東選集》（第2卷），北京：人民出版社，1966年版，第604頁。

〔註80〕《學部官報・奏章》第4冊，第122期。

〔註81〕《東方雜誌》第4年第4、11、7號；第5年第3號。

〔註82〕《論教育》，《時報》甲辰七月初四日。

明，五四前夕中國學生總數爲 5704254 人。……北京聚集了中高等以上學生 25000 人。」〔註83〕這就是說，五四文學運動前夕的學生數量達到了五百多萬。學生數量的增長，並不僅僅是數位的簡單累加，而且還蘊涵著質的變化。即當學生群達到一定的數量後，他們的話語權就會從社會的邊緣向中心轉移，從而成爲社會文化的主導性話語。如此以來，這五百多萬的學生以及由此前的新式教育熏染下的學生轉化而來的教師以及知識份子，便是五四文學從創建主體的星星之火到接受主體的燎原之勢的內在根據。

新式教育下成長起來的學生，或直接從事社會救亡，或從事社會啓蒙，或致力於新式教育，或從事文學創作。而根據實際的情形來看，他們很多人選擇了新式教育，成爲新式教育下的教師。這種情形到了晚清新政實施後，表現得更爲明顯。這可能與新式學堂的激增大有關聯。因爲學堂的激增，必然產生了師資上的巨大缺口。所以，很多接受了新式教育的學生選擇了教師職業。他們以其所認同的西學，把教育納入到拯救因戰爭失敗而造成的「亡國亡種」的總目標下，形成了頗有聲勢的教育救國思潮。教師便承擔了雙重的文化使命，其一是救亡，其二是啓蒙。正是從這兩大主題出發，五四文學的創建主體和那些接納著新式教育熏染的學生一道，在教學互長中完成了他們的現代文化心理結構的建構：他們在顛覆和解構了自我既有的文化心理結構的同時，掙脫了綱常名教的束縛，重構了自我現代的文化心理結構，從而成爲解構中國傳統文化和古典文學的主導力量，這正如黑格爾在《精神現象學》一書的序言中對歷史上的新舊過渡時期所具有的特點予以描述的那樣：「我們這個時代是一個新時期的降生和過渡的時代。人的精神已經跟他舊日的生活與觀念世界決裂，正使舊日的一切葬入於過去而著手進行他的自我改造。……成長著的精神也是慢慢地靜悄悄地向著它新的形態發展，一塊一塊地拆除了它舊有的世界結構。只有通過個別的徵象才預示著舊世界行將倒塌。現存世界裏充滿了的那種粗率和無聊，以及對某種未知的東西的那種模模糊糊若有所感，正在都預示著有什麼別的東西正在到來。可是這種逐漸的、并未改變整個面貌的頹毀敗壞，突然爲日出所中斷，升起的太陽就如閃電一下子建立起新世界的形相。」〔註84〕這無疑也是晚清至五四文學運動這一「過

〔註83〕 桑兵：《晚清學堂學生與社會變遷》，上海：學林出版社，1995 年版，第 2～4 頁。
〔註84〕 〔德〕黑格爾：《精神現象學》（上卷），賀麟、王玖興譯，北京：商務印書館

渡」時代的眞實寫照。在促成「人的精神已經跟他舊日的生活與觀念世界決裂」的眾多力量中，新式教育無疑在其中起到了重要的作用，正是因爲他們「著手進行他的自我改造」時所顯示出來的決絕與新生的文化激進主義姿態，成爲五四文學的發生的重要因素。

　　事實上，五四文學的接受主體，其身份是雙重的：從五四文學的文本來看，他們是接受主體；從五四文學的思潮來看，他們又是五四文學的潛在創建主體，只不過他們的文學創造活動處於潛在狀態下，通過對五四文學的回應等獨特方式，參與到了五四文學發生的歷史進程中。而在過去的五四文學研究中，我們忽視了對五四文學接受主體的解讀，這樣的五四文學發生學研究嚴格說來是不全面、不系統也是缺乏歷史深度的。我們應該承認五四文學創建主體對五四文學理論文本和審美文本建構上的重要作用，但也要看到，五四文學的創建主體無法擺脫他們所生活的時代背景和文化語境的規範制約而隨心所欲地創造文學的歷史。

　　在深入地闡釋五四文學的發生和新式教育之間的關係時，我認爲離不開對接受新式教育下的學生的分析。從某種意義上說，第一代學生對五四文學的發生作用主要體現在對第二代學生的思想和文學的雙重啓蒙上，他們儘管在五四文學最終分娩時大都沒有在場，但沒有他們爲五四文學的發生注入最初的動因，那五四文學的發生就成了無源之水，無本之木；然而，當五四文學眞正分娩時，他們面對著這中西文化孕育出的「寧馨兒」，並沒有從內裏接納它，甚至有些還成爲五四文學的反對派。第二代學生對五四文學的發生起到了至關重要的作用，正是在他們的手中，五四文學從中國古典文學中終於破繭而出，確立了自我獨立的現代性的文學品格，這也是我所謂的五四文學的創建主體。第三代學生對五四文學的發生的作用主要體現在他們對五四文學主張所給予的積極的回應，是五四文學從創建主體的精英主張轉變爲社會主張的重要中介，在本文中把他們看作五四文學的接受主體。

　　在我們對五四文學的解讀中，給予了較多關注的是五四文學的創建主體，這主要體現在離開了第三代學生來解讀第二代學生及其文本。嚴格說來，這種解讀是存有弊端的。我們僅僅關注五四文學的創建主體遠遠無法切近五四文學本體，包括陳平原引進的「北大教授群體」這一學術背景，也忽視了第三代學生之於五四文學發生的重要作用。所以，我在此引進新式教育下的

「學生群體」這一「文化背景」。我認為，五四文學從「基因團」到最終孕育成型並誕生，正是五四文學的創建主體和接受主體共同努力的結果。而五四文學的創建主體和接受主體的成長皆離不開新式教育的哺育。

五四文學的發生離不開五四文學的創建主體如胡適、陳獨秀、李大釗、周氏兄弟等前驅者，也離不開接受新式教育的青年學生。五四文學的接受主體主要是由接納了新式教育第三代學生組成，當然，第二代學生和第一代的部分學生也是五四文學的接受主體，一些受過西學熏染的市民中也有一部分成長為五四文學的接受主體。他們正是以其所接受的新式教育，實現了和五四文學的創建主體文化心理結構上的對接。並且，如果追溯五四文學的創建主體的思想和情感成長歷程的話，實際上也無法離開新式教育這一中心環節。正是從這樣的意義上說，五四文學的發生，如果不從其作為接受主體的學生這一主體切入，我們所解讀的五四文學只能是半部五四文學發生的歷史，另外的半部五四文學發生的歷史還被我們排斥在五四文學的歷史系統之外。五四文學既是接納新式教育的創建主體的現代精神的外化形式，也是接納新式教育的接受主體的現代精神的外化形式。況且，從五四文學的創建主體來看，也不是一個凝滯的群體，而是處於流動不居的轉化之中的，很多五四文學的創建主體曾經是新式教育下的學生，他們之所以成長為五四文學的創建主體，離不開新式教育的熏染。有些五四文學的創建主體，在五四文學確立後，或出國留學，或轉向其他專業學習，最終從五四文學的創建主體轉化為五四文學的接受主體。從此很少從事五四文學文本的創建工作，如楊振聲、顧頡剛和羅家倫，他們在五四文學最終確立之後，幾乎已經離開了文學，或從事歷史學的研究，或從事教育學的研究，其在文學創作上幾乎是銷聲匿跡，很難尋覓到他們文學創作的蹤迹了。對此，魯迅曾經說過：「後來《新青年》的集團散掉了，有的高升，有的退隱，有的前進，我又經驗了一回同一戰陣中的夥伴還是會這麼變化，並且落得一個『作家』的頭銜，依然在沙漠中走來走去，不過已經逃不出在散漫的刊物上做文字，叫作隨便談談。有了小感觸，就寫些短文，誇大點說，就是散文詩，以後印成一本，謂之《野草》。得到較整齊的材料，則還是做短篇小說，只因為成了遊勇，布不成陣了，所以技術雖然比先前好一些，思路也似乎較無拘束，而戰鬥的意氣卻冷得不少。」〔註85〕很多為五四文學的發生和最終確立而一同打拼過的戰友，最終有了隔

〔註85〕《魯迅全集》第4卷，北京：人民文學出版社，1981年版，第456頁。

閣，成了陌路人。而所有這樣的一些分化，除了標明文學創作具有其內在的規律之外，也從另一個側面標示了五四文學的創建主體和接受主體的學生性特點，他們對新的文學規範接受得容易，放棄或改弦易轍也容易，這一切最終都可以歸結到學生在新式教育下自我人生選擇的不確定性上。

　　因此，新式教育和五四文學的發生之間存在著密切的互動關係。這種互動關係表現在，新式教育對五四文學的發生起到了直接的催生作用，新式教育促成了五四文學創建主體現代文化心理結構的建構，新式教育促成了五四文學接受主體現代文化心理結構的建構；而五四文學又反轉過來促成了新式教育的進一步發展。換言之，五四文學的創建主體和接受主體，幾乎沒有一個不是受到了新式教育的熏染，幾乎沒有一個不是在五四文學創作之外還從事著新式教育。在他們那裡，五四文學和新式教育本就是無法拆解的聯合體。所以，從新式教育的視角來審視五四文學發生過程中的創建主體和接受主體的作用，我們就會發現，外國文學的刺激恰是建立在五四文學的創建主體和接受主體深受新式教育的影響這一基礎之上的；當然，外國文學的刺激，也反轉過來促成了五四文化的創建主體和接受主體對新式教育下的西學的認同。所以，在解讀新式教育與五四文學的關係時，我們與其把五四文學設定為由創建主體和接受主體所倡導的文學運動，不如說成是由創建主體和接受主體在接納新式教育的基點上衍生出來的文學潮流。並且，在這股文學潮流中，教育是一直和文學糾纏在一起的，甚至連魯迅的《狂人日記》中「救救孩子」的訴求都滲透著教育的影子。

　　其次，新式教育對五四文學的發生起到了培養與創建主體文化心理結構相對應的接受主體的文化心理結構的作用。五四文學的創建主體在五四文學的發生過程中，起到了主導作用，他們用自己的青春、激情和現代理性，書寫了打上他們思想烙印的一代文本，標示著新時代的思想所企及的高度；五四文學的接受主體則用自己的青春、激情和現代理性認知，盡情地承受著接受主體的思想滋潤，在充滿激情的回應中擴放了這一思想的音量，使之最終成為磅礴於時代的主潮，這不僅刷新了中國的教育，而且也刷新了中國的文學，使五四文學獲得了最終的確立。因此，五四文學的發生深受新式教育的影響所彰顯的，新式教育孕育了區別於中國傳統的文化心理結構、具有現代意識的「人」，五四文學的創建主體和接受主體正是這些接納了新式教育並建構起了現代文化心理結構的「人」。事實上，那些依然處於蒙昧狀態下的人無

法完成這一使命,那些依然遵循著古典文學創作路徑的人也無法完成這一使命,只有通過接納新式教育,除卻了思想上的蒙昧,接受了西方的科學與民主,認同了西方現代文化的精神實質,才會在「新我」的基礎上孕育出「新文學」——五四文學。然而,這個歷史邏輯進程卻是漫長而艱難的,對其尋蹤溯源的探察與描述是相當費力的,本文僅僅是嘗試性的。

當然,我們應該看到,新式教育是因救亡圖存應運而生的。正是在救亡圖存的需求中,啟蒙這一主題才被迫切地提到了教育的首要位置。而啟蒙的首要任務就是要培育出可以和西方「人」相抗衡的「人」。於是,救亡圖存和啟蒙這對孿生主題便在新式教育中被空前地凸現了出來,從而成為制衡五四文學發生的關鍵要素,也奠定了五四文學的兩大母題,規範了五四文學的建構方式——即通過新式教育培養具有現代文化心理結構的人來建構五四文學。

這樣一來,我們還有必要對新式教育所賴以產生和發展的洋務運動作一簡略地分析。在對洋務運動的解讀中,我們過分地凸現了成敗對洋務運動的價值評估尺度,認為甲午戰爭的失敗標誌著洋務運動的失敗——其實,如果沒有洋務運動,中國也不能確保甲午戰爭的勝利,而洋務運動的失敗恰恰標明了這樣的一個基本事實,甲午戰爭的失敗並不是洋務運動本身的失敗,而是因為這樣的運動受到主流意識形態的鉗制、受到整個社會保守觀念的鉗制,使其救亡和啟蒙主題沒有獲得很好地展開。如果我們以成敗來論洋務運動的話,那麼,包括戊戌變法、晚清新政、辛亥革命、五四運動,都沒有直接引導著中國走向美好的未來。客觀地講,中國要在短短的十幾年、幾十年的時間裏就走過西方資本主義所走過的幾百年的歷史,是任何一個單純地依靠激情和願望的人們所無法完成的。事實上,洋務運動成為五四文學創建主體所可以追溯的文化心理結構變異的遠因,對後來的五四文學創建主體的現代文化心理結構的建構起到了無法取代的歷史作用。這正如陳旭麓在評價洋務運動時說:「從某種意義上說,洋務運動汲取來的西方知識對中國傳統社會的衝擊,比十次舊式農民戰爭更大。在這個過程中雖沒有激昂的吶喊呼叫,但新的觀念卻借助於具體的事物和實例改變著人們世代沿襲的成見和信念。」〔註86〕我們在此借用陳旭麓的話來評說洋務運動對五四文學發生的作用時,是否也可以這樣說:從某種意義上說,洋務運動汲取來的西方知識對

〔註86〕陳旭麓:《近代中國社會的新陳代謝》,上海:上海人民出版社,1992年版,
　　　　第115頁。

中國傳統文學的衝擊，比十次舊式文學變革都要大。

在此還需要說明的是，五四文學的發生是眾多要素共同作用的結果，我們在這裡凸現了新式教育對五四文學發生的重要作用，並不意味著我們否認、遮蔽甚至顛覆人們對五四文學發生的理論闡釋。卡爾・波普爾說過：「不可能有一部『真正如實表現過去』的歷史；只能有各種歷史的解釋，而且沒有一種是最後的解釋；因此每一代人有權利去作出自己的解釋。每一代人不僅有權利，而且也有義務去這樣做；因為的確有一種迫切的需要等著解決。」〔註87〕我們在此凸現了被學界所忽視的新式教育這一要素，祇是標明了我們對五四文學發生的各種解釋中的一種歷史解釋，這自然也不是「最後的解釋」。事實上，我們並不認為新式教育在五四文學的發生中是萬能的，是凌駕於文學自身演變規律之上、超越於社會政治、經濟、文化語境的規範制約的一種終極之因。實際上，新式教育本身就是在社會政治、經濟、文化語境的規範制約下而誕生和發展的。這恐怕也正是胡適在回眸五四文學運動時說：「至於所謂『中國文藝復興』，有許多人以為是一個文學的運動而已；也有些人以為這不過是把我國的語文簡單化罷了。可是，它卻有一個更廣闊的涵義。它包含著給與人們一個活文學，同時創造了新的人生觀。它是對我國的傳統的成見給與重新估價，也包含一種能夠增進和發展各種科學的研究的學術。檢討中國的文化遺產也是它的一個中心的工夫。」〔註88〕我想，這立論是確切的。這也是支持著我把新式教育與五四文學的發生這一課題進行下去的重要動力。

〔註87〕 田汝康等：《現代西方史學流派文選》，上海：上海人民出版社，1982年版，第155頁。

〔註88〕 胡適：《中國文藝復興》，《聯合書院學報》第1卷第49期。收入《胡適文集》（第12卷），北京：北京大學出版社，1998年版，第41頁。

第二章 新式教育下的課程設置與五四文學的發生

　　我們如果把新式教育下的學生接受西學和西方文學的先後次序作一比較的話，便可以發現這樣一個基本的事實：他們在接受西方文學之前，就已經學習了西學課程。如標示著五四文學創作實績的魯迅，便是從接納新式教育下的西學課程入手，開啟了他對西方文化和文學接受過程；像胡適也是從與文學很難搭界的農學和哲學出發，提出了改良文學的「口號」；陳獨秀則是從一個志在社會改革實踐的「革命家」出發，參與到了文學思想革命的行列中。這就是說，他們是以接納西學課程為起點開始了對西方文化和文學的接受，新式教育奠定了他們成長為五四文學的創建主體的重要基石，離開了新式教育，他們既無法完成知識上的轉型，也無法成長為五四文學的創建主體。如此說來，我們要找尋和闡釋五四文學的發生，也必然要回到其原初的起點——新式教育下西學課程的設置上。

　　新式教育下的西學課程的廣泛設置，從根本上改變了學生既有的知識結構，顛覆了他們對既有知識的信仰，重構了他們的文化心理結構。像魯迅在進入江南陸師學堂附設礦務鐵路學堂就讀時，所學習的課程則是「格致，地學，金石學」。〔註1〕顯然，包括「格致」〔註2〕在內的這些西學課程都是中國

〔註1〕 《魯迅全集》（第2卷），北京：人民文學出版社，1981年版，第295頁。
〔註2〕 「格致」這一名稱，源出《四書》中的《大學》：「致知在格物」。意思是窮究事物的道理而獲得事物的知識。當時把西方的物理學、化學、博物學等自然科學，都叫格致。

傳統教育所沒有的。在新式教育下，學生通過學習這樣一些「非常新鮮」的西學課程，就從根本上改變了既有的知識構成，從而造就了他們與傳統教育下的「士大夫」的不同的文化心理結構。所以，我們要深入考察新式教育下的學生的文化心理結構的建構過程，就必須深入考察新式教育下的學生的知識構成的變化，知識構成則又和課程設置及所採用的教科書緊密地聯繫在一起。這樣以來，我們對新式教育下的課程設置和教科書的考察，就不僅是本論文邏輯思辯的基點，而且還是五四文學發生的基點。

第一節　新式教育的歷史回眸

傳統教育從根本上規範了人們的知識構成。這種教育不僅使學生對西學茫然無知，而且還使他們對西學更加排斥。如在十九世紀中葉以鴉片戰爭為肇始的中西文化對話中，一般士大夫還停留在視西方人為粗野無文的「夷狄」階段，以致將一切西人及物稱「夷人」、「夷俗」、「夷船」、「夷器」等。像大學士倭仁在奏議中稱：「天下之大，不患無才。如以天文、算學必須講習，博采旁求，必有精其術者。何必夷人，何必師事夷人？立國之道，尚禮義不尚權謀。根本之圖，在人心不在技藝。」〔註 3〕當時，類似倭仁這種鄙視和排斥西學的人並不在少數。如葉德輝也不無憤懣地說：「考之六經，從未聞棄舊如遺，悍然以開新為務者」；朱克敬也指責：「近日學西方者，多糟粕程朱，秕糠孔孟，讚美夷人，以為事事勝於中國，用夷變夏，即可自強，此大誤也。……今我方捨舊謀新，而彼乃廣購經史，教其國人誦習，我專學彼之短，彼盡得我之長。則強弱之勢愈愚，猾夏之禍愈烈，不數十年，衣冠禮儀之邦，將成獸蹄鳥迹之區，此鄙人所大懼也。」〔註 4〕俞樾也不無憂慮地說：「今士大夫讀孔子之書，而孜孜所講求者則在外國之學。京師首善之地，建立館舍號召生徒，甚至選吾國之秀民，至海外而受業焉。豈中國禮樂詩書不足為學乎？海外之書，譯行於中國者日以益增，推論微妙，創造新奇，誠若可愕可喜，而視孔子之書反覺平淡而無奇聞。彼中人或譏孔子守舊而不能出新法。如此議論，漢唐以來未之前聞，風會流遷，不知其所既極，故曰孔子

〔註 3〕　王之春：《國朝柔遠記》（卷 16）。轉引自董寶良：《中國近現代教育思潮與流派》，北京：人民教育出版社，1997 年版，第 84 頁。

〔註 4〕　朱克敬：《柔遠新書》。轉引自董寶良：《中國近現代教育思潮與流派》，北京：人民教育出版社，1997 年版，第 85 頁。

之道將廢也。」〔註 5〕顯然，這些士大夫們正是從他們所接納的傳統教育所
形成的知識結構和價值觀念出發，來衡量當時的西學，當然是極爲荒謬的。
然而，這種荒謬的思想，如果沒有新式教育下的西學課程和教科書的介入，
學生依然接受著倭仁、葉德輝、俞樾等人所接受的課程和教科書的話，那所
謂新教育下的學生的文化心理結構的裂變與重構，將是不可能的。這正如外
國學者所意識到的那樣：「從古代到現在的一千多年以來，中國教育的實質
內容並沒有經歷什麼變化」，〔註 6〕「當今的學生們正在接受著與十個世紀以
前他們的前輩所經歷的一模一樣的教學模式，無論是教科書還是教學方法都
沒有絲毫的變化」。〔註 7〕顯然，人們的文化心理結構世代承襲的根本緣由，
正在於他們所接受的教育沒有發生根本變化，他們所學的課程沒有發生根本
變化。這種情形隨著晚清新式教育下西學課程的設置則發生了根本的改變。

　　晚清的新式教育的誕生可以從洋務運動算起。洋務運動中創辦的新式學
堂，打破了以科舉選士制度爲核心，奉程朱理學爲圭臬，以私塾、官學和書
院爲基本形式的傳統教育體制，開啓了輸入西方知識體系的新紀元。這一時
期的新式學堂主要是爲了培養當時社會所急需的專門人才而建立的。有適應
外語人才需求的外國語學堂，這類學堂有京師同文館（1862 年建立）、上海廣
方言館（1863 年建立）、廣州同文館（1864 年建立）等；有適應掌握西方技
術需求的學堂，如上海機器學堂（1867 年建立）、天津電報學堂（1879 年建
立）等；有適應強兵需求的軍事學堂，如天津水師學堂（1880 年建立）、天津
武備學堂（1885 年建立）、江南水師學堂（1890 年建立）等。新式教育的確
立，標示著西方知識正式楔入到了中國傳統的知識結構中。

　　新式學堂不同於中國傳統的舊式學校。如果從教育的目的來看，新式學
堂不再是培養「仕」，而是爲救亡圖存培養能夠掌握西方技藝的「士」。這目
的就決定了其教學內容不再是四書五經和八股，而是「西文」（外國語文）和
「西藝」（外國科學技術知識和軍事技術知識）。但這並不說明新式學堂已經
確立了西學的主導地位，誠如張之洞所說的那樣「學堂之法約有六要。一曰

〔註 5〕　《三大憂論》，《春在堂全書・賓明集》卷 6。（轉引自丁偉志，陳松：《中西體
　　　　　用之間》，北京：中國社會科學出版社，1995 年版，第 394～395 頁。
〔註 6〕　〔美〕何天爵：《眞正的中國佬》，鞠方安譯，北京：光明日報出版社，1998
　　　　　年版，第 178 頁。
〔註 7〕　〔英〕麥高溫：《中國人生活的明與暗》，朱濤、倪靜譯，北京：時事出版社，
　　　　　1998 年版，第 62 頁。

新舊兼學」，新舊兼學的首要任務則是「改定課程，一洗帖括詞章之習，惟以造眞才、濟時用爲要歸」。〔註8〕這就規範了此時的西學還只能是在中學之本中找尋到自我存在的位置。

　　對晚清新式教育具有深遠影響的是甲午戰爭和庚子事變。在甲午戰爭之前，中國人一直認爲「倭不度德量力，敢與上國抗衡，實以螳臂擋車，以中國臨之，直如摧枯拉朽。」〔註9〕然而，戰爭的結果與人們的期望恰好相反，戰爭以中國的失敗和割地賠款而告終。對此，梁啓超認爲：「喚起吾國四千餘年大夢，實自甲午一役始也。」〔註10〕吳玉章曾經這樣評說中日《馬關條約》：「眞是空前未有的亡國條約！它使全中國都爲之震動。從前我國還祇是被西方大國打敗過，現在竟被東方的小國打敗了，而且失敗得那樣慘，條約又訂得那樣苛，這是多麼大的恥辱啊！」〔註11〕這給國人封閉自大的文化心理結構以重創，迫使人們找尋日本爲什麼會戰勝「強大」的中國的原因，這促成了人們對日本明治維新以來的新式教育的關注。在庚子事變中，八國聯軍侵入北京，「中國數千年來，外侮之辱未有甚於此者也。」〔註12〕這甚至使慈禧太后也變得「宵旰焦勞」，從而促成了「取外國之長，乃可去中國之短；懲前事之失，乃可作後事之師」〔註13〕的話語從邊緣走向中心，成爲主流意識形態下的話語。這不僅顯示了主流意識形態激進的變革姿態，而且還顯示了勵精圖治的宏大決心，從而爲新式教育提供了強力支持。對此，國外學者認爲，「清朝在它的最後的十年中，可能是1949年前一百五十年或二百年內中國出現的最有力的政府和最有生機的社會。」〔註14〕如果著眼於五四文學發生所需要的創建主體和接受主體大都直接成長於晚清最後十年的客觀事實，我們就會感到，五四文學的發生的確和晚清的新政以及新政下的新式教育有著莫

〔註8〕　張之洞：《張之洞全集》（第2冊），石家庄：河北人民出版社，1998年版。

〔註9〕　轉引蔣廷黻：《中國近代史》，上海：上海古籍出版社，1999年版，第66頁

〔註10〕梁啓超：《改革起源》，《飲冰室合集》專集之一，北京：中華書局，1989年影印本。

〔註11〕吳玉章：《甲午戰爭到辛亥革命的回憶》，《吳玉章回憶錄》，北京：中國青年出版社，1978年版，第2頁。

〔註12〕梁啓超：《本館第一百冊祝辭並論報館之責任及本館之經歷》，《飲冰室合集》文集之六，北京：中華書局，1989年影印本。

〔註13〕朱壽朋：《光緒朝東華錄》，北京：中華書局，1958年版，總第4601～4602頁。

〔註14〕〔美〕費正清：《劍橋中國晚清史》下卷，北京：中國社會科學出版社，1993年版，第566頁。

大的關聯。

　　對新式教育產生了直接影響的是戊戌變法和晚清新政。在戊戌變法中，光緒帝發佈了數十條「除舊布新」的改革命令，其中有關教育的主要有：改革科舉制度，廢八股取士之制，改試時務策論。上諭曰：「著自下科爲始，鄉、會試及生童歲科各試，嚮用《四書文》者，一律改試策論」。這樣的舉措，不僅對科舉制度的變革具有深遠的影響，而且也對學生的知識構成產生了深遠影響。特別是光緒皇帝在《明定國是昭》中宣佈籌辦京師大學堂，對五四文學的發生具有更直接的影響：「以期人才輩出，共濟時艱」，並下令把各省、府、州縣之原有大小書院，一律改爲兼習中學、西學之高等學、中等學、小學三級學堂。最後，戊戌變法因爲慈禧太后爲代表的實力派的抵制而折戟沉沙。京師大學堂成爲變法僅存的碩果──這正是孕育五四文學這一「基本團」的溫床。

　　如果說戊戌變法對新式教育的影響表現在籌辦了京師大學堂的話，那麼，晚清的新政則把新式教育眞正推向了深入。這可以看作民間意識和主流意識形態的重合的結果：「甲午庚子以還，內爲志士所呼號，外受列強之侮辱，始知教育爲中國存亡之絕大問題，於是眾口一聲，曰教育、教育。」〔註15〕在主流意識形態方面，則正如上諭所宣示的那樣：「時經大創後，太后已恍然於國家致弱之原因，知此後行政之方針，不能不從事於改革，以圖補救，乃以決行新政之諭旨，布告中外。」〔註16〕正是在這種情景下，張百熙於 1902 年上《進呈學堂章程折》，主張「各省督撫責成地方官核實興辦。凡名是實非之學堂，及庸濫充數之教習，一律整頓從嚴，以無負朝廷興學育才之盛心」〔註17〕，這促成了新式教育的進一步發展。由此以來，就基本上奠定了新式教育未來的基本格局，從京城到省城再到府州縣，相繼建立起了一體化的新式學堂：「除京師已設大學堂，應行切實整頓外，著各省所有書院，於省城均改設大學堂，各府及直隸州均改設中學堂，各州縣均改設小學堂，並多設蒙養學堂。」〔註18〕這就使整個新式教育從當初的零散佈局轉變成了全國規模的佈局，大學、中學、小學和蒙養學堂均成爲新式學堂。在此上諭的號令下，各省興辦的大學，如陝西的宏道

〔註15〕錢曼倩、金林祥：《中國近代學制比較研究》，廣州：廣東教育出版社，1996年版，第 57 頁。

〔註16〕黃鴻壽：《清史紀事本末》（卷六十九），北京：北京圖書館出版社，2003 年版。

〔註17〕舒新城：《中國近代教育史資料》（上冊），北京：人民教育出版社，1961 年版，第 194 頁。

〔註18〕朱壽朋：《光緒朝東華錄》，北京：中華書局，1958 年版，總第 4719 頁。

大學堂、湖南的湖南大學堂、湖北的兩湖大學堂、浙江的浙江大學堂等,都如雨後春筍般地競現於神州大地。這種新式教育格局,不僅使新式教育下由過去的少數人無奈的人生抉擇變成了大多數人的共同選擇,而且還促成了五四文學發生的「基因團」獲得了存在的更為廣闊的社會基礎。

晚清的新式教育在主流意識形態的制導下開啓了教育功能的轉向。如在《奏定章程》關於初等小學堂的章程中規定:「令凡國民七歲以上者入焉。以啓其人生應有之知識,立其明倫理愛國家之根基,並調護兒童身體,令其發育為宗旨;以識字之民日多為成效」;關於高等小學堂的章程則是「令凡已習初等小學畢業者入焉。以培養國民之善性,擴充國民之知識,強壯國民之氣體為宗旨;以童年皆知作人之正理,皆有謀生之計慮為成效。」關於中學堂的章程則是「令高等小學畢業者入焉。以施較深之普通教育,俾畢業後不仕者從事於各項實業,進取者介入高等專門學堂均有根柢為宗旨;以實業日多,國力增大,即不習專門者亦不至暗陋偏謬為成效。」在《欽定京師大學堂章程》中指出,京師大學堂之設,所以激發忠愛開通智慧,振興實業。這就是說,主流意識形態已經認同了「學生」學習的目的除了「學而優則仕」之外,還可以「從事於各項實業」。於是,在忠君尊孔之外,「尚公、尚武、尚實」被當作了亟需提升的民質:「中國政教之所固有,而亟宜發明以距異說者有二:曰忠君,曰尊孔。中國民質之所最缺,而亟宜箴貶以圖振起者有三:曰尚公,曰尚武,曰尚實」。〔註19〕這就使傳統的文化難以認同的西學課程獲得了存在的資格,科學作為西學的重要內容,開始從邊緣走向中心。

總之,晚清政府對新式教育的進一步認同,使新式教育從洋務運動時期的單槍匹馬式的左衝右突,轉向了主流意識形態認同下的體制規範,認同西方政體逐漸地成為主流意識形態的話語,對此,慈禧太后自我開脫地說,自己並不是不想實行變法,而是不能讓「康逆」一黨實行變法。〔註20〕這正如蔣廷黻所說的那樣:「戊戌年康有為要輔助光緒帝舉行的新政,西太后都通過了,而且超過了。」〔註21〕這種激進的變革態勢,甚至連梁啓超都深感意外。他在 1901 年 10 月所作的《維新圖說》中說過,此時的維新之語,已「彌漫磅礴於國中,

〔註19〕陳學恂:《中國近代教育史教學參考資料》上冊,北京:人民教育出版社,1987 年版,第 564～565 頁。
〔註20〕林甘泉等:《從文明起源到現代化》,北京:人民出版社,2002 年版,第 611 頁。
〔註21〕蔣廷黻:《中國近代史》,上海:上海古籍出版社,1999 年版,第 85 頁。

無論爲帝，爲后，爲吏，爲士，爲紳，爲商」，均以維新爲時尚，「吾昔見中國言維新者之少也而驚，吾今見中國言維新者之多而益驚。」如此以來，原來被看作康梁逆黨所提倡的亂國之策，此時卻挾主流意識形態的霸權話語，成爲社會的主導性話語，這對新式教育的發展起到了重要的推動作用，也爲五四文學所提倡的科學和民主等話語拓展了一定程度的自由表達空間。

中華民國的成立，標誌著佔據主流意識形態的話語開始了根本的轉型，即傳統的「三綱五常」的倫理法則失卻了其存在的合法性，取而代之的是對民主共和等文化理念的認同。任何有悖於這一文化理念的話語都與主流意識形態下的話語相牴牾。這正如教育部呈送大總統的咨文中所說的那樣：「急應改訂新制，期合共和政體。」〔註22〕蔡元培也指出，「『忠君』與共和政體不合，『尊孔』與信仰自由相違」，發出了「毀孔子廟罷其祀」的籲求。〔註23〕顯然，作爲教育總長的蔡元培的教育理念，對學生的文化心理結構的影響是不容質疑的，特別是當新式教育在把「忠君與共和政體不合，尊孔與信教自由相違」這樣的文化理念轉化爲學生的自覺文化理念時，五四文學的發生就找尋到了最爲堅實的基點。

中華民國的成立，還從政體上確保了五四文學的發生的政治基礎。實際上，五四文學的發生離不開政治體制的支持，共和政體恰好爲五四文學的發生起到了清道夫的作用。這就是說，所謂的文化革命、思想革命、文學革命，不僅沒有超越政治革命的基本訴求，反而是建立在政治革命這一基石之上的。這一點一直沒有提升到其所應有的地位上加以認識。〔註24〕其實，辛亥革命不僅趕跑了皇帝，而且也把專制制度一同驅逐出去了。所以，有學者指出：「從此以後，任何人想復辟君主專制制度，想穿龍袍、當皇帝，沒有不遭到徹底失敗的。」〔註25〕

中華民國的成立，爲主流意識形態容納民主和科學等話語奠定了重要的制度保證。如在1912年9月頒佈的《教育部公佈小學校令》就明確指出：「小

〔註22〕《教育部呈大總統報明籌開臨時教育會議改訂新制文》，陳元暉、陳學恂：《中國近代教育史資料彙編》，上海：上海教育出版社，1991年版，第637頁。

〔註23〕蔡元培：《對於教育方針的意見》，見高平叔編《蔡元培教育文選》，北京：人民教育出版社，1980年版，第7頁。

〔註24〕陳方竟在《對新青年發動批孔以文學革命的再認識》一文中，曾經從「共和制情結」出發，對《新青年》從提倡思想啓蒙入手介入現實政治的原因進行了剖析。該文見《中國現代文學傳統》，北京：人民文學出版社，2002年版。

〔註25〕李新：《中華民國史》第一編（上），北京：中華書局，1981年版，第5頁。

學校教育以留意兒童身心之發育，培養國民道德之基礎，並授以生活所必需之知識技能為宗旨。」在教育部公佈中學校令中也明確指出：「中學校以完足普通教育、造成健全國民為宗旨」。這裡，所謂的「健全國民」，就把個人與國家命運結合起來、對國家負有責任、承擔義務的合格國民。這樣的話，晚清主流意識形態中的一直強化的尊孔忠君等話語就被中華民國的主流意識形態所驅逐。共和政體的確立，以及與共和政體相對應的教育宗旨，就確保了五四文學發生所必需的創建主體和接受主體通過新式教育源源不斷地轉化為「新青年」，即他們在新的教育宗旨的導引下，確定了五四文學的民主科學等話語存在的合法性。並且，這一時期的教育宗旨相對於同期的文學思想來講，新式教育恰好走在了文學的前面。如蔡元培在《社會改良宣言》（1912 年 2 月23 日）一文中就非常清楚地宣示過：「以人道主義去君權之專制，以科學知識去神權之迷信」，這既可以看作對五四文學所認同的科學和民主精神的高度概括，也可以看作新式教育在實踐了這一精神後，他們在文學上的必然要求。

總之，中華民國的成立，既然確立了以科學與民主為宗旨的新式教育的合法性存在，那麼，它也就為以科學與民主為圭臬的五四文學提供了廣闊的發展空間。儘管在其發展的道路上，還會出現諸如袁世凱復辟這樣的逆流，但這已經無法阻擋人們對科學和民主的訴求——甚至很多的逆向的訴求，不僅無法阻擋人們對科學與民主的訴求，反而可能進一步激發或強化人們對科學民主的訴求。這恐怕正是五四文學發生時以如此激進的姿態呈現於世的一個重要緣由——如果沒有袁世凱的復辟，如果沒有復古的文化思潮，五四文學的發生方式，也許並不會以如此激進的姿態出現，而是以另一種更為溫和或漸進的方式完成對現代文學的確認。

第二節　新式教育下的課程設置

新式教育從誕生到發展到最終取代傳統教育，也就是以西學為內容的新式課程設置從教育的邊緣位移到中心的過程。與這一過程相伴隨的，是學生既有的知識構成發生裂變與重構的過程。課程的設置固然體現著主流意識形態的內在要求，但設置後的課程一旦為學生所掌握，那是否會按照主流意識形態的規範來運行，則是介於兩可之間的事情了。實際上，設置後的課程不僅改變了學生的知識結構，而且還由此動搖了他們對既有知識結構的信仰，

從而促成他們接納新知識同時又拋棄了對既有知識的信仰。從這樣的意義上說，晚清新式教育下設置的課程，正是促成五四文學的創建主體的文化心理結構裂變與重構的原初動因之一，這就成為五四文學發生的原點。

「課程」一詞，英文為 curriculum，由 race course（賽馬的跑道）轉化而來。就像運動員牽馬沿著跑道向目標賽跑一樣，學生也須在教師的指導下，按學校規定的內容進行學習，才能實現教育目標，由不成熟走向成熟。這個詞語最早出現在英國教育家斯賓塞《什麼知識最有價值》一文中，他把經過組織的教育內容叫做課程。〔註26〕由此可見，「課程」的一般含義是指有目的、有計劃、有指導的教育內容。這就是說，課程的設置和教育的目的緊密地聯繫在一起，具有強烈的意識形態色彩。事實上，從晚清新式教育來看，新式教育正是與帶有西學特質的課程設置聯繫在一起的，而這些課程又和意識形態的導引糾纏在一起，簡言之，晚清是為了應對救亡和啟蒙的雙重需要，終於把那些能夠滿足這一需要的西學課程納入到了教育中，從而使晚清時期新式教育下的課程設置帶有濃鬱的意識形態色彩。

西方近代教育下的課程，大致分為自然科學和社會科學兩大門類。自然科學類課程主要包括數、理、化、天文、地理、地質、生理、生物學等，社會科學類課程主要包括文、史、哲、政、法、經、邏輯、社會學等。而中國傳統教育所涉獵的主要課程主要有經學、小學、史學、算學、天文曆法、輿地學及所謂「儒家四學」（義理之學、考據之學、辭章之學、經世之學）。中國的算學、天文、輿地、史學，與西方的數學、天文學、地理學、歷史學相似，但並沒有受到主流意識形態的高度關注。也就是說，在中國的傳統教育中，西方的自然科學是作為技藝而附麗於「道」之上的。至於西方的近代物理學、化學、生物學、地質學、社會學等學科，在中國傳統教育中則一直被排斥視閾之外。

在新式教育中設置的西學課程主要有西文和西藝兩大類。西文主要是指外語，包括英語、俄語、德語等；西藝主要是指西方科技知識，如數學、化學、物理等，後來又增設了天文算學等課程。這些課程主要是從適應富國強兵的目的而來的，如他們設置天文算學，主要是基於「因思洋人製造機器火器等件，以及行船、行軍，無一不自天文、算學中來。現在上海浙江等處講求輪船各項，若不從根本上用著實工夫，即習皮毛，仍無俾於實用」〔註27〕；

〔註26〕 參見呂達：《中國近代課程史論》，北京：人民教育出版社，1994 年版，第 14 頁。
〔註27〕 《洋務運動》（二），上海：上海人民出版社，1961 年版，第 23 頁。

再如在同文館的數學課程中，按規定第四年有算術、代數，第五年習幾何，以及平面和球面三角，第六年有微分積分。這些課程的設置，正如沈葆楨等所奏請「特開算學科」中所宣稱的那樣，「水師之強弱，以炮船爲大宗，炮船之巧拙，以算學爲根本」；李鴻章也認爲「爲造就將才起見，要皆以算學入手」，這都說明西學課程的設置被嚴格地置於實用需求之上。

隨著新式教育的發展，同文館由一個翻譯學校轉變爲一個實用科學的學校，其所設置的西學課程就發生了很大的改變〔註28〕：

八年制課程設置：

首年：認字，寫字，淺解辭句，講解淺書。

二年：講解淺書，練習句法，翻譯條子。

三年：講各國地圖，讀各國史略，翻譯選編。

四年：數理啓蒙，代數學，翻譯公文。

五年：講求格物，幾何原本，平三角，弧三角，練習譯書。

六年：講求機器，微積分，航海測算，練習譯書。

七年：講求化學，天文，測算，萬國公法，練習譯書。

八年：天文，測算，地理，金石，富國策，練習譯書。

由此可知，同文館中的課程儘管仍以外語爲主，但西學的其他課程已經基本上齊全了。這種課程設置在同時期的其他學堂中也大致如此，如嚴復在1866 年考入福州船政學堂後，學習的科目除了英文外，還有算術、幾何、代數、解析幾何、三角、物理、力學、化學、地質學、天文學和航海學，最後接觸的是西學中的社會科學層面，如西學中的萬國公法、外國史等人文課程。〔註29〕嚴復正是從西方科學知識出發，把中國傳統文化中奉爲「天理」的一些儒家學說打翻在地。如他針對易經所說的「天尊地卑，乾坤定矣」，以及由天尊地卑而引申到人類社會，強化尊卑上下觀念、君臣父子夫妻名分等牽強附會之說，指出哥白尼的日心說原理，說明地球是一行星，圍繞太陽循軌旋轉，無所謂上下，更無所謂尊卑貴賤之說。〔註30〕這說明新式教育下的課程一旦爲學生所接納，他們勢必會反過來對建立在傳統知識之上的觀念產生懷

〔註28〕朱有瓛：《中國近代學制史料》（第 1 輯上冊），上海：華東師範大學出版社，1987 年版，第 73～79 頁。

〔註29〕〔美〕本傑明・史華茲：《尋求富強：嚴復與西方》，南京：江蘇人民出版社，1996 年版，第 24 頁。

〔註30〕嚴復：《嚴復集（第 5 冊）》，北京：中華書局，1986 年版，第 1241 頁。

疑。嚴復正是由天文學知識出發，在凸現了西方的科學和平等觀念的同時也解構了儒家學說存在的根基。

　　洋務運動期間，其所設置的課程基本上包括了西學中主要課程，特別是西學中的自然科學課程，雖然這些課程當時還沒有成爲晚清所設課程的主要課程。但洋務運動期間所培育的學生已經取得了一定的話語權，如嚴復對西學的翻譯，林紓和口譯者對西方文學的翻譯，都對五四文學的發生起到了重要的作用。

　　隨著新式教育的進一步發展，西學課程逐漸地成爲眾多洋務學校所開設的主要課程，這種情形在 19 世紀末表現得特別明顯。如魯迅在 1899 年進入江南陸軍學堂附設的南京礦務鐵路學堂後，就對該學堂的功課和書籍感覺「非常新鮮」。〔註31〕魯迅所在的學堂，是張之洞四年前奏請「仿照德制」創辦的，課程以礦務爲主，鐵路爲副，外文教德文，漢文除了《左傳》，還教《小學集注》，此外還有格致（即物理、化學）、地學、金石學〔註32〕、算學、歷史、體操、繪圖等課程。生理學雖然教師不教，但同學們卻有機會閱讀了木版的《全體新論》、《化學衛生論》之類的書。魯迅正是從這些課程中獲得的「非常新鮮」感覺入手，不斷地豐富著自己的西學知識，最終促成了其知識結構的轉型。

　　戊戌變法和晚清新政促成了課程設置上的突破。如果說戊戌變法的意義在於爲新式教育勾勒了一個全新的藍圖，晚清新政的意義在於把這一藍圖付之實踐。如 1902 年確立的《欽定京師大學堂章程》中，就專門仿照日本的學制模式分科，下設七科三十五目：「**政治科**：政治學、法律學；**文學科**：經學、史學、理學、諸子學、掌故學、詞章學、外國語言文字學；**格致學**：天文學、地質學、高等算學、化學、物理學、動植物學；**農學科**：農藝學、農業化學、林學、獸醫學；**工藝科**：土木工學、機器工學、造船學、造兵器學、電氣工學、建築學、應用化學、採礦冶金學；**商務科**：簿記學、產業製造學、商業語言學、商業法學、商業史學、商業地理學；**醫術科**：醫學、藥

〔註31〕《魯迅全集》（第 2 卷），北京：人民文學出版社，1981 年版，第 295 頁。
〔註32〕1898～1902 年間，魯迅在南京陸師學堂附設的礦務學堂上學時，學校用《金石識別》、《地學淺釋》作爲教材。前者講的是礦物學，這是興辦礦業所必需的，那時把礦物或礦譯稱「金石」，而此處的地學即地質學。《金石識別》是美國耶魯大學教授礦物學權威丹那（J.D.Dana 1813～1895）爲大專學生寫的礦物學教材；《地質淺釋》是地質學奠基人萊伊爾將他的經典著作《地質學原理》中專講基礎地質知識的第四編抽出擴充而成。

學」。〔註33〕在 1903 年頒佈的《奏定大學堂章程》中指出；大學分為八科：經學科、政法科、文學科、醫科、格致科、農科、工科和商科。這一課程體系儘管凸現了經學等課程，但從總體上說，這是對西方現代教育下的課程設置的一次全面借鑒，這正如課程的設置者所說的那樣：「數月以來，臣等互相討論，虛衷商榷，並博考外國各項學堂，課程門目，參酌交通，擇其宜者用之。」〔註34〕很顯然，該章程下的課程設置，西學已經攻城略地，在學堂中佔據了大半江山。下面列舉 1902 年《欽定中學堂章程》公佈的中學課程表〔註35〕：

第一年		第二年		第三年		第四年	
修身	2	修身	2	修身	2	修身	2
讀經	3	讀經	3	讀經	3	讀經	3
算學	6	算學	6	算學	6	算學	6
詞章	3	詞章	3	詞章	3	詞章	3
中外史學	3	中外史學	3	中外史學	3	中外史學	3
中外地理	3	中外地理	3	中外地理	3	中外地理	3
外國文	9	外國文	9	外國文	9	外國文	9
圖畫	2	圖畫	2	圖畫	2	圖畫	2
博物	2	博物	2	博物	2	博物	2
物理	2	物理	2	物理		物理	
化學		化學		化學	3	化學	3
體操	2	體操	2	體操	2	體操	2
共計	37		37		38		38

由此表可以看出，算學、中外史學、中外地理、外國文、圖畫、博物、物理、化學、體操等課程，已經基本上包羅了西學的各個主要課門，其中的很多課程要求，已基本上奠定了嗣後的課程要求的總體面貌。這就使「西方文藝復興以後形成了百科全書式的學校課程模式開始為中國正式接受。教學計劃中所

〔註33〕舒新城：《中國近代教育史資料》（中冊），北京：人民教育出版社，1961 年版，第 546 頁。
〔註34〕朱有瓛：《中國近代學制史料》第 2 輯上冊，上海：華東師範大學出版社，1987 年版，第 77～78 頁。
〔註35〕舒新城：《中國近代教育史資料》（中冊），北京：人民教育出版社，1981 年版，第 494 頁。

設置的十二門課程，奠定了我國普通中學課程架構的基礎，以後長期沿用，基本未變」，〔註36〕如《奏定學堂章程》對歷史課程的規範要求是，「先講中國史」，「次講亞洲各國史」，「並示以今日西方東侵東方諸國之危局」，「次講歐洲美洲史，宜就歐美諸國講其古今歷史中之重要事宜（上古不必多講）；詳於大國而略於小國，詳於近代而略於遠年；五十年內之事尤宜加詳；說近世事者十之九，說古事者十之一」，「凡教歷史者，注意在發明實事之關係，辨文化之由來，使得省悟強弱興亡之故，以振發國民之志氣。」〔註37〕就從根本上改變了新式教育下的學生關於世界歷史的基本概念，爲他們確立世界化視野奠定了基礎。至於算學和外國文幾乎占了全部課時的 15／37，修身、讀經、詞章則相對處於邊緣地帶，這樣的課程設置，加大了西學知識在學生的知識結構中所占的比重，爲造就新式教育下的大批具有科學知識的學生奠定了堅實的基礎。

在課程設置的過程中，值得一提的是「中國文學」課程的設置，這凸現了文學在教育中的作用。在 1903 年實施的《奏定學堂章程》中提出了「學堂不得廢棄中國文辭」，要設立「中國文學」課，並且還要求各級學堂都要把「中國文學」科列爲重點必修課，其對普通中學課程標準的具體的規範是：

> 中國文學入中學堂者年已漸長，文理略已明通，作文自不可緩。
> 凡學爲文之次第：一曰文義；文者積字而成，用字必有來歷（經史子集及近人文集皆可），下字必求的解，雖本乎古亦不駭乎今。此語似淺實深，自幼學以至名家皆爲要事。二曰文法；文法備於古人之文，故求文法者必自講讀始，先使讀經史子集中平易雅馴之文，《御選古文淵鑒》最爲善本，可量學生之日力擇讀之（如鄉曲無此書，可擇較爲大雅之本讀之），並爲講解其義法。次則近代有關繫之文亦可瀏覽，不必熟讀。三曰作文；以清眞雅正爲主：一忌用僻怪字，二忌用澀口句，三忌發狂妄議論，四忌襲用報館陳言，五忌以空言敷衍成篇。
>
> 次講中國古今文章流別、文風盛衰之要略，及文章於政事身世關係處。其作文之題目，當就各學科所授各項事理及日用必需各項事理出題，務取與各科學貫通發明；即可易於成篇，且能適於實用。
>
> 〔註38〕

〔註36〕 呂達：《中國近代課程史論》，北京：人民教育出版社，1994 年版，第 153 頁。
〔註37〕 呂達：《中國近代課程史論》，北京：人民教育出版社，1994 年版，第 162 頁。
〔註38〕 呂達：《中國近代課程史論》，北京：人民教育出版社，1994 年版，第 161 頁。

　　這說明，在中國文學一課的具體規範要求中，強調了文義、文法、作文。其中，在作文的清真雅正中，「忌用僻怪字」和「忌用澀口句」可以看作晚清以來的白話文要求的折射，是歷史的一大進步，但在「忌發狂妄議論」、「忌襲用報館陳言」和「忌以空言敷衍成篇」的規範要求中，則體現了主流意識形態對西學東漸的文化思潮的排斥。特別是它所排斥的「報館陳言」，恰恰是體現新思想的新名詞。正是從抵制新思想出發，晚清主流意識形態對體現新思想的新名詞採取了封殺的方式。如《奏定中學堂章程》章程的製定者在《學務綱要》中直言不諱地道出了內心的憂慮：「近日少年習氣，每喜於文字間襲用外國（按指日本）名詞諺語」。這裡面有三種情況，一種是「欠馴雅」，如團體、舞臺、代表等，另一種是「取義與中國舊解迥然不同」，如犧牲、社會、機關等，還有一種是「並非需要此字」，如報告、困難、觀念等。〔註39〕都不利於「存國文，端士風」。因此，學堂章程規定，一是必須「戒襲外國無謂名詞」〔註40〕；二是「小學堂勿庸兼習洋文」，「萬不准減少讀經講經，及中國文字功課鐘點」，「以免拋荒中學根柢。」〔註41〕由此可見，隨著新式教育的發展，人們從話語到觀念，都已經出現了和傳統規範下的要求具有了一定的差異性，人們的文化心理結構呈現出了裂變與重構的過渡性特徵。

　　至於1903年頒佈的《奏定大學堂章程》中，主張在「文學科大學」裏專設「中國文學門」，主要課程包括「文學研究法」、「《說文》學」、「音韻學」、「歷代文章流別」、「古人論文要言」、「周秦至今文章名家」、「世界史」、「西國文學史」等總共十六種科目。〔註42〕屬於西學範疇的「世界史」、「西國文學史」也「魚目混珠」般地「系列」於「中國文學門」中。這說明西學所包括的範圍已超越了自然科學的侷限，使政治學、法律學、西方文學史等學科都成為大學堂的必修科目。如此以來，西學便突破了中學的藩籬實現了全面登陸。這對以中學知識為主的學生來說，則促成了他們用西學整合中學的心理進程。

　　文學獨立設科後，先是借用舊時成書，以後陸續編了一些。其中最有代

〔註39〕張百熙等：《奏定學堂章程‧學務綱要》，舒新城：《中國近代教育史資料》（上冊），北京：人民教育出版社，1961年版。

〔註40〕張百熙等：《奏定學堂章程‧學務綱要》，舒新城：《中國近代教育史資料》（上冊），北京：人民教育出版社，1961年版。

〔註41〕張百熙等：《奏定學堂章程‧學務綱要》，舒新城：《中國近代教育史資料》（上冊），北京：人民教育出版社，1961年版。

〔註42〕舒新城：《中國近代教育史資料》（中冊），北京：人民教育出版社，1961年版，第594頁。

表性的是 1906 年劉師培編的《中國文學教科書》。這套教材共有十冊，先明小學，次分析字類，後討論句法、章法、篇法，再總論古今文體。林紓在京師大學堂期間，也曾經編寫過類似的文學讀本。儘管這樣的文學教育和現代的文學教育相去甚遠，但中國文學單獨設科改變了傳統文學教育中文史哲不分的現象，確立了中國文學獨立的學科地位，特別是在「中國文學」課程不僅包括中國文學，還包括了外國文學，這就把中國文學納入到了世界文學的系統中。文學單獨設科，不僅使西方文學找尋到進入中國文化中的暢通渠道，爲西方文學觀念取代中國文學觀念奠定了重要的基石，而且還使中國傳統教育下那些爲君子不爲的小說，諸如《紅樓夢》《水滸傳》等小說，也堂而皇之地進入了學生的閱讀視野，成爲學生的課外閱讀材料，從而擡高了小說的社會地位，這對五四文學的發生具有積極的促進作用。

當然，在設置「中國文學」一科的初衷中，主流意識形態主要還是基於以下的考慮：「中國各體文辭，各有所用。古文所以闡理紀事，述德達情，最爲可貴。駢文則遇國家典禮制誥，需用之處甚多，亦不可廢。古今體詩辭賦，所以涵養性情、發抒懷抱。中國樂學久微，藉此亦可稍存古人樂教遺意。中國各種文體，歷代相承，實爲五大洲文化之精華。」〔註43〕這就是說，「中國文學」一科的設置，主要還是從「中學爲體、西學爲用」的體用觀出發，把「中國文學」當作凸現中學的一種重要方式。然而，當「中國文學」一科把「西國文學史」也納入其中後，這就和實際結果有一定的背離。從五四文學的發生來看，「中國文學」既培植了一批「國故」的擁躉，也培育了一批五四文學的追隨者，這種情形在五四文學運動前夕的北京大學表現得最爲明顯。

中華民國成立後，西學課程變動不是太大。下圖爲 1912 年《教育部公佈中學校令實施細則》所規定的中學課程表〔註44〕：

學科／學年	第一學年	第二學年	第三學年	第四學年
修身	1	1	1	1
國文	7	7	5	5
外國語	7	8	8	8

〔註43〕張百熙等，《奏定學堂章程・學務綱要》，《中國近代教育史資料》（上冊），北京：人民教育出版社，1961 年版，第 202 頁。

〔註44〕舒新城：《中國近代教育史資料》（上冊），北京：人民教育出版社，1981 年版，第 523 頁。

歷史	2	2	2	2
地理	2	2	2	2
數學	5	5	5	4
博物	3	3	2	
物理化學			4	4
法制經濟				2
圖畫	1	1	1	2
手工	1	1	1	1
樂歌	1	1	1	1
體操	3	3	3	3
總計	33	34	35	35

從上表可以看出，國文和外語所占的課時則相對提升，音樂作爲美育的重要組成方面，和修身一課所占的課時相等。說明課程的內容由忠君尊孔轉變到現代國民文化品格的培育上。這些變化，對五四文學的創建主體的文化心理結構的影響可能不如對第三代學生的影響大，因爲這一時期，五四文學的創建主體大都初步完成了中學教育，或直接走上教育崗位，從事新式教育；或留學他國，在國外接受著比中華民國的新式教育還要「新」的教育。如胡適就是在這一時期接受著美國的現代教育，並在美國教育的熏染下，開始了自我現代的文化心理結構的建構的艱難歷程，爲其成爲五四文學的發難者奠定了堅實的基礎。然而，這一時期的新式教育對五四文學的接受主體卻具有特別重要的意義，如五四文學運動期間的學生羅家倫、傅斯年、顧頡剛等人大都在這一時期接納了小學和中學教育，這成爲他們進入北京大學後建構自我新的文化心理結構最爲直接的平臺。當然，羅家倫、傅斯年、顧頡剛等人和五四文學的創建主體相比，他們持有更爲激進的文化立場，這可能與他們在中小學時所接受的教育有一定的關聯——因爲他們在接受中小學教育的過程中，變革社會乃至變革教育，正好潛移默化地影響到他們的思想和情感。

中華民國爲了確保自我存在的合法性，必然要在教育上凸現和其政治文化主張相吻合的內容，這體現在 1913 年教育部公佈的大學規程中，則是大學只分文科、理科、法科、商科、醫科、農科、工科。這就從課程的設置上根除了經學科的存在——恰恰是經學科的存廢這一根本性變革，成爲五四文學發生的最爲直接的催化劑。

總之，新式教育經過晚清和中華民國這兩個歷史時期，已經基本上確立

了以西學爲主的課程體系，這些課程以其最直接的方式，改變了五四文學的創建主體和接受主體既有的知識結構，使他們的知識實現了由傳統向現代的轉換，而且，這些西學課程中的科學知識，還成爲五四文學的科學與民主主題的最爲直接的來源。

第三節　新式教育下的教科書與五四文學的發生

新式教育的課程設置從根本上規範了學生的知識結構。但是，在課程設置的背後，離不開教科書的支持。教科書成爲確保課程目標實現的重要方式。在傳統的教科書中，其主體是傳授儒家經典及法律誥文，以及由此衍生的啓蒙知識。這類教科書從維護既有社會秩序的目的出發，把人的個性納入到規範體系中，這便是儒家所謂的「修身養性齊家治國平天下」。然而，這樣的過程也是人的個性泯滅的過程，嚴重地桎梏了社會和個人的發展。這正如鄭振鐸批評的那樣，這類童蒙教材「以嚴格的文字和音韻的技術上的修養來消磨『天下豪傑』不羈的雄心和反抗的意志，以莫測高深的道學家的哲學和人生觀，來統轄茫無所知的兒童」。〔註45〕實際上，這類教科書不僅消磨了「天下豪傑」不羈的雄心和反抗的意志，而且還窒息了學生對自然知識的理解和把握能力。對此美國傳教士布朗就指出過，在中國，「一些最基本的科學事實也極少介紹到教科書中來，更談不上成爲專門的學科」。〔註46〕美國傳教士林樂知也曾經就改革教科書發表議論：「塾中通行收本，有宜讀者，有可以緩讀者。宜先精心抉擇，嚴定留汰章程。其宜讀之書，仍全免其背誦之例。蓋皆以勝出蒙童之歲月，得增讀有用諸書也。」〔註47〕然而，這樣的批評卻難以爲主流意識形態所接納。

新式教育下的教科書和傳統教育下的教科書具有根本的差異。新式教育下的教科書主要以西學教科書爲主，對其產生重要影響的是翻譯的西學著作。早期是傳教士翻譯的西學著作，隨後是江南製造局翻譯館等翻譯的西學著作。西學著作側重的是聲光化電和社會人文。隨著晚清新政的實施，留學日本一時火熱，其翻譯西學著作的重點也就從西文書籍轉爲日譯的西文書

〔註45〕鄭振鐸：《中國兒童讀物的分析》，《文學》第 7 卷第 1 號，1936 年 7 月。

〔註46〕王立新：《美國傳教士與晚清中國現代化》，天津：天津人民出版社，1997 年版，第 251 頁。

〔註47〕李天綱：《萬國公報文選》，北京：三聯書店，1998 年版，第 336 頁。

籍。郭沫若在回憶他的中學時代使用的教科書時說過：「中國爲了向日本學習，在派遣大批留學生去日本的同時，又從日本招聘了很多教師到中國來。我們當時又翻譯了大量的日本中學用的教科書。我個人來日本以前，在中國的中學所學的幾何學，就是菊地大麓先生所編纂的。此外，物理學的教科書則是本多光太郎先生所編的。」〔註48〕這說明，他在新式教育中所使用的教科書，主要是從國外，特別是日本移植過來的，這成爲他們留學日本並得以和日本教育完成「對接」的重要前提，這對他們最終完成對科學的皈依具有無法取代的促進作用。

晚清的教科書最早可以追溯到1877年5月在華基督教傳教士第一次大會的召開。爲了滿足日益增多的教會學校的教學需要，大會決定成立「益智書會」即「學校教科書委員會」，負責籌備一套初等學校課本。這標誌著中國新式教育下的教科書的產生。益智書會爲了適應新式教育的需要，編寫了初級和高級兩套教科書，初級由傅蘭雅負責，高級由林樂知負責。教科書涵蓋的學科有算術、幾何、代數、測量、博物、天文、地理、化學、地質、植物、動物、心理、歷史、哲學、語言等各個方面。至1890年，益智書會出版和審定合乎學校用的書籍共98種。在益智書會所出的教科書中，最具規模、最有影響的是傅蘭雅編寫《格致須知》和《格物圖說》兩套叢書。這套書淺顯易懂，都是各門學科的基礎知識。

19世紀末至20世紀初，隨著新式教育發展的需要，中國人獨立編寫的教科書開始出現。如上海南洋公學在1897年編輯了有近代科學文化內容的《蒙學課本》。這和中國歷史上的蒙學讀物不同，它更多地選取了近代科學文化作爲教科書的內容。在國人自編的教科書中，有些是從教會學校的教科書中直接吸取一些有益的成分。如上海商務印書館所出《最新中學物理學教科書》，便注明是由教會學校的同類教材改編而來，但從日文翻譯過來的教科書還是佔據了主流。

在新式教育中，很多的刊物發揮了重要的作用，其中以《教育世界》最具有典型性。《教育世界》是1901年成立的教育世界出版社出版的半月刊，爲晚清著名教育雜誌，其著力介紹的是西方和日本的教育制度、教育思想以及重要教育家。它翻譯出版的《近世博物教科書》、《中等植物教科書》、《普通動物學》、《新編小物理學》、《近世化學教科書》等書籍，被很多學校當作教科

〔註48〕實藤惠秀：《中國人留學日本史》，北京：三聯書店，1983年版，第233頁。

書。這些教科書中關於博物、植物、動物、物理、化學等知識，成爲學生科
學知識的主要組成部分，對學生確立科學意識起到了重要作用。此外，還有很
多書局和學社，如1902年成立的文明書局和1903年成立的會文學社，以出版
教科書和世界史地知識讀物爲主，其所譯日文書籍除了一批教科書，涉及到很
多學科。其中，會文學社出版了100種日本中學教科書和一般大專程度參考書，
包括政治、法律、歷史、地理、教育、數學、物理、化學、天文、地質、生物、
農學、文學、藝術、宗教、哲學等學科。合稱《普通百科全書》，其中的許多譯
作被當作教科書。出版社紛紛加入到出版教科書的行列這一舉措，成爲推動晚
清的新式教育下的教科書發展的重要力量。

　　在晚清編譯的教科書中，還典型地折射出了新舊時代嬗變的艱難歷程。
這主要體現在如何調節「中學爲體、西學爲用」的關係時所顯現出來的矛盾
性。如在《初小國文教科書》編寫中，編輯要學生堅持讀經，就只能以中國
古書爲教科書的內容，這勢必會導致中學和西學的緊張關係。所以，在編寫
這一教科書的過程中，儘管「聚二十三省之人才」，「幾經討論，幾經棄取」，
但編寫者「執筆之餘，動多牽掣，苦心細力，勉勉皇皇。然則是書之成，安
敢自信而共信」。這道出了當時教科書編寫者在新舊融會過程中的艱難處境。
在辛亥革命初期，商務印書館所編寫的教科書中，涉及到新舊道德的取捨時，
該摒棄什麼，該宣揚什麼，他們感到十分棘手。比如對女子教育，很多人認
爲應該以賢妻良母爲主旨，但有些人又認爲應該效法歐美婦女從業從政的做
法。類似的困惑，甚至在蔡元培那裡也有所表現：「以余論之，賢母良妻，亦
甚緊要。有良妻則可令丈夫成好丈夫，有賢母可令子女成賢子女，是賢母良
妻亦大有益於世界。」〔註49〕但蔡元培同時又指出：「然必謂女子之事，但以
賢母良妻爲限，是又不通之論也。」「察世界之趨勢」，蔡元培認爲婦女應當
發揮更大的社會作用，如果「賢母能教其三孩子者，不必專教三孩子，不妨
並他人之孩子而其教之」，至於女子的求學及其專業，「不必限定，各自分趨，
他日所成就，定可與男子同。」〔註50〕這說明，即便是思想較爲超前的蔡元
培，在對女子教育認識中，也經歷了一個發展的過程，這恐怕也是教科書編
寫中教育導向頗費斟酌的原因。

　　在晚清新式教育下的教科書中，具有深遠影響的是張元濟主持編纂、商

〔註49〕《蔡元培全集》（第二卷），北京：中華書局，1984年版，第305頁。
〔註50〕《蔡元培全集》（第二卷），北京：中華書局，1984年版，第306頁。

務印書館出版的《最新教科書》。張元濟作爲商務印書館的主要負責人，對晚清和中華民國的教科書建設以深刻的影響。張元濟之所以對教科書建設作出了如此之大的貢獻，與他接納新式教育有著極大的關係。在新式教育的熏染下，張元濟已經開始初具世界化的視野，「遠遊夙志，至此益堅」〔註51〕，同時還努力學習英語。在總理衙門任職期間，張元濟面對艱難國事，深感到了「時至今日，培養人才，最爲急務」，意識到「今之自強之道，自以興學爲先。科舉不改，轉移難望。吾輩不操尺寸，惟有以身先之，逢人說法，能醒悟一人，即能救一人。」〔註52〕與此認知相對應，張元濟主張設立學堂：「國家之政治，全隨國民之意想而成。今中國民智過卑，無論如何措施，終難驟臻上理。國民教育之旨，即是盡人皆學。所學亦無須高深，但求能知處今世界所不可不知之事，便可立於地球之上，否則未有不爲人奴，不就消滅者也。今日世運已由力爭而進於智爭。……中國號稱四萬萬人，其受教育者度不過四十萬人，是才得千分之一耳。且此四十萬人者，亦不過能背誦四書五經，能寫幾句八股八韻而已，於今世界所應知之事茫然無所知也。……今設學堂者，動曰造就人才。元濟則以爲此尚非要。要者在使人能稍稍明白耳。人果明白，令充兵役則知爲求獨立也；令納租稅，則知爲謀公益也，則無不欣然樂從矣。蓋如是而後善政，乃可行也。」〔註53〕正是在這一思想的驅動下，張元濟開始了他教科書的編寫工作。

在這套教科書的編寫過程中，張元濟、高夢旦、蔣維喬、莊俞等人爲編好這套教科書，彼此詳盡辯論，力求盡善盡美。他們通過研究當時各家已出版的各種教科書的優缺點，共發現並整理出了18條缺點，以此引以爲鑒。這18條缺點，歸納起來，大致有三個方面：一、文字方面：生字多，筆畫多，句子長而沒有韻味，過早講解介字、助字等虛字；有的課本太淺，以致影響其他學科的教學進度。二、思想方面：講一些一般人做不到的事，無助於學生的修養；墨守舊思想，無助於社會進步。三、在材料安排上，或是搬不適合我國國情的外國事物，或是講不常見的事物，或是不注意結合實際，如春講落葉，秋講萌芽，使學生不易觀察和體驗。〔註54〕正是在克服這些缺點與

〔註51〕 張人鳳：《智民之師‧張元濟》，濟南：山東畫報出版社，1998年版，第16頁。
〔註52〕 張人鳳：《智民之師‧張元濟》，濟南：山東畫報出版社，1998年版，第19頁。
〔註53〕 張人鳳：《智民之師‧張元濟》，濟南：山東畫報出版社，1998年版，第39頁。
〔註54〕 汪家熔：《大變動時代的建設者》，成都：四川人民出版社，1985年版，第85
　　　　 ～86頁。

不足的基礎上，他們編輯出版了《最新教科書》。

《最新教科書》的出版，對新式教育的發展具有重要的促進作用。誠如莊俞在回憶該教科書時所說的那樣：「我國自甲午戰後，上下奮興圖存。光緒二十八年（1902）七月頒佈學堂章程，是為中國規定學制之始也。有志教育之士，亟亟興學。無如學校驟興，教材殊感缺乏，遂有蒙學課本諸書之試驗；但不按學制，不詳教法，於具體工具猶多遺憾。商務印書館編譯所首先按照學期制度編輯修身、國文、算術、歷史、地理、格致諸種，每種每學期一冊，復按課另編教授法，定名為《最新教科書》，此實開中國學校用書之新記錄。」〔註 55〕對此，當年臺灣學生任真漢回憶閱讀商務印書館編寫的《最新國文教科書》的情形時這樣敘說自己的體驗：「商務版的教科書，確是更易上口入腦，『天地日月，山水土木，父母子女，井戶田宅』，雖然也似千字文體，但逐課發展，生動有趣。」〔註 56〕由此看來，這套教科書出版以後，對普及科學知識，的確起到了不可替代的作用，從某種意義上說，這奠定了五四文學的科學主題的廣泛的社會基礎。

隨著中華民國從制度上確立了民主共和等話語的主導性地位，其教科書的編寫自然出現了顯著變化。在中華民國成立後，教育作出了相應的調整，特別是對新式教育中不符合共和精神的內容進行了改革。如 1912 年教育部公佈的普通教育暫行辦法中，就對學校和教科書作了相應的調整：「（一）各項學堂改稱學校；（二）各種教科書務合共和民國宗旨。前清學部所頒及民間通行教科書中有崇清及舊時官制避諱擡頭等字樣，應逐一更改。教員遇有書中有不合共和宗旨者，可隨時刪改，並指報教育司，或教育會，通知書局更正。（三）師範中小一律廢止讀經」。〔註 57〕此外還令上海各書局將舊存教科圖書暫行修改應用，並禁各校用《大清會典律例》等。

中華民國最具影響的教科書是中華書局出版的《新中華教科書》和商務印書館出版的《共和國新國文教科書》。

《新中華教科書》是由中華書局編輯出版的一套教科書。中華書局是 1912 年 1 月由路費逵、沈知方等人共同創辦。這一教科書的編輯原則，正如創辦人

〔註 55〕莊俞：《三十五年來商務印書館》，載《最近三十五年之中國教育》（卷下），《商務印書館 35 年紀念刊》，商務印書館 1931 年版。

〔註 56〕《文匯報》（香港），1982 年 2 月 6 日。

〔註 57〕蔣維喬：《編輯小學教科書之回憶》，見張靜廬編：《中國近代出版史料初編》，上海：上海書店出版社，2003 年版，第 242 頁。

陸費逵所說的那樣：「民國行共和政體，須養成共和國民。今日爲 20 世紀競爭劇烈之世，非軍國民、經濟國民不足以立國。而文明日啓，工業發達，非有科學，又不足以促國家之進化也。今茲所訂課程，即非於此諸主義，務養成獨立、自尊、自由、平等、勤儉、武勇、綿密、活潑之國民，以發達我國勢，而執 20 世紀之牛耳。」〔註 58〕同年 2 月，他們編寫的《新中華教科書》搶在春季開學前出版了。「這套教科書包括中小學全套的國文、算術、歷史、地理、理科等課本。其中小學課本 44 種，中學和師範課本 27 種。初小國文課本第一冊首頁印有南京臨時政府製定的五色國旗。這套教科書一經出版，立即受到社會的歡迎。」〔註 59〕不僅如此，在《中華新教科書》中的編輯中，也努力地體現了陸費逵所恪守的基本原則：「本書以共和國民眼光編輯，務發揮民族精神，民權君權之消長」，「本書注重進化，於生活之進步，科學之發明尤所注意」，〔註 60〕「闡發共和及自由平等之眞義，以端兒童之趨向」。〔註 61〕這說明新編輯出版的教科書，已經確立了科學、共和、自由、平等等話語的主導地位。

與中華書局所出版的教科書的訴求相類似，商務印書館的編輯們也表達了追隨時代潮流的強烈願望：「別編共和國小學教科書，注意於實際上之革新，非僅僅更張面目，以求適合於政體而已。」「注重自由、平等之精神，守法合群之德義，以養成共和國民之人格」，「注重國體、政體及一切法政常識，以普及參政之能力」，「注重博愛主義，推及待外人愛生物等事，以擴充國民之德量」，「初等科兼收女子材料，以便男女同校之用。」〔註 62〕如編輯爲了使所編教科書與「注重國體、政體及一切法政常識，以普及參政之能力」的要求相吻合，在課文中增加了關於國體、政體、共和政體、人民之權利與義務、民國成立之始末等內容。例如，在《華盛頓》一課的末尾，有這麼一段文字：「（華盛頓）在位四年，國以富庶。任滿，議院堅留之；辭不獲，復留。又四年，乃解職，隱於鄉，野服蕭然，與漁樵爲伍，見著不知其曾爲總統也。」這說明編輯的文化認同已經和中國傳統文化中對封建世襲的認同截然不同

〔註 58〕《教育雜誌》第 3 卷第 10 期（1911 年出版）。

〔註 59〕王建軍：《中國近代教科書發展研究》，廣州：廣東教育出版社，1996 年版，
　　　　第 205 頁。

〔註 60〕王建軍：《中國近代教科書發展研究》，廣州：廣東教育出版社，1996 年版，
　　　　第 205～206 頁。

〔註 61〕《中華教育界》第 2 卷第 9 期（1913 年）。

〔註 62〕《編輯共和國小學教科書的緣起》，《教育雜誌》第 4 卷第 1 期，1912 年 4 月。

了。〔註 63〕這樣的話，從教科書中，編輯就成功地把民主、共和、自由、平等等觀念，隱含於教科書中。像在教科書中所出現的華盛頓這一具體事例，就在客觀上具有解構中國傳統的家天下的皇權思想的作用。這實際上標明，教科書已經明晰地表達了五四文學中的科學與民主的主題，或者說五四文學的許多主題訴求已經在此時的新式教育中獲得了充分的表達，這對五四文學的發生具有重要的意義，它孕育了五四文學的接受主體，使五四文學的創建主體的文化心理結構，和廣大的學生的文化心理結構益發「對接」了起來，從而為五四文學的文學訴求從少數先覺者的個人訴求轉變為具有廣泛的社會基礎的群體訴求。如此以來，這一時期的教科書已經初步實現了和五四文學表現出來的文化立場的對接，從而在客觀上為五四文學發生培育了大量的創建主體和接受主體。

　　總之，新式教育下課程設置變了，學生的知識構成便必然會隨之改變；學生的知識構成的改變，又必然會引發學生的既有文化心理結構的改變；學生既有的文化心理結構的改變，則又必然會引發學生既有文學觀念的改變。從而使新式教育和文學觀念之間形成了環環相扣的因果鏈，這不僅使一脈相傳的主流意識形態制導下的儒家文化出現了斷裂，而且也使學生斷裂的同時獲得了建構新的文化心理結構的機緣，並初步實現了從堯舜禹湯文武周公孔孟以及程朱理學，到哥白尼、馬丁路德、培根、笛卡爾、牛頓、達爾文、赫胥黎、孟德斯鳩、盧梭以及空想社會主義、無政府主義等知識結構的轉型。這意味著歷史上未曾有過的文化轉型時代已經悄然而至。事實也的確如此，五四文學的創建主體和接受主體正是從知識構成的變化作為切入點，開啟了文化心理結構解構和建構的歷史過程，自然，他們在新的知識解構基礎上建構起來的文化心理解構，也就為他們創建五四文學這一歷史所不曾有過的新的文學形態提供了最為堅實的基礎。

〔註63〕張人鳳：《智民之師・張元濟》，濟南：山東畫報出版社，1998 年版，第 67頁。

第三章　科舉制度的廢除與五四文學的發生

　　晚清政府宣佈廢除科舉制度，無疑是中國歷史上教育制度重大變革，這意義是怎樣估計都不過分的。廢除科舉制度，使士子誦習的「四書五經及其箋注之文字」失卻了其既有的效力，促使他們的文化立場逐步移位於國家民族的基點之上。這不僅爲五四文學的發生提供了前所未有的空間，而且還爲五四文學的發生提供了源源不斷的創作主體和接受主體。

　　其實，晚清許多有識之士早已意識到了廢除科舉和培養新式人才之間的關係，並認爲從廢除科舉到培養出可用之人，至少需要十年的時間：「就目前而論，縱使科舉立停，學堂遍設，亦必須十數年之後，人才始盛；如再遲至十年，甫停科舉，學堂有遷延之勢，人才非急切可求，又必須二十餘年後，始得多士之用。」不僅如此，他們還對新式教育和科舉的差別有了更爲清晰的辨別：「且設立學堂者，並非專爲儲才，乃以開通民智爲主，使人人獲有普及之教育，具有普通之知能，上知效忠於國，下得自謀其生。」〔註 1〕事實的確如此，從完全廢除科舉到五四文學的生成，正好經過了十年多一點的時間。不過，這批在新式教育熏染下成長起來的「新青年」，並沒有循著決策者所規劃的路線圖，真正做到「中學爲本，西學爲用」，成爲「上知效忠於國」的傳統文化的補救者；相反，他們利用所學到的西學徹底顛覆了中學的本體地位。

〔註 1〕　舒新城：《中國近代教育史資料》（上冊），北京：人民教育出版社，1961 年版，第 62～66 頁。

　　儻若不廢除科舉制度，就無法眞正地確立西學的主導地位，也無法孕育出西學所認同的自由、平等、科學、民主等價值觀念，更無法導引出皈依科學與民主的五四文學。由於西學和科舉取士所認同的文化價值尺度缺少內在的關聯性，沒有相同的「交集」，這也是五四文學的創建主體和接受主體幾乎無一例外地都是在新式教育下成長起來的「新青年」的重要緣故。像梁啓超這樣曾追隨時代腳步的文化先驅，也未能和那些五四文學運動中的「新青年」一同「翩翩起舞」，成爲一代新文學的「弄潮兒」。問題的關鍵就在於，梁啓超所接受的西學並沒有成爲解構中學的主導力量。這就造成了五四文學發生之際的一個獨特文學現象：五四文學的創建主體並沒有從主導晚清文學的文學家中產生，晚清那些曾經叱吒文學風雲的文學家們在五四文學面前是「缺席」的；與此相反，那些主導五四文學的則大都是名不見經傳的「新青年」，如胡適因爲倡導文學改良而一舉成名，時人對此不無嫉妒地用「暴得大名」稱之——所有這些都現象都說明了這樣一個基本事實，晚清的文學家和五四文學的創建主體以科舉制度廢除前後爲分界，建構起了具有本質差異的文化心理結構，確立了不同人的價值觀念。

第一節　科舉制度的廢除

　　羅茲曼曾經說過：「科舉制度曾經是聯繫中國傳統的社會動力和政治動力的紐帶，是維護儒家學說在中國的正統地位的有效手段，……它構成了中國社會思想的模式。由於它被廢除，整個社會喪失了它特有的制度體系。」〔註2〕的確如此，正是由於廢除了科舉制度，不僅使中國的傳統知識份子失卻了安身立命之本，而且更爲重要的是從根本上斷絕了傳統知識份子賴以批量生產的社會機制，與此相關聯，人們的價值觀念和行爲選擇便意味著將要出現新的轉向。如胡適在作出留學美國這一重大人生抉擇時，考慮的重要原因就是「科舉既停，上進之階，惟有出洋留學一途。」〔註3〕這就是說，五四文學的創建主體在其早期的人生重大抉擇中，廢除科舉成爲潛在地制約他們自我人生抉擇的重要因素。

〔註2〕　〔美〕羅茲曼主編：《中國的現代化》，南京：江蘇人民出版社，1995年版，第338頁。
〔註3〕　耿雲志：《胡適年譜》，成都：四川人民出版社，1989年版，第23頁。

晚清對科舉制度的廢除，極爲必要。因爲科舉制度對士子自由天性的束縛是極其嚴重的。孫中山曾經說過：「不幸中國之政，習尚專制，士人當束髮受書之後，所誦習者不外於四書五經及其箋注之文字」，其目的在於「以養成其盲從之性」。〔註4〕這說明科舉制度下的私塾教育，培養學生的目的就是使士子通過進入中國社會的權力階層以實現其所謂的人生價值。嚴復也嚴正地批評科舉制：「八股取士，使天下消磨歲月於無用之地，墮壞志節於冥昧之中，長人虛驕，昏人神智，上不足以輔國家，下不足以資事畜。破壞人才，國隨貧弱。」〔註5〕事實上，科舉取士制度，以「五經」、「四書」爲考試範圍，以朱熹的《四書集注》爲標準，以八股文和小楷爲文體模式，這就從根本上限制了士子們的文化視野，使之把與科舉無關的學問棄之如敝屣，最終使所學空疏無用，這便嚴重地妨礙了士子對眞理的探索。馬克斯‧韋伯曾經就這樣評論過：「中國的考試用於檢驗應考者對經典的造詣是否很深，或者他是否具有充分的文化修養以及相應的思想方式和掌握研習經典所得出的結論。……這種教育一方面有著純現世的性質，但另一方面它絕對遵循經典作家正統解釋的固定規範，是一種極其孤傲迂腐的文化教育。」〔註6〕事實上，這種教育的結果使得士子們不僅對西學一無所知，就是對中學也知之不多：「翰苑清才，而竟有不知司馬遷、范仲淹爲何代人，漢祖、唐宗爲何朝帝者。若問以亞非之輿地，歐美之政學，張口瞪目，不知何語矣。」〔註7〕「自考官及多士，多有不識漢唐爲何朝、貞觀爲何號者。至於中國之輿地不知，外國之名形不識，更不足責也。」〔註8〕

其實，當時士子們把其所學侷限於科舉並不是他們本身的過失，而是科舉制度迫使他們的思維不可能跨越「四書」、「五經」。這種教育體制無法和西方的現代教育精神相對接，因爲西方現代教育所注重的求眞務實和開拓創新的科學品格，無法滿足科舉考試的要求；自然，文學離科舉也很遠，這便注定了西學

〔註4〕 孫中山：《倫敦被難記》，《孫中山全集》（第1卷），北京：中華書局，1981年版，第51頁。

〔註5〕 嚴復：《救亡決論》，《嚴復集》（第1冊），北京：中華書局，1986年版，第43頁。

〔註6〕 轉引自〔美〕吉爾伯特‧羅茲曼主編：《中國的現代化》，上海：上海人民出版社，1989年版，第251頁。

〔註7〕 康有爲：《請廢八股試帖楷法試士改用策論試折》，《中國近代教育文選》，北京：人民教育出版社，1983年版，第104頁。

〔註8〕 梁啓超：《公車上書請變通科舉析》，《國聞報》（天津），1898年7月1日。

和文學都無法進入士子的文化視野。促成他們接納新式教育的重要緣由並不是一開始對西學有著明晰的文化認同，而是在「中學」中無路可走時的無奈之舉。這正如一位學者所指認的那樣：「紳士家庭中，由於父親的去世或某個舉足輕重的家庭成員的厄運，導致像嚴復這樣命運逆轉的，在中國社會屢見不鮮。然而，對那些仕途受阻的士子來說，改讀『西學』是一種尤爲不堪的選擇。這種現象祇是發生在 19 世紀後葉。」〔註9〕對此情形，魯迅也有過更爲詳盡的描述：「我要到 N 進 K 學堂去了，彷彿是想走異路，逃異地，去尋求別樣的人們。我的母親沒有法，辦了八元的川資，說是由我的自便；然而伊哭了，這正是情理中的事，因爲那時讀書應試是正路，所謂學洋務，社會上便以爲是一種走投無路的人，只得將靈魂賣給鬼子，要加倍的奚落而且排斥的。」〔註10〕然而，嚴復和魯迅的這種無奈和困窘與五四文學的另一創建主體陳獨秀早年科舉晉身的榮耀卻形成了鮮明的比照：陳獨秀在秀才的最後程式考試中「考中了第一名」，「一時門庭熱鬧，親友鄰里慶賀不斷，幾家富戶，又爭先恐後的託人說親。」〔註11〕陳獨秀對此說過：「那一時代的社會，科舉不僅僅是一個虛名，實已支配了全社會一般人的實際生活。有了功名才能做大官（那時捐班出身的官，人們還不大瞧得起，而且官也做不大，大官必須正途出身，洋博士那時還未發明），做大官才能發大財，發了財才能買田置地，做地主（那時存銀行和做交易所生意，也還未發明），蓋大房（並非洋房），欺壓鄉農，榮宗耀祖。那時人家生了兒子，恭維他將來做『剛白度』（即買辦）的，還只有上海十里洋場這一塊小地方，其餘普通的吉利話，大概是進學，中舉，會進士，點狀元。」〔註12〕這正可以看作社會價值導向使然的必然結果。從某種意義上說，不僅在社會上人們普遍認爲「讀書應試是正路」，而且恐怕在當事人的潛意識中也存有「讀書應試是正路」的價值認同。所以，像嚴復這樣的思想啓蒙家，也在後來參加了科舉考試，但卻依然沒有考中，最後才於 1909 年被賜予了「進士出身」。算是由此獲得了國家主流價值尺度的認可，但對這相當於「進士出身」的身份，嚴復在無奈之餘爲此做了一首枯澀的諷刺詩。〔註13〕這就是說，學習西學只不過是在走「正路」而不得時的

〔註9〕 〔美〕本傑明·史華兹：《尋求富強：嚴復與西方》，南京：江蘇人民出版社，1996 年版，第 23 頁。
〔註10〕 《魯迅全集》（第 1 卷），北京：人民文學出版社，1981 年版，第 415～416 頁。
〔註11〕 胡明：《正誤交織陳獨秀》，北京：人民文學出版社，2004 年版，第 15 頁。
〔註12〕 胡明：《正誤交織陳獨秀》，北京：人民文學出版社，2004 年版，第 14 頁。
〔註13〕 〔美〕本傑明·史華兹：《尋求富強：嚴復與西方》，南京：江蘇人民出版社，

「異路」，在他們的潛意識中，科舉情結還是根深蒂固的，即便是他們接納了新式教育，並由此而重構起自我現代的文化心理結構，但在感情上也完成這樣的斷裂和重構則是艱難的，這恐怕是嚴復到了後期採取保守的文化立場的內在原因。

事實上，在科舉考試中，既沒有涉及什麼是科學，也沒有涉及文學的啓蒙功能，所以，在走仕途的文人看來，科學被當作了「技藝」，文學創作被當作了「君子弗爲」的「末技小道」，從事文學創作和接受屬於「玩物喪志」。對此，馬克斯・韋伯就對中西考試的巨大差異性作過這樣的分析：「中國的考試，並不像我們西方爲法學家、醫師或技術人員等所製定的新式的、理性官僚主義的考試章程一樣確定某種專業資格。……中國的考試，目的在於考察學生是否完全具備經典知識及由此產生的、適合於一個有教養的人的思考方式。」〔註14〕這就是說，科舉所要考察的主要是學生對經典知識和儒家修身齊家治國平天下時所恪守的基本原則，這自然和西方側重於科學知識考試的制度有根本性的差異。

科舉不僅嚴重阻礙了個人天性的發展和對科學的皈依，而且還阻隔了個人對社會現實的關注，使得學生的思想只能侷限於儒家經典所營構的與世隔絕的時空中。如從明朝開始，科考就禁止生員談論時事政治，考題出自儒家經典，對這些經典的詮釋一律以宋代理學家的注解爲準。更怪誕的是答題還必須模倣古人語氣，不得涉及時事，不得自由發揮。到了晚清，人們對於考試形式的看重和對於內容的忽視更是到了偏執的地步，甚至出現了過分講究字體而忽視文章的義理。據山西鄉紳劉大鵬在 1896 年 9 月 12 日的日記說：「我朝開科取士，鄉試會試外，大率以字取者居多。殿試則是取字，朝考亦然，京都凡取士，總以字爲先，以詩賦爲次，文藝又次之。故用功之士，寫字爲要務，一日之中寫字工夫居其半，甚且有終日寫字者。京師之人相見問曰：近日用功否？即問寫字也，並不問所讀何書。若見一生人，陰問此人書法何如，善寫則欽仰，不善寫則輕視，風氣使然也。」〔註15〕其實，這樣的一種價值尺度也有其存在的道理，因爲就考生的文章來講，其所做的八股文大同小異，他們之間沒有什麼根本的差異性，這樣以來，寫字就成爲最具有個人化的標誌，人們據此來評價考生也自然有了根據，況且，在中國傳統文化中，

1996 年版，第 196 頁。
〔註14〕〔德〕韋伯：《儒教與道教》，南京：江蘇人民出版社，1993 年版，第 143 頁。
〔註15〕劉大鵬：《退想齋日記》，太原：山西人民出版社，1990 年版，第 61 頁。

書法本身還是極受人們推崇的一門藝術。

當然，如果晚清社會不是由於西方列強的入侵而使民族危機空前地凸現出來，這樣的一種選拔人才的制度也許還會延續，很難引起人們的詰難。當凸現的嚴重社會危機和科舉制度的無所作爲發生尖銳的衝突之時，不僅使民間對科舉大加鞭撻，而且也促成了主流意識形態變革科舉的決心。所以，與其說是晚清政府主動地廢除了科舉，不如說是現實逼迫著它作出調整，以應對嚴重的社會危機。否則，科舉制度會依然發揮著制導作用。因爲要把中國從危亡的邊緣拯救出來，必須向西方學習技藝和科學。因爲要救亡，便離不開深諳西學及西藝的「人」。而我們的科舉制度，所培養的祇是「學而優則仕」的士子，他們所孜孜爲之的「四書」「五經」和西學根本不沾邊，要想使這些士子成爲救亡圖存的有用人才，就必須使他們接受西學的啓蒙，並進而擔當起救亡圖存的歷史重任。

誠如帕森斯所說的那樣，「價值系統自身不會自動地『實現』，而要通過有關的控制來維繫。在這方面要依靠制度化、社會化和社會控制一連串的全部機制」。〔註16〕晚清政府的價值系統自身正是在「通過有關的控制」的維繫下，開啓了價值系統「實現」的新時期。這正如李鴻章所說的那樣，科舉取士，祇以章句弓馬爲限，所學非所用，無以禦敵，應該增添洋學科目，所以，李鴻章建議增設算學考試內容，武科增試洋槍，以至增開藝學科。1988 年鄉試中增設了算學，這在某種程度上開啓了解構科舉制度的先河。康有爲則指出：「今變法之道萬千，而莫急於得人才。得才之道多端，而莫先於改科舉。」由此出發，康有爲還把中國「割地敗兵」的原因歸結到八股取士上；〔註17〕嚴復則在《救亡總論》中大聲疾呼：「然則救亡之道當何如，曰：『痛除八股而大講西學』。」梁啓超認爲：「欲興學校，養人才以強中國，惟變科舉爲第一義。」〔註18〕譚嗣同也認爲，「故夫變科舉，誠爲旋轉乾坤轉移風氣之大權，而根本之尤者也。」〔註19〕正是從這種價值認同下，在維新變法期間，從培

〔註16〕帕森斯：《現代社會的結構與過程》，北京：光明日報出版社，1988 年版，第 141 頁。

〔註17〕康有爲：《請廢八股試帖楷法試士改用策論試折》，陳學恂主編：《中國近代教育文選》，北京：人民教育出版社，1983 年版，第 104 頁。

〔註18〕梁啓超：《變法通議·論科舉》，陳學恂主編：《中國近代教育文選》，北京：人民教育出版社，1983 年版，第 139 頁。

〔註19〕轉引自毛禮銳：《中國教育通史》（第 4 冊），濟南：山東人民教育出版社，1988 年版，第 214 頁。

養「通經濟變人才」出發，光緒帝在上諭中指出：「嗣後中外大小諸臣，自王公以及士庶，各宜努力向上，發憤爲雄。以聖賢義理之學，植其根本，又需博采西學之切於時務者，實力講求，以救空疏迂謬之弊。專心致志，精益求精，毋徒襲其皮毛，毋競騰於口說。總期化無用爲有用，以成通經濟變之才。」〔註 20〕由此出發，光緒帝下詔廢除八股取士制度，改試時務策論。其規定，鄉、會試仍定爲三場，第一場試中國史事，國朝政治；第二場試時務策論，專問五洲各國之政、專門之藝；第三場試《四書》、《五經》。並宣佈取士以實學實政爲主，不以楷法優劣爲取士標準。這樣，就使西學中各國之政、專門之藝獲得了存在的根基，並克服了科舉制度空疏迂謬的弊端。從某種意義上說，博采西學之切於時務者，實際上強化了現實對於知識體系的取捨作用，這自然否認了儒家經典對全部知識的仲裁作用。儘管這樣的取士制度因戊戌變法的失敗而流產，但它從總體上動搖了中國傳統知識體系建構的內在根基，爲整個知識體系的轉型奠定了一定基礎。

隨著社會危機程度的加深，慈禧太后被迫於 1901 年以光緒帝的名義在西安發佈的上諭中承認：中國過去向外國學的衹是表面的語言文字，而非「西政之本源也」，各級官員要「各就現在情形，參酌中西政要，舉凡朝章國故，吏治民生，學校科舉，軍政財政」等情，向上奏報，以備朝廷實行新政時採納。〔註 21〕慈禧太后態度的轉變對晚清科舉制度的廢除起到了重要作用。正是在這樣的語境下，甚至連許多封疆大臣像袁世凱、趙爾巽、張之洞、端方等人都聯名奏請立停科舉。其中直接的動因是他們看到日本在 1905 年的日俄戰爭中取得勝利。日本從一個「不度德量力」的小國，不僅「敢與上國抗衡」，而且還接連戰勝了「上國」，十年前是大清帝國，當下是沙俄帝國。這不能不極大地動搖了人們既有的文化心理結構。於是，請求停止科舉，以培育真正知曉西學、應對未來更爲嚴峻形勢的新式人才等訴求便從邊緣走向中心。他們認爲：「科舉不停，學校不廣，士心既莫能堅定，民智復無由大開，求其進化日新也難矣。故欲補救時艱，必自推廣學校始，而欲推廣學校，必自先停科舉始。擬請宸衷獨斷，雷厲風行，立沛綸音，停罷科舉」。〔註 22〕這就是說，

〔註 20〕舒新城：《中國近代教育史資料》（上冊），北京：人民教育出版社，1962 年版，第 43 頁。
〔註 21〕《光緒朝東華錄》卷 157。
〔註 22〕《光緒政要》（卷 30），第 57 頁。

科舉不廢，士子依恃其文化心理結構上的慣性和社會評判人才的價值尺度，依然懷有博取比國家社稷更為重要的功名思想。這就把清末科舉取士制度和人才建設對立了起來。正是在此情勢下，慈禧太后才會決定停罷科舉，以光緒帝的名義下詔「立停科舉以廣學校」，自丙午（光緒三十二年，1906 年）科為始，「所有鄉會試一律停止，各省歲科考試亦即停止」〔註 23〕這樣，在主流意識形態的制導下，科舉終於被廢除了，與此同時開始確立新式教育的主導地位，這就為西學的發展奠定了堅實的基石。從此，學生從四書五經的羈絆下掙脫了出來，研讀西學一時蔚然成風，這為改變學生既有的文化心理結構，為他們接納與新式教育相關聯的新文化觀念提供了廣闊空間。

廢除科舉制度後的教育變革奠定了新式教育未來的基本格局，其從京城到省城再到府州縣，相繼建立起了一體化的新式學堂：「除京師已設大學堂，應行切實整頓外，著各省所有書院，於省城均改設大學堂，各府及直隸州均改設中學堂，各州縣均改設小學堂，並多設蒙養學堂。」〔註 24〕這就使整個新式教育從當初的零散分佈轉變成了全國規模的佈局，大學、中學、小學和蒙養學堂均成為新式學堂，尤其是在此上諭的號令下，各省興辦的大學，如陝西的宏道大學堂，湖南的湖南大學堂，湖北的兩湖大學堂，浙江的浙江大學堂等，都雨後春筍般地競現於神州大地，使新式教育從少數人出於無奈情境下的人生抉擇成了全社會的共同選擇。這樣一來，處於同一體制下的新式教育，就使原來具有不同地域文化背景、具有不同家學淵源的學生，在接納同一的西學知識的過程中，塑造了基本相似的文化心理結構，這就為他們由相同的文化語境下所激發起來的相似的思想和情感奠定了堅實基礎。正是從這樣的意義上說，五四文學創建主體所認同的科學、民主、自由、平等和博愛等「普世」意義上的價值尺度起碼成了具有「普國」意義上的價值尺度。

第二節　廢除科舉制度對五四文學發生的作用

胡適作為五四文學的直接參與者，在對晚清廢除科舉和白話文學運動關係的反思中，充分肯定了廢除科舉制度、倡導新式教育對於白話文學運動推動的作用：「儻使科舉制度至今還在，白話文學的運動決不會有這樣容易的勝

〔註 23〕《光緒政要》（卷 31），第 57～59 頁。
〔註 24〕朱壽朋：《光緒朝東華錄》，北京：中華書局，1958 年版，總第 4719 頁。

利。」〔註 25〕顯然，胡適的這一立論，不僅是出於一個學者的理性認知，而且還出於自我的切實感受。因爲就胡適本人來講，他就是廢除科舉制度、興辦新式教育和提倡留學這一文化思潮裏挾而來的「弄潮兒」；換言之，胡適在 1917 年能夠提出文學改良的口號本就是新式教育的結果，是新式教育改變了胡適傳統的文化觀念和文學觀念，使他體認到文學改良的必然性和現實性。下面，我們就廢除科舉制度對五四文學的發生之作用作一闡釋。

　　其一，廢除科舉制度爲五四文學發生的創建主體提供了巨大的公共空間。廢除科舉後建立起來的新式教育體制和新式學堂，使學生終於走出了傳統的私塾教育的模式，進入了一個相對開放、且相對集中的新式學堂，這主要得力於「省城均改設大學堂，各府及直隸州均改設中學堂，各州縣均改設小學堂」等重大舉措，這使原來相對分散的私塾教育爲相對集中的學堂教育所取代。這一轉變，使新式教育被納入到了國家體制中，爲五四文學發生的創建主體提供了建構自我現代文化心理結構的巨大公共空間。如郁達夫就說過：「由書塾而到學堂！這一個轉變，在當時的我的心裏，比從天上飛到地上，還要來得大而且奇。」〔註 26〕正因爲如此，所以，「一縣裏唯一的這縣立高等小學堂的堂長，更是了不得的一位大人物，進進出出，用的是藍呢小轎；知縣請客，總少不了他」。〔註 27〕這既可以看作新式教育得以進入主流意識形態的重要標誌，也可以看作新式教育下的學生得以重構自我的文化心理結構的重要象徵。

　　隨著新式學堂的大量建立，亟需大批深諳西學的學生作爲老師，這就使那些早期接受了新式教育的學生成爲社會急需的「緊俏」人才，從而使他們所學的西學獲得了價值實現的可能性。特別是隨著社會主流意識形態對西學的接納，人們的價值尺度也出現了根本性轉變，即人們開始對西學及從事西學的人從排斥到接納，那些接納過新式教育的學生則從被歧視轉換爲被敬仰。如魯迅於 1910 年在紹興府中學堂任教師時就曾經風光無限，其給學生留下的清晰「鏡象」是：「魯迅先生初到府中時，常喜穿著洋服，頭戴禮帽，足

〔註 25〕　胡適：《五十年來中國之文學》，《胡適文存》（二集），合肥：黃山書社，1996 年版，第 246 頁。

〔註 26〕　王自立、陳子善：《郁達夫研究資料》（上），天津：天津人民出版社，1982 年版，第 26 頁。

〔註 27〕　王自立、陳子善：《郁達夫研究資料》（上），天津：天津人民出版社，1982 年版，第 27 頁。

蹬皮鞋，手拿洋杖，健步如飛，在那時除少數外國傳教士穿洋服外，中國人都是長袍馬褂，無人穿洋裝，我見到的穿洋服的中國人當以魯迅先生爲第一個」，「當時他是翩翩青年，身體康健，腰背筆挺，走路嗒嗒有聲。……和其他舉人秀才，長袍馬褂，手持水煙筒或短煙管，彎躬曲背，走路蹣跚或踱方步，……截然不同。所以他進校後學生談論中認爲是教員中的『明星』。」〔註28〕從中可以看出從事西學的教師已經深受學生的仰慕；保守而傳統的老師，則受到了學生的奚落和排斥，這表明了學生所認同的價值尺度的轉變。

隨著主流意識形態的轉變，新式教育也從人們鄙視的對象變爲人人景仰的對象，郁達夫曾描述過這樣的歷史情景：「當時的學堂，是一般人崇拜和驚異的目標。將書院的舊考棚撤去了幾排，一間像鳥籠似的中國式洋房造成功的時候，甚至離城有五六十里路遠的鄉下人，都成群結隊，帶了飯包雨傘，走進城來擠看新鮮。『洋學堂』的三個字，成了茶店酒館，鄉村城市裏的談話的中心；而穿著奇形怪狀的黑斜紋制服的學堂生，似乎都是萬能的張天師，人家也在側目而視，自家也在暗鳴得意。」〔註29〕這就是說，新式教育下的新式學堂已經從學生景慕的對象轉化爲全社會景慕的對象，連這學堂裏的「肉饅頭」，也被學生「帶回鄉下去送給鄰里尊長」，甚至具有「可以驅邪啓智」〔註30〕的功效。這和魯迅當年進新式學堂時的「走異路，逃異地」，並被「加倍的奚落而且排斥的」〔註31〕的情形相比較，實在是天壤之別。

科舉廢除後確立的新式教育體制，就從根本上扭轉了傳統的私塾教育對人的心靈和情感的禁錮，特別是新式教育下的西學課程，極大地改變了學生既有的知識結構，爲他們的文化心理結構的重構提供了可能性。事實上，學生正是由此開始了對西學西學知識的全面接受，這就使學生逐漸地認同了西學中的科學和民主等話語，爲他們回應五四文學創建主體的文學革命主張提供了強力支持。

其二，科舉制度的廢除，促成了晚清歷史上第一次留學生熱潮的形成，

〔註28〕顧明遠等著：《魯迅的教育思想和實踐》，北京：人民教育出版社，1981年版，第187頁。

〔註29〕王自立、陳子善：《郁達夫研究資料》（上），天津：天津人民出版社，1982年版，第26～27頁。

〔註30〕王自立、陳子善：《郁達夫研究資料》（上），天津：天津人民出版社，1982年版，第27頁。

〔註31〕《魯迅全集》（第1卷），北京：人民文學出版社，1981年版，第415～416頁。

爲留學生獲得世界化視野奠定了堅實的基礎，留學歸國的學生則成爲五四文學發生最爲重要的驅動力量。

　　廢除科舉制度，提倡新式教育，促進了留學風潮的興起，出國留學又反過來促進了新式教育的發展，從而對五四文學的發生起到了積極促進作用。早在1901 年湖廣總督張之洞和兩江總督劉坤一合奏《復議新政折》中，就大力主張留學，特別是到日本留學，並把留學教育納入到國家體制中，如給予優秀的自費留學生進士、舉人等資格；對那些無留學經歷、且已獲得進士、舉人等資格的也不授官職。〔註 32〕同年 9 月，晚清政府批准了《復議新政折》，令各省選派學生出洋留學，並責成各省訂立獎勵及限製辦法以督促之。這一舉措對五四文學的諸多創建主體有著重要的影響，如魯迅正是在主流意識形態發生轉變之際獲得了留學日本的機會。1902 年 3 月，魯迅和同學張邦華、顧玉良、伍崇學等人一起，在學堂總辦俞明震帶領下，以「南洋礦路學堂畢業生奏獎五品頂帶」的身份，被兩江總督劉坤一派往日本官費留學。〔註 33〕可以想見，在兩江總督劉坤一和當時礦路學堂的畢業生魯迅之間儘管橫亙著無法逾越的鴻溝，但歷史卻在這一點上輕易地聯結了起來。我們固然不能說沒有劉坤一的留學政策就沒有魯迅的日本留學行爲，但我們還是應該承認，劉坤一的決策的確成爲魯迅成長爲五四文學的創建主體過程中無限發展環節的其中一環，這也正好說明了五四文學的創建主體本身既是自我文化心理結構重構的結果，也是主流意識形態作用下的結果。從這樣的意義上說，晚清的國家體制實際上一直潛在地規範制約著個體的文化心理結構的重構方向和重構方式。

　　1902 年 12 月，晚清政府批覆的《派赴出洋游學辦法章程》，對留學起到了促進作用。該章程規定，「未派出洋之前先通中學，……既派出洋之後，精求專門之學」。派遣出洋的學生分爲三類：「一曰貴冑學生，凡王公大臣子弟皆是。……一曰官派學生，如京師大學堂及各省督撫學政暨各大臣所送者皆是」，以上兩類留學生嚴令「不准剪薙髮辮」；「一曰游學學生，如民間自備資斧出洋者皆是」。這一章程明確了留學生要「更習專門」，否則，「即使來洋肄業，亦僅得其皮毛」，這和前期要求留學生兼學儒家經典的情形有了根本的改觀。不僅如此，從主流意識形態來看，對考得外國學位的留學生，「應由使臣

〔註 32〕　舒新城：《中國近代教育史資料》（上冊）北京：人民教育出版社，1961 年版，第 47～59 頁。

〔註 33〕　林非、劉再復：《魯迅傳》，北京：中國社會科學出版社，1981 年版，第 32 頁。

隨時咨明外務部立案，以便將來從優獎勵」。〔註34〕這樣，留學就被納入到了國家體制之中，成爲和科舉一樣獲得「功名」的重要途徑。這對於促進留學熱潮的形成，具有無可取代的意義。至於很多留學生通過學習西學，而逐漸地接納了西方文化觀念，從而走上了反對舊文化、倡導新文化的叛逆道路，則是其知識結構轉型後的必然結果。

當然，晚清主流意識形態一直沒有放鬆對留學生的思想的鉗制，並爲此製定了一系列的規範性章程，達到鉗制和導引相結合的功效。如1903年，張之洞應慈禧太后懿旨「以出洋學生流弊甚多，飭籌防範之法」，上《籌議約束鼓勵游學生章程折》，附《出洋學生約束章程》十款、《獎勵章程》十款及《自行酌辦立案章程》七款。在《約束章程》十款中，對留學生的言論和行爲作了規範。其一，「以後續往日本游學學生，無論官費生私費生，並無論日本官設學堂私設學堂，均非出使大臣總監督公文保送不准收學」；其二，「妄發議論」、「干預政治」、「品行不端」、「不安分之事者」，一律退學，「嚴加裁制」。在《獎勵章程》十款中，則把留學「待遇」和科舉「待遇」對等起來，如把「在普通中學堂五年畢業得有優等文憑者，給以拔貢出身」、「高等學堂即程度相等之各項實業學堂三年畢業得有優等文憑者，給以舉人出身」、「在大學堂未學某一科或數科，畢業後得有選科及變通選科畢業文憑者，給以進士出身」、獲得學士文憑者給予翰林出身、得博士文憑者給予翰林升階的優待。應該承認，這樣的獎勵性舉措對改變民間對留學的牴觸性態度還是有著積極的作用。在《立案章程》七款中，則規定「保送學生入日本各學堂，除農工商各項實業學堂及文科、醫科各專門不限人數外，其政治法律武備三門，宜分別限定名數，每年只准保送若干名」。其中「武備一門，非官派學生不准保送」；「凡各省選派官費學生出洋游學，俟畢業回國後，無論得何獎勵，均須在本省當差五年以盡義務。五年期內，概不准另就他省差使，他省亦不得遽請調往差委」。〔註35〕這一章程，對後來的留學生和晚清社會的新式教育產生了重要的影響。正因爲晚清的這一章程，致使很多留學歸國後的學生，只能在「本省當差」，這促成了江浙一帶的新式教育發展。因爲江浙一帶的留學生較多，

〔註34〕舒新城：《中國近代教育史資料》（上冊）北京：人民教育出版社，1961年版，第182～189頁。

〔註35〕舒新城：《中國近代教育史資料》（上冊）北京：人民教育出版社，1961年版，第178～182頁。

他們回國後由於只能在本省當差，就使江浙一帶的新式教育獲得了發展的動因，這給五四文學的發生劃定了地理「疆域」上的界限：江浙一帶最早接受新式教育和有著留學生活的學生，實際上構成了五四文學中主要的創建主體和接受主體，而其他省份則相對較弱，這也是五四文學運動興起之際，江浙一帶的老師和學生執時代風雲之牛耳的重要原因。實際上，在五四文學發生的孕育期，五四文學的很多創建主體都曾經有過在「本省」從事新式教育的經歷，如浙江兩級師範學堂，就有許壽裳、沈鈞儒、魯迅等任教於此。當然，這一政策隨著晚清政府的覆滅自然就風消雲散了，像魯迅等五四文學發生中的重要人物也離開自己的籍貫，進入了一個相對開放的社會體系中，如魯迅就被蔡元培慧眼識中進入了中華民國的國家體制中，成為教育部部員。1912年 5 月隨教育部啓程北上北京，從此進入了中國文化和政治的中心地帶，為其參與並促成五四文學的發生提供了地緣上的便利。

在主流意識形態的制導和國家體制的導引下，留學制度逐漸地完善，如在 1906 年，學部的《考驗游學畢業生章程》中規定，凡在東西各國正式高等以上學堂畢業，回國後須接受政府按照留學生所習學科，分門考試。考試分兩場：第一場就各畢業生文憑所注學科，擇要命題考驗；第二場試中國文、外國文。考列最優等者，給予進士出身，考列優等及中等者，給予舉人出身。〔註 36〕如此一來，經過幾年的孕育，晚清在世紀之初形成了留學高潮。特別是 1905～1906 年間，中國出現了第一次出國留學高潮。1906 年，僅留日學生人數就達到一萬三四千人，〔註 37〕這恰是主流意識形態制導下的結果。

與到日本留學的情形相似，到美國留學也同樣是主流意識形態和國家體制的導引的結果。這一方面得力於美國對華政策的調整，在 1909 年決定退回庚子賠款一部分，用以支付中國留學生的學費；另一方面則得力於晚清政府此時的政策正是大興留學生教育，所以，美國調整後的政策才會獲得晚清政府的積極回應。晚清政府為了回應美國對留學生政策，專門在京師設立遊美學務處，並附設肄業館一所，這就是專門為留美學生而設的清華園。次年三月，學部還制訂《各省考選遊美學生辦法》五章，並專設駐美留學監督。於是留美學生成為留日學生之外的另一支重要的留學力量，這實際上就構成了五四文學運動期間的主要生力軍——由留日學生和留美學生組成的五四文學創建主體。與留日

〔註 36〕《學部奏咨輯要》（卷 2）。
〔註 37〕實藤惠秀：《中國人留學日本史》，北京：三聯書店，1983 年版，第 36 頁。

學生中的翹楚魯迅相輝映的是五四文學的另一創建主體胡適。

　　胡適於 1910 年留學美國，成為第二批留美官費生。在胡適做出這一重要的決斷之前，胡適曾經在給母親的信中這樣敘說過自己留學美國的動機：「京中舉行留學美國之考試。……兒思此次機會甚好，不可錯過。後又承許多親友極力相勸，甚且有人允為兒擔任養家之費。……且吾家家聲衰微極矣，振興之責，惟在兒輩。……且此次如果被取，一切費用皆由國家出之。聞官費甚寬，每年可節省二三百金。則出洋一事，於學問既有益，於家用又可無憂，豈非一舉兩得乎。」〔註 38〕這就說明，胡適之所以最終選擇留學美國作為人生的首選，有這樣幾個方面的原因，其一是胡適感到家聲衰微，感到自己有責任振興家聲，而要振興家聲，那只能進入主流意識形態制導下的國家體制中，這才會由此獲得社會的認同，完成對家聲的振興使命；其二，留學美國作為官費留學，解決了個人的後顧之憂，更為重要的是，官費留學還可以通過節省「二三百金」而補貼家用之外，於學問還有極大的幫助。這就使胡適的留學美國的個人抉擇和與主流意識形態的制導有著密不可分的內在關聯，從而帶有強烈的國家色彩。

　　胡適留學美國作為主流意識形態制導下的行為，還體現在決定其成行的國家考試中。胡適在獲得留學美國的資格之前，共參加了兩場考試，第一場是國文、英文。國文試題是《不以規矩不能成方圓說》，成績很好，第二場考科學，成績不佳，最後以五十五名被錄取，一共取 70 名。〔註 39〕這 70 人裏面包括趙元任等促成了五四文學發生的人物。

　　晚清的留學生政策，既是新式教育逐漸地從邊緣走向中心的重要標誌，也是晚清的科舉制度從中心走向邊緣、并最終壽終正寢的重要標誌。正是廢除科舉前後的留學生政策，促成了五四文學的創建主體和接受主體的成長，在此借用胡適評價廢除科舉之意義的話來說就是：如果沒有晚清在 20 世紀之初大力倡導的留學生教育，五四文學運動決不會如此之快地發生。事實上，五四文學的諸多創建主體的現代文化心理結構，都得力於這一時期的變革，他們正是在留學之際完成了自我傳統文學觀念的蛻變和五四文學觀念生成。像五四文學的主將陳獨秀、胡適、李大釗、魯迅、周作人、錢玄同、沈尹默、吳虞等，無一不是這一時期的留學生，他們正是在這一歷史的基點上萌動了

〔註38〕耿雲志：《胡適年譜》，成都：四川人民出版社，1989 年版，第 23～24 頁。
〔註39〕耿雲志：《胡適年譜》，成都：四川人民出版社，1989 年版，第 23～24 頁。

自我的五四文學思想的幼芽。

不過，需要指出的是，儘管主流意識形態已經意識到了留學教育的重要性，並把留學教育納入到了國家體制之下，但民間有依然鄙視留學教育和崇尚科舉的傾向，這在說明了民間對科舉有著根深蒂固的情結的同時，也說明了五四文學的發生很難在這樣的群體中孕育誕生出來。魯迅當年到南京進入新式學堂時的尷尬自不必說，即便是他以「南京礦路學堂畢業生奏獎五品頂帶」的身份，被兩江總督劉坤一派往日本官費留學，也未能很好地獲得民間的認同。民間依然對留學予以深深地拒斥：「樹人出洋的消息，一下子轟動了新臺門。他依次到各個房族去告別，驚奇、惋惜、鄙視，各種各樣的目光投落到他身上。到了伯文叔那兒，還沒把話說完，這位痛恨新黨的叔祖便一掌把他推了過去。他猝不及防，打了一個趔趄，在背後的一堵牆上停定了。……叔祖恨恨地掉頭走遠。」〔註40〕這說明，即便是晚清政府把留學教育和科舉功能等同起來，也無法阻擋民間對留學教育的拒斥心理，在這樣的心理的背後，隱含著的是對留學教育中的西學知識的排斥，也就是對五四文學的科學和民主話語的排斥。

其三，廢除科舉制度促成了五四文學創建主體對作為啓蒙救亡工具的新式教育和大眾傳播媒介的認同。在新式教育獲得充分發展的現實情景下，五四文學的創建主體在接納了新式教育的同時，還利用自己所學習到的西學，從事更為廣泛的社會啓蒙救亡的活動，這主要表現在他們對諸如報紙期刊等大眾傳播媒介的認同上。從某種意義上說，新式教育和大眾傳播媒介成為五四文學發生的兩翼。當然，正如我們已經熟知的那樣，從維新變法到晚清新政再到 1905 年正式廢除科舉，實際上有六七年的時間。正是在這一歷史風雲際會之時，一大批接納新式教育的學生開始顯示了他們成長為五四文學的創建主體的端倪，這主要體現在他們開始創辦並編輯報紙期刊。如《國民報》（1901 年創辦於東京）、《游學譯編》（又稱《湖南游學譯編》，1902 年創辦於東京）、《湖北學生界》（1903 年創辦於東京）、《浙江潮》（1903 年創刊於東京）、《江蘇》（1903 年創刊於東京）、《四川》（1907 年創刊於東京）、《河南》（1907 年創刊於東京）等，這些刊物在宣傳西方的民主思想，主張顛覆清朝專制政府，建立資產階級民主共和國等方面，都起到了重要作用。正是在這一風氣的影響下，魯迅也顯示出了作為五四文學創建主體所必需的現代文化品格，他相繼發表了一系列論文，闡釋了自己的文化主張，其中很多主張已經和五

〔註40〕林賢治：《人間魯迅》（上），廣州：花城出版社，1998 年版，第 93 頁。

四文學的主張有著內在的關聯。魯迅不僅積極從事思想啓蒙體系的建構，而且還身體力行，在東京籌辦《新生》雜誌，希冀用文學來改良社會。五四文學的其他創建主體如陳獨秀也創辦了《安徽白話報》、胡適則在上海編輯出版了《競業旬刊》，所有這些，都可以看成是五四文學運動時期的《新青年》的預演。特別需要指出的是，在這一時期，由學生編輯出版的刊物已經使用白話——這些學生恰恰是五四文學的創建主體。他們通過創辦報刊，對晚清新政的激情宣示作出了積極回應。但遺憾的是，春暖乍寒，當專制體制認爲其言論已經對其合法性產生質疑時，便又查封了這些報刊，從而使五四文學的發生被延宕了下來。如陳獨秀於 1904 年 3 月 3 日創刊於蕪湖的《安徽俗話報》，到 1905 年 9 月 14 日就被查封了，共出版了二十三期。〔註41〕這和陳獨秀創辦《新青年》還是有其內在的傳承關係的，這主要體現在他對救亡和啓蒙這兩大主題的認同上。對此，陳獨秀在該刊的創刊號上發表的題爲《開辦安徽俗話報的緣故》一文中指出：「唉，人生在世，糊裏糊塗的過去，一項學問也不懂得，一樣事體也不知道，豈不可恥嗎？」正是爲了讓人從「糊裏糊塗」的蒙昧狀態中清醒過來，達到明白事理的目的，陳獨秀把《安徽俗話報》定位於「第一是要把各處的事體說給我們安徽人聽聽，免得大家躲在鼓裏，外邊事體一件都不知道」。「第二是要把各項淺近的學問，用通行的俗話演出來，好教我們安徽人無錢多讀書的，看了這俗話報，也可以長點見識」。〔註42〕在這裡，陳獨秀把《安徽俗話報》的接受主體定位於那些「無錢多讀書」的人，這樣的啓蒙，只能是一種初級的啓蒙形式，因其忽視了對新式教育下的接受主體的深層文化觀念的啓蒙，因此，要釀成具有廣泛的社會基礎的啓蒙運動便顯得非常艱難和遙遠了。但應該指出的是，這次辦報經驗，對陳獨秀編輯《新青年》具有重要的實踐意義。同時，陳獨秀所採用的話語體寫作方式，也使他對胡適的白話文主張有了順利對接的內在根據——事實上，陳獨秀在這裡使用的俗話，儘管已經是標準的白話文，但由於其受傳統教育熏染下的古文影響，他在潛意識中還是認爲白話文只能給那些沒有讀過書的人看，這和陳獨秀在五四文學創建時期對白話文的全面認同具有本質上的差異。

其四，科舉制度的廢除，從根本上動搖了文言文的霸權地位，解構了文

〔註41〕胡明：《正誤交織陳獨秀》，北京：人民文學出版社，2004 年版，第 39 頁。
〔註42〕陳獨秀：《開辦安徽俗話報的緣故》，《安徽俗話報》（蕪湖）1904 年 2 月 15 日（西曆 3 月 3 日）。

言文的科舉功能，這爲白話文的倡導提供了可能性。

　　傳統教育以研讀文言文爲主，這和學生既有的以白話文爲主的話語體系有著很大的出入，使他們所學內容和自己業已建立起來的知識結構無法有機地銜接起來，從而妨礙了他們對眞理性知識的認知。這正如英國傳教士麥高溫從自我文化立場出發所觀照到的那樣：「西方人一般是從『貓』『狗』之類的詞開始他們的學習的，這種方法，在這個國土上的學者和聖人們看來，確實是太幼稚了，因而是不可取的。中國人採取的教學方法是讓八九歲的孩子去讀一本寫有深奧倫理觀點的書，由此開始他們的學習生涯。」〔註43〕而科舉的廢除則意味著從根本上動搖了文言文的主導作用。

　　在動搖文言文的霸權地位的歷史過程中，白話文是和文言文作爲對立的兩個極點來對待的，甚至白話文還被人們當作了解構文言文的唯一「力量」。其實，這僅僅是問題的一個方面，另一個解構文言文的重要力量是外語。這一點沒有引起人們很好的關注和言說。

　　隨著晚清社會危機的加深，文言文的正宗地位受到了前所未有的挑戰。在主流意識形態中，人們傳達政令和進入權力階層的重要工具是文言文，因爲在這些領域中文言文被當作唯一合法存在的話語，而白話文則無法登上這樣的大雅之堂，只能低首俯就於下里巴人。在這種情形下，白話文要想和被主流意識形態所認同的文言文相對抗，幾乎是不可能的。然而，隨著晚清政府被迫和外國進行對話，這便凸現了外語的地位，並第一次消解了文言文的霸權地位，從而把文言文降低到了和外語同級的地位。文言文在和西方話語的共處時需要翻譯成外語，外語又需要翻譯成文言文，這樣的話，文言文的至尊地位也被消解了。不僅如此，在和締約國所簽定的條約中，締約國還明文規定，要同時使用漢語和締約國的官方語言這兩種語言，這就逼迫著主流意識形態接納外語，此舉意味著文言文被推崇爲官方話語的功能大大地降低，這就爲白話文獲得必要的生存空間打開廣闊的領域。

　　隨著晚清政府被迫和外國進行對話，這便凸現了外語的地位，並第一次消解了文言文的霸權地位，從而把文言文降低到了和外語同級的地位。文言文在和西方話語的共處時需要翻譯成外語，外語又需要翻譯成文言文，這樣的話，文言文的至尊地位也被消解了。不僅如此，在和締約國所簽定的條約

〔註43〕〔英〕麥高溫：《中國人生活的明與暗》，朱濤、倪靜譯，北京：時事出版社，1998 年版，第 83 頁。

中，締約國還明文規定，要同時使用漢語和締約國的官方語言這兩種語言，這就逼迫著主流意識形態接納外語，此舉意味著文言文被推崇爲官方話語的功能大大地降低。

在外語消解文言文的至尊地位的過程中，一方面固然是人們對外語的體認，另一方面則是人們使用混雜的外語和漢語。前者主要是人們對外語本體的認同，即在學習外語的過程中，主要依照外語的規範來進行交流，這是人們經常使用的交流方式；後者則是爲了適應人們和那些居住在中國的「洋人」交流需要而產生的，這種情形主要產生於「洋人」居住在中國，對漢語有一定的掌握，但還不是規範的漢語，有些意義還需要夾雜著外語來表達，而那些和「洋人」經常交流的中國人，也就自然學會了一點外語，於是在和「洋人」交流的過程中夾雜著漢語的辭彙，這就是在上海出現「洋涇濱」英語。例如，在傳教士林樂知日記中就記載過，在上海廣方言館第一班的 24 個學生中，先前都已學會了一些洋涇濱英語，他到職後即以韋氏拼音課文教以正確的基礎。〔註 44〕這對文言文的解構作用是很大的，它把居於主導地位的文言文降低到了和外語平級的水平線上，從而一舉打破了文言文一統天下的霸權局面。

外語對文言文的霸權地位的消解，還體現在外語和文言文的共處之時所表現出來的那種悖論性。這正如魯迅在江南陸師學堂附設礦務鐵路學堂所讀的科目中，「一個星期有四天讀英文，一天讀《左傳》，一天讀漢文。嘟嘟曬曬地讀幾天英語的『It is a cat』，『Is it a rat？』（『這是一隻貓』，『這是一隻老鼠嗎？』）又嘟嘟曬曬地讀古板的君子日，『穎考叔可謂純孝也已矣，愛其母，施及莊公』」。〔註 45〕這種情形在郁達夫那裡也有過類似的折射：「洋學堂裏的特殊科目之一，自然是伊利哇拉的英文。現在回想起來，雖不免有點覺得好笑，但在當時，雜在各年長的同學當中，和他們一樣地曲著背，聳著肩，搖擺著身體，用了讀《古文辭類纂》的腔調，高聲朗誦著皮衣啤，皮哀排的精神，卻眞是一點兒含糊苟且之處都沒有的」。〔註 46〕這正可以看作英語和文言文共處時所顯現出來的尷尬情形。並且，特別值得提出的是，英語作爲一種拉丁語系語言，它的書面語是和口語相統一的，這和中國在口語之外還存在著另一套書面語言有

〔註 44〕參見呂達：《中國近代課程史論》，北京：人民教育出版社，1994 年版，64 頁。

〔註 45〕林非、劉再復：《魯迅傳》，北京：中國社會科學出版社，1981 年版，第 22 頁。

〔註 46〕王自立、陳子善：《郁達夫研究資料》（上），天津：天津人民出版社，1982 年版，第 29～30 頁。

著鮮明的差異。所以，在對外語體認的過程中，實際上還存在著一種觀念的更新，這就是口語和書面語言的統一觀念。這裡實際上還隱含著為什麼會在留美學生中首先提出徹底的白話文主張、而在留日學生中為什麼就沒有像胡適那樣提出徹底的白話文主張的答案。因為留美學生學習的拉丁系語言正是建立在口語與書面語統一的基礎之上的，這裡所顯示出來的語言進化歷程是非常清晰的，並不存在著惟古代語言為「雅」的觀念，所以，口語和書面語言的統一在英語語系中似乎是與生俱來的。而這種情形在日語中就不很明顯，這主要因為日語本身具有非常顯著的漢語特徵，在日語文化語境中留學的學生就很難像留學美國的學生那樣，對口語和書面語的統一性有著如此清晰的認知。對此，胡適在文學改良觀念形成的過程中，就曾經非常清楚地指認了這一點：「活文字者，日用語言之文字，如英法文是也，如吾國之白話是也。死文字者，如希臘拉丁，非日用之語言，已陳死矣。」〔註47〕但是，這樣的認識並沒有促成胡適對文言文的全部揚棄：「當此字母制未成之先，今之文言終不可廢置，以其為僅有之各省交通之媒介也，以其為僅有之教育授受之具也。」〔註48〕然而，胡適在此保全文言文，已經和林紓等人所主張的文言文不可廢置有了一定的差異，這主要體現在胡適以其所認同的英文文法，已經滲透到了對文言文的認同中，並且強化了以此對文言文的重構：「我提出的四條古文教授法，……第三條講求文法是我崇拜《馬氏文通》的結果，也是我學習英文的經驗的教訓。第四條講標點符號的重要，也是學外國文得來的教訓」。〔註49〕很顯然，正是在英語的知識背景上，胡適獲得了超越林紓等古文嗜愛者的侷限，為其提出全面的白話文主張奠定了堅實的基礎。

事實上，胡適正是在這一基石上，逐漸把體認到的歐洲語言的變革規律應用到中國語言的變革實踐中：「他們忘記了歐洲近代文學史的大教訓！若沒有各國的活語言作新工具，若近代歐洲文人都還須用那已死的拉丁文作工具，歐洲近代文學的勃興是可能的嗎？歐洲各國的文學革命衹是文學工具的革命。中國文學史上幾番革命也都是文學工具的革命。這是我的新覺悟。」〔註50〕由此出發，胡適確立了白話是文言文進化的基本觀點：「一個時代的大文學家至少只能

〔註47〕 胡適：《逼上梁山》，《胡適自傳》，南京：江蘇文藝出版社，1995 年版，第 99 頁。
〔註48〕 胡適：《逼上梁山》，《胡適自傳》，南京：江蘇文藝出版社，1995 年版，第 100 頁。
〔註49〕 胡適：《逼上梁山》，《胡適自傳》，南京：江蘇文藝出版社，1995 年版，第 101 頁。
〔註50〕 胡適：《逼上梁山》，《胡適自傳》，南京：江蘇文藝出版社，1995 年版，第 107 頁。

把那個時代的現成語言，結晶成文學的著作；他們只能把那個時代的語言的進步，作一個小小的結束；他們是語言進步的產兒，並不是語言進步的原動力；有時他們的勢力還能阻礙文字的自由發達。至於民間日常用的白話，正因為文人學者不去干涉，故反能自由變遷，自由進化。」〔註51〕這樣的話，胡適就從根本上動搖和顛覆了中國傳統的語言觀，這就消弭了文言文的「優美」和白話的「鄙俗」之間的鴻溝，為白話文取代文言文作了理論上的準備。這也正好說明了外語的確對顛覆文言文的霸權地位起到了重要的作用。

另外，為了適應西學傳播的需要，人們在把西學的一些術語翻譯成漢語的過程中，也極大地動搖了文言文的霸權地位，促成了漢語自佛教傳入以來又一次最大的變化。在西學東漸的歷史進程中，因為我們沒有建構起與西學相對應的知識體系，在漢語中也就沒有相應的辭彙來對應西學概念中的所指，而類似西學概念中的所指，人們又無法在文言文中找尋到相應的資源。於是，人們只能通過當下的語言習慣來給予重新命名。在這一概念命名的過程中，日語起到了重要的中介作用。漢語中的許多新名詞就是從日語中借代過來的。這就豐富了漢語辭彙，如西學中的近代天文、數學、物理、化學等自然科學知識和技術學科的很多話語也逐漸地為人們所接納。這樣一來，改變的不僅是人們對外在的器物認知，而且還有人們既有的知識結構的改變，與此相對應，中國傳統的話語體系也就隨之出現了歷史上最為巨大的轉型。

新式教育下的話語體系的轉變是非常顯著的，這由此引發了學生文學觀念的變化。這正如蔡元培和林紓的論戰中所指認的那樣：「大學教員所編之講義，固皆文言矣。而上講壇後，決不能以背誦講義塞責，必有賴於白話之講演。豈講演之語，必皆編為文言而後可歟？吾輩少時，讀《四書集注》，《十三經注疏》，使塾師不以白話講演之，而編為類似集注，類似注疏之文言以相授，吾輩其能解乎？」〔註52〕這非常清楚地凸現了白話文在教育中的作用。而人們正是「按照語言的形式去思維、去感知世界和接受世界的，語言之外的世界對人類來說是不可想像的」，「處在『五四』前後這樣一個劃時代的歷史轉型期，社會結構、價值觀念、心理狀態都發生了深刻、巨大的變化，原

〔註51〕 胡適：《國語的進化》，《中國新文學大系·建設理論卷》，上海：上海文藝出版社，1981年影印本，第236頁。

〔註52〕 蔡元培：《答林君琴南函》，《文學運動史料選》（第一冊），上海：上海教育出版社，1979年版，第145頁。

有的概念、範疇，辭彙體系已經無法容納日益增長的新的內容和意義，因此，舊的語言體系的漲裂，新的語言體系的誕生，便是歷史的必然了。」〔註 53〕事實上，正是諸如自由、平等、天賦人權、民主、科學等西方現代術語的輸入，使五四文學的話語系統完全更新爲區別於傳統的話語體系。因爲在中國文化的價值體系中，所缺少的不僅是這些話語，而且更缺少與這些話語相對應的價值觀念。這也是那些站在傳統文化立場上的人，不能容忍這些新的話語所宣示的觀念的原因。所以，在林紓的小說翻譯中，他則著力凸現中西文化上「忠孝之道一也」〔註 54〕的共同特徵。由此說來，我們對胡適所倡導的白話革命，不能僅僅看作是一個形式革命，而是在形式革命的背後隱含著與話語相對應的文化觀念的變革，其價值和意義較之後來的思想革命一點也不遜色。實際上，胡適正是由此確立起了自己的立論：「形式上的束縛，使精神不能自由發展，使良好的內容不能充分表現。若想有一種新內容和新精神，不能不先打破那些束縛精神的枷鎖鐐銬。」〔註 55〕如有一翰林官出國，向張之洞辭行時說：「到國外見到的情形，隨時向中堂報告。」連說兩遍，張之洞都不理。這位翰林官以爲張之洞沒聽見，便又說了一遍。張之洞答道：「我不願聽這亡國之音。」張之洞的一個門生一次在出國前去見張，張之洞問他何日起程？他說：「辦完了出國手續就走。」張之洞不高興地說：「以後不要用這類新名詞。」那個門生笑道：「『新名詞』三個字也是新名詞。」〔註 56〕其實，如果我們換個角度來看的話，張之洞把新名詞當作「亡國之音」並不是沒有道理。這正根源於他看到了新名詞所帶來的新思想，以及這新思想對既定的社會秩序的強大解構力量。

當然，我們也不應該否認白話文對文言文的消解作用。人們對白話文的認知，更多地表現在對白話文的實用價值的認同上，即白話文更富有啓蒙功能。晚清時期人們對白話文的認同，很大程度上得力於這一點，這不僅體現在人們對新式教育的認同上，而且還體現在人們對報刊的認同上。如裘廷梁

〔註 53〕陳伯海：《近四百年中國文學思潮史》，上海：東方出版中心，1997 年版，第 484 頁。
〔註 54〕林紓：《英孝子火山報仇錄·序》，《畏廬小品》，北京：北京出版社，1998 年版，第 136 頁。
〔註 55〕胡適：《談新詩》，《中國新文學大系·建設理論卷》，上海：上海文藝出版社，1981 年影印本，第 295 頁。
〔註 56〕《武漢文史資料》（第 23 期），1986 年出版。

就指出：「欲民智大啓，必自廣學校始；不得已而求其次，必自閱報始。報安能人人閱之？必自白話報始。」〔註57〕不僅如此，晚清的人們還把白話當作了維新之本，如裘廷梁就曾經直接用《論白話爲維新之本》這樣的標題，旗幟鮮明地表達了白話和維新之間的內在關係。裘廷梁甚至還把白話上陞到國民改造的高度來批判文言：「有文字爲智國，無文字爲愚國；識字爲智民，不識字爲愚民；地球萬國之所同也。獨吾中國有文字而不得爲智國，民識字而不得爲智民，何哉？裘廷梁曰：此文言之爲害也。」裘廷梁爲了使自己的立論能夠爲社會所認可，在列舉了白話的種種益處之後，還把「保聖教」當作了其重要的作用加以凸現，並由此得出的結論：「愚天下之具，莫文言若；智天下之具，莫白話若。」〔註58〕裘廷梁的這一認知，在主流意識形態話語和民間話語來看，無疑是荒誕不經的，但這卻和五四文學的創建主體所取的主張是一致的。當然，裘廷梁的這一主張和五四文學的創建主體的文學主張之間還有著一定的差異性，這主要表現爲裘廷梁還沒有把白話上陞到五四文學的創建主體的白話主張的基點上。特別值得玩味的是，裘廷梁的這一白話文主張，卻不得不借助文言文實現其傳播的功能。這正如有些學者所指認的那樣：「只可惜這篇文章雖然問世於 1897 年，卻沒能在社會上引起足夠的反響，其價值一直湮沒到『五四』新文化運動前夕。更具諷刺意味的是，這篇呼喚白話文的文章，本身卻用文言寫成，這足以表明在當時應用白話文去寫作還是距離尚遠的理想，人們的文體觀念中也沒給白話留出位置。從而，文界革命的水準就到梁啓超的新文體爲止，言文合一的理想留給了『五四』文學革命的主將們去實現。」〔註59〕

在白話文對文言文消解的歷史過程中，新式教育起到了重要作用。第一是體現在新式教育所採用的教科書，包括編譯的西方教科書和自編的教科書，很多就是用白話文編寫而成的。如南洋公學的《蒙學課本》、商務印書館、文明書局的各類教科書，辛亥革命時期的中華新教科書和五四文化運動時期各書局的白話文教科書，都強化了口語化的編輯方向。這不但符合學生的認知規律，而且還確保了學生對於規範「國語」的理解和使用。這樣以來，

〔註57〕《無錫白話報‧序》
〔註58〕《論白話文爲維新之本》，《中國歷代文論選》（第四冊），上海：上海古籍出版社，1980 年版，第 172 頁。
〔註59〕黃曼君主編：《中國近百年文學理論批評史》，武漢：湖北教育出版社，1997 年版，第 131 頁。

白話文教科書的產生不僅意味著為文言佔據主流傳播渠道的霸權地位開始受到了動搖，而且還意味著五四文學所必需的白話文提供了存在和發展的空間。第二是體現在新式教育授課的口語化中。這正如胡適所確認的那樣，在傳統的私塾教育中，學生要想理解和把握所學古文的意思，就需要老師來「講課」，這裡的所謂「講課」，實際上就是把古文翻譯成今人的語言來理解和把握古文意思的教學實踐過程。正因為古文已經超越了學生所使用的白話語言理解的「疆域」，所以，很多學生如果不經過老師的「講課」就無法理解古文的意思。如胡適說過：「我母親大概是受了我父親的叮囑，她囑託四叔和禹先生為我『講書』：每讀一字，須講一字的意思；每讀一句，須講一句的意思」，而其他同學則因為沒有聆聽到先生的「講書」，結果連「『父親大人膝下』是什麼意思」〔註60〕都無從理解。所以，蔡元培先生就此指出了文言與白話的根本區別之所在：「白話是用今人的話，來傳達今人的意思，是直接的。文言是用古人的話，來傳達今人的意思，是間接的。間接的傳達，寫的人與讀的人，都要費一番翻譯的工夫，這是何苦來？」〔註61〕蔡元培在這裡所謂的「用今人的話，來傳達今人的意思」，就是指今人用口語化的白話來傳達自己的思想，而勿需借助文言這一中介來傳達自己的思想。這就涉及到了語言本位問題，即從一定的意義上說，如果使用「今人的話」，那麼，今人的話就無疑會在文化傳播中佔據核心地位，而文言文自然被邊緣化，甚至最終會揖讓出其在文化上的霸權地位。所以，魯迅站在當下的文化立場上指出：「明明是現代人，吸著現在的空氣，卻偏要勒派朽腐的名教，僵死的語言，侮蔑盡現在，這都是『現在的屠殺者』。殺了『現在』，也便殺了『將來』。」〔註62〕這說明，白話與文言之爭已經上陞到是以當下還是以傳統為文化本位的大問題。

　　白話在五四文化運動中，隨著其逐漸地為人們所接納，最後終於借助主流意識形態的話語權，成為文化的主要載體，這主要體現在教育部宣佈廢止小學文言教科書，取而代之的是以白話文作為教育的主要工具。對此，胡適認為：「這個命令是幾十年第一件大事。他的影響和結果，我們現在很難預

〔註60〕　胡適：《九年的家鄉教育》，《胡適自傳》，南京：江蘇文藝出版社，1995 年版，第 28 頁。

〔註61〕　《國文之將來》，《新教育》第 2 卷第 2 期（1919 年）。

〔註62〕　魯迅：《隨感錄五十七·現在的屠殺者》，《新青年》第 6 卷第 5 號（1919 年）。

先計算。但我們可以說：這一道命令，把中國教育的革新，至少提早了二十年。」〔註63〕吳研因〔註64〕後來也指出：「小學教科書改文言爲白話，這是一種重大的進步，也是小學教學的自然趨勢，教育部的提倡不過是促其速成罷了，教育部即使不提倡，這趨勢也一定自然會來的。」〔註65〕如此以來，教科書從文言改爲白話，就使得文化傳播的工具變成了容易爲人們所掌握的通俗工具，進而完成了和人們既有的文化心理結構的對接，這就從根本上否定了人們要把自我的文化心理結構改裝成文言文所需要的文化心理結構的必要性。這樣的變革，既意味著民族深層的文化心理結構開始出現轉化，也標誌著建立在文言文基點上的中國傳統儒家文化體系的穩定結構的動搖。從這樣的意義上說，白話文取代文言文也就不再僅僅是語言形式的變革，而是帶有思想性的變革。這正如英國語言學家中的帕爾默所說的那樣，「語言忠實地反映了一個民族的全部歷史、文化，忠實地反映了它的各種信仰和偏見。」〔註66〕正是在語言變革的基礎上，開啓了人們深層的文化心理結構轉型的新紀元，促成了五四文學的發生。

總之，科舉的廢除對五四文學的產生起到了重要作用，這作爲晚清教育的一個分水嶺、也作爲中國教育的一個分水嶺，標示著人的價值觀念轉型的時代的到來。當然，從總體上說，科舉廢除是和新式教育緊密地聯繫在一起的，我們本來無法把科舉廢除和新式教育分離開來進行闡釋，但爲了在本文中凸現科舉廢除和人的價值觀念轉型的關係，爲了凸現科舉廢除和五四文學創建主體的文化心理結構的建構之間的內在關聯，我特意把科舉廢除從新式教育中分離出來，作爲單獨的一章加以論述。

〔註63〕《國語講習所同學錄序》，《胡適學術文集・語言文字研究》，北京：中華書局，1993年版，第302頁。

〔註64〕吳研因（1886～1975）中國近現代教育家，江蘇江陰人。幼年讀過私塾，1911年和劉半農等編輯《江陰雜誌》，1912年參與創辦《江陰報》半月刊並編寫叢談，早年曾任江陰縣立單級小學和上海尚公學校校長，上海中華書局、商務印書館編輯。爲小學低年級學生自編油印教材，開小學使用白話文教科書之先河。所編《新法教科書》（1920年）、《新學制教科書》（1923年）等多種小學課本和教員用書爲當時廣泛使用。

〔註65〕《清末以來我國小學教科書概況》，《中華教育界》第23卷第11期（1936年）。

〔註66〕陳伯海：《近四百年中國文學思潮史》，上海：東方出版中心，1997年版，第484頁。

第四章　新式教育下的教師與五四文學的發生

　　新式教育下的教師與五四文學的發生有著密切的關係。新式教育下的教師主要指第二代學生在接納了新式教育後，他們從新式學堂或國外一些學校畢業，在走出校門後大都選擇了教師這一職業。從時間上看，他們有些早在中華民國建立之前就已經開始從事新式教育，有些在五四文學發生之際才開始從事新式教育。新式教育下的教師成為五四文學發生的主體。五四文學的創建主體主要由兩部分人組成，其一是已經從事新式教育的第二代學生，其二是第二代學生從事新式教育後所培養的第三代學生。從總體上看，五四文學的創建主體主要還是由第二代學生組成。這代人以其在新式教育熏染下的建構起來的現代文化心理結構，以其現代的文學訴求和創作實績，直接催生了五四文學。那些追蹤老師文學足迹的學生，則沒有走出乃師劃定的文學「疆域」，沒有幾人能超越乃師所達到的文學高度。與第二代學生大力拓展文學疆域形成比照的是，第一代學生則因在嗣後的文化心理結構的建構中，沒有在已經取得的成就基礎上，完成對西學的進一步體認，所以，第一代學生和第二代學生之間就有了明顯的文化代溝。五四文學發生前夕，第一代學生此時已年逾半百，屬於進入垂暮之年的「老人」。這就使他們之間的代溝不僅體現在生理年齡上，而且還體現在文化心理上，這恐怕也是他們從當初的啓蒙者轉化成落伍者的重要原因之一。對此，胡適曾經說過：「（梁啓超）在那時代主張最激烈，態度最鮮明，感人的力量也最深刻。他很明白的提出一個革命的口號：『破壞亦破壞，不破壞亦破壞！』後來他雖然不是堅持這個態度了，

而許多少年人衝上前去，可不肯縮回來了。」〔註1〕這既說明了第一代學生和第二代學生之間的內在師承關係，又指出了他們之間的否定性超越關係。胡適還曾經對此進一步分析過：「父母老矣，一旦遽失其所信仰，如失其所依歸，其痛苦何可勝算？人至暮年，不易改其見解，不如吾輩少年人之可以新信仰易舊信仰也。」〔註2〕此為其一；其二是五四文學創建主體當初接受新式教育的自然年齡大體上在 20 歲左右，即在 1898 年到 1911 年這一區間。他們恰好汲取了第一代學生的文化精華，乘著晚清思想激變這一「最有活力」的東風，完成了從文學邊緣向文學中心的轉移。他們在獲得了超越前人的文化膽識的同時，還以開放的文化胸襟，在世界化的視野中，重新審視自我與自我的文化傳統，進而在自我否定的基礎上成就了其英雄般的文化偉業。他們的成功恰好應驗了這一話語的真理性，即這「是一個需要巨人而且產生了巨人——在思維能力、熱情和性格方面，在多才多藝和學識淵博方面的巨人的時代」。〔註3〕的確，他們在許多領域都建立了卓越的功績。像魯迅，在文學史上被目為中國現代文學史上最偉大的文學家；在思想史上超越前人後啟來者；在中國小說史研究上別立新宗；甚至連自然科學，如地質學、生物學等學科，都是中國近代這一領域的拓荒者。胡適、郭沫若等五四文學的創建主體，都屬於這種復合型的曠世之才，他們成為後人難以企及的文化高峰。這也因此構成了第二代學生所獨有的文學現象：即他們從事五四文學運動，催動五四文學發生，與其說是出於對傳統意義上的文學內涵的認同，毋寧說是對救亡和啟蒙主題的認同。而這種救亡和啟蒙意識的獲得，又是來自於他們在新式教育下所接納的西學。他們正是以西學為中介，完成了對文學的認同。這正是他們「在多才多藝和學識淵博方面」成為巨人的緣由。

第一節　新式教育與五四文學創建主體的成長

第二代學生在其人生成長的關鍵期，不但接受了新式教育下的西學熏陶，而且還重塑了自我現代的文化心理結構，從而完成了和自我母體文化所賦予的文化心理結構的「斷裂」。

〔註1〕　胡適：《胡適自敘》，北京：團結出版社，1996 年版，第 78～79 頁。
〔註2〕　曹伯言：《胡適日記全編》（第一卷），合肥：安徽教育出版社，2001 年版，第 515 頁。
〔註3〕　《馬克思恩格斯選集》（第 3 卷），北京：人民出版社，1972 年版，第 445 頁。

　　從西方社會學的視點來看，教育是社會遺傳的重要力量。我們靈智的最重要的部分是社會遺傳的結果，是通過環境的早期訓練的影響而產生的。對此，神職人員曾經說過：「把一個小孩子 12 歲以前的控制權交給我。之後，隨你傳給他什麼宗教都沒有作用，因爲我已經把我自己的宗教根植於他的思想中，世上再也沒有其他力量能夠破壞我的工作。」〔註4〕這就是說，在人生成長的關鍵期，教育作爲遺傳的重要方式，對人的文化心理結構的建構具有至關重要的作用。而至於人生成長的關鍵期具體在什麼時間，目下心理學界沒有統一的標準。但我認爲，人的認知在還沒有完全定型之前的發展變化期，都可以當作人生成長的關鍵期。這貫穿於他們從非自覺狀態下的認知到自覺狀態下的認知的全過程。最簡單的劃分法，就是一個人接受教育的認知過程，都看作人生成長的關鍵期。這一時期，他們所接受的教育對其影響既是終生的，也是根深蒂固的。

　　正是從這樣的意義上來說，第二代學生能夠建構起五四文學的大廈，實在是得力於他們在人生關鍵期接納了新式教育。如陳獨秀於 1898 年（時年爲 19 歲）進入了杭州的「求是書院」（今浙江大學的前身），並在此接觸了西學。「求是書院」根據書院章程設正教習一名，由西人擔任，教授化學及各種西學兼及圖畫、算術、語言、文字；副教習兩名，由華人擔任，教授各種算學及測繪圖法等課程。同時，書院的創辦者之一、杭州太守林啓還採購了梁啓超主編的《時務報》、康廣仁主編的《知新報》等維新派出版的大量報刊，這使學生獲得了承納康梁維新變法思想的平臺。陳獨秀在「求是書院」時間不長，但打下了他在「科學」知識上的基礎。〔註5〕1899 年，陳獨秀因有革命言論被書院開除。1901 年因有反清宣傳活動，受清政府通緝而逃亡日本，入東京高等師範學校速成科學習。1903 年 7 月在上海協助章土釗主編《國民日報》。1904 年初在蕪湖創辦《安徽俗話報》，宣傳革命思想。1905 年組織反清秘密革命組織岳王會，並任總會長。1907 年入東京正則英語學校，後轉入早稻田大學。

　　胡適則在 1904 年（時年爲 13 歲）進入上海接受新式教育，其間，胡適在新式教育下學習了「國文、英文、算學之外，還有物理、化學、博物、圖

〔註4〕　〔美〕拿破侖‧希爾：《成功法則》，北京：中國發展出版社，2002 年版，第484～485 頁。

〔註5〕　參閱胡明：《正誤交織陳獨秀》，北京：人民文學出版社，2004 年版，第 26 頁。

畫諸科」。〔註6〕在新式教育之外，胡適還有機會浸染於已經積澱得非常深厚的上海近代文化中，如嚴復、梁啓超、鄒容等人的文章或著述，都借助於新式教育這一平臺給胡適以深刻的影響：「我們都經過了思想上的一種激烈變動，都自命爲『新人物』了。……其中，很多是梁啓超先生一派人的著述；這時代是梁先生的文章最有勢力的時代，他雖不明白提倡革命，卻在一班少年人的腦海裏種下了不少革命種子。有一天，王言君借來了一本鄒容的《革命軍》，我們幾個人傳觀，都深受感動。」〔註7〕除此之外，胡適還通過《新民叢報》接觸到了西方思想家的文章，並深受其影響。對此，胡適在他的日記中說過：「就是這幾篇文字猛力把我以我們古舊文明爲自足，除戰爭的武器，商業轉運的工具外，沒有什麼要向西方求學的這種安樂夢中，震醒出來。它們開了給我，也就好像開了給幾千幾百別的人一樣，對於世界整個的新眼界」。〔註8〕在中國公學期間，胡適汲取了晚清留日學生的文化精華。中國公學由留日學生創辦於 1906 年，總督是留日學生馬君武。該校被認爲是「最不尋常的學堂，也是政治上最激進的學堂。」〔註9〕這一「最激進的學堂」的新式教育，對胡適的影響很大，它奠定了胡適抵達美國求學後的西學基礎。如胡適的英語，在美國學習期間，成績竟然比一些美國學生還要好，爲此還受到了美國當地輿論的關注。

魯迅則在 1899 年（時年爲 18 歲）進入南京礦務鐵路學堂接受了新式教育的熏染。1902 年 3 月，魯迅前往日本官費留學。1909 年回國，留學時間長達七年，這是魯迅成爲五四文學的創建主體的重要前提條件。

李大釗則於 1905 年（時年爲 16 歲）進入永平府中學學習。該校開設的課程除傳統的經學、文史外，還有英文、數學、外國地理和歷史、格致學、外國淺近政治學等「新學」科目，這爲李大釗接觸現代科學提供了便利，並奠定了其現代科學知識的基礎。「學校內還設有藏書室，收有康有爲、梁啓超等人的書籍或文章，這些著作引起了李大釗的興趣。」〔註10〕李大釗在 1907

〔註6〕 胡適：《胡適自敘》，北京：團結出版社，1996 年版，第 75 頁。
〔註7〕 胡適：《胡適自敘》，北京：團結出版社，1996 年版，第 74 頁。
〔註8〕 〔美〕格里奇：《胡適與中國的文藝復興》，魯奇譯，南京：江蘇人民出版社，1996 年版，第 30 頁。
〔註9〕 〔美〕格里奇：《胡適與中國的文藝復興》，魯奇譯，南京：江蘇人民出版社，1996 年版，第 25 頁。
〔註10〕 朱志敏：《李大釗傳》，濟南：山東人民出版社，1998 年版，第 17 頁。

年投考北洋法政專門學校，1913 年投考東京早稻田大學政治本科，又進一步接受了日本現代教育的滋潤。

　　五四文學的其他創建主體，在人生成長的關鍵期，也基本上相繼接受了新式教育。如周作人在 1901 年（時年爲 16 歲）入南京江南水師學堂接受了新式教育的熏染，1906 年東渡日本留學。劉半農則得力於乃父從事新式教育的便利，早在 4 歲時就由其父開蒙，6 歲入私塾，13 歲入翰墨林小學，17 歲入常州府中學堂，〔註11〕從而接受了新式教育。錢玄同在 1906 年（時年爲 19 歲）留學早稻田大學，在日本接受了現代教育。1910 年 5 月歸國。沈尹默於 1905 年（時年爲 22 歲）與其三弟沈兼士（時年爲 20 歲），自費前往日本求學，1906 年因經濟原因，留學一年便回國。郁達夫則在 13 歲接納了新式教育。郭沫若則在家塾期間就「閱讀了不少新學書刊，如《啓蒙畫報》、《新小說》、《浙江潮》、《經國美譚》、《義大利建國三傑》等」。〔註12〕1906 年春，時年 15 歲的郭沫若進入嘉定高等小學堂讀書，次年升入嘉定府中學堂，1910 年插入成都高等學堂分設中學繼續就讀，次年春，進入成都高等學校理科讀書，1914 年進入日本，接受了現代醫學教育。

　　這就是說，五四文學的創建主體在 20 歲之前就接納了新式教育的熏染，其時間基本集中於戊戌變法時的 1898 年至辛亥革命前。這相近的時間，決定了他們所受的新式教育（包括留學期間所接受的現代教育）具有相似性，是他們在文化心理結構上具有同質同構性的重要前提。這不僅體現在他們所學西學中的自然科學科目上基本相近，而且還體現在他們在接納第一代學生的啓蒙思想上也基本相似。這與那些在人生成長關鍵期一直浸染於中學的士子相比，文化心理結構具有顯著的差異。這就是說，第二代學生在新式教育的熏染下，西學不僅不再是作爲中學的對立面而存在著，而且還成爲統攝中學的主導力量。這是他們在建構五四文學的過程中，能夠有著「共同話語」的重要基礎。

　　第二代學生在人生成長的關鍵期接受了新式教育的熏染這促成他們解構了既有的文化心理結構，並由此建構了自我的現代文化心理結構，從而爲其成爲五四文學的創建主體奠定了堅實的基礎。

　　新式教育首先幫助五四文學創建主體建構了一個西學的知識譜系，這對

〔註11〕《中國現代文藝研究資料叢刊》，1981 年第 3 期。
〔註12〕《郭沫若專集》（第 1 卷），成都：四川人民出版社，1984 年版，第 3 頁。

他們完成從傳統文人向現代知識份子轉變起到了重要作用。在五四文學的創建主體那裡，諸如陳獨秀、胡適、李大釗、魯迅、周作人、郭沫若、郁達夫等，都建構了這樣一個從自然科學到人文科學完整的西學知識譜系。他們在建構西學知識譜系的過程中，感到展現在自己眼前的是一片新的天地。

然而，這一西學的知識譜系，在那些老先生眼中，卻是霧裏觀花。不要說讓他們建立什麼西學知識譜系，就連西學的「皮毛」他們也多有不知。魯迅在礦務鐵路學堂中就親眼目睹了這滑稽的一幕：「那些老先生對於新知識又是一竅不通，對於新名詞、新概念總是望文生義。連『地球』是什麼東西也搞不清楚，有個教漢文的老先生就以為地球有兩個，一個自動，一個被動，一個叫東半球，一個叫西半球。至於什麼叫做社會，更是說不清楚，因此就解釋成古代的結社講學」。〔註13〕如此的牽強附會，如此的「以中化西」，正根源於他們沒有建構起西學知識譜系。這一對比，凸現了「新黨」和「漢文教員」之間的文化落差：「總辦是一個新黨，他坐在馬車上的時候大抵看著《時務報》，考漢文也自己出題目，和教員出的很不同。有一次是《華盛頓論》，漢文教員反而惴惴地來問我們道：『華盛頓是什麼東西呀？』」〔註14〕在這裡，因為漢文教員連「華盛頓是什麼東西」都不知道，反而懷著惴惴的心情來問學生，這在強化了學生文化心理上的優越感的同時，又反轉過來促成他們進一步建構西學知識譜系。

第二代學生在西學和中學共處的語境中，一方面體味到了中學的迂腐，另一方面又促成了他們對西學的接納，這就顛覆和消解了主流意識形態下「中學為體、西學為用」的體用觀。如魯迅在江南陸師學堂附設礦務鐵路學堂所讀的科目中，「一個星期有四天讀英文，一天讀《左傳》，一天讀漢文」。〔註15〕這既可以看作「第二代學生在建構西學知識譜系中所顯現出來的尷尬狀態，更可以看作他們對中學紛擾西學的不滿情緒。

當然，在建構現代文化心理的過程中，他們並不是直線般地走過去的，而是在迂迴曲折中前行的。如魯迅一方面接納著新式教育，另一方面又有牽掛科舉的情思，以至於接觸西學不久的魯迅於 1898 年 12 月間請假回鄉，和胞弟周作人一起參加了 12 月 18 日的縣試。這說明了魯迅在走向新我的過程

〔註13〕 林非、劉再復：《魯迅傳》，北京：中國社會科學出版社，1981年版，第23頁。
〔註14〕 《魯迅全集》(第2卷)，北京：人民文學出版社，1981年版，第293頁。
〔註15〕 林非、劉再復：《魯迅傳》，北京：中國社會科學出版社，1981年版，第22頁。

中並不是一帆風順的，而是在和自我業已形成的文化心理結構慣性的抗爭中逐步完成的。

　　在十九世紀和二十世紀之交的很多中西學堂中，新式教育深刻地影響到五四文學創建主體的文化心理結構，已經成為一種普遍的現象。如曾在紹郡中西學堂接受過新式教育的蔣夢麟回憶說：「顧名思義，中西學堂教的不但是我國舊學，而且有西洋學科。這在中國教育史上還是一種新嘗試。雖然先生解釋得很粗淺，我總算開始接觸西方知識了。在這之前，我對西洋的認識只限於進口的洋貨，現在我那充滿了神仙狐鬼的腦子，卻開始與思想上的舶來品接觸了。……對記憶中的舊觀念則棄如敝屣。」〔註16〕這說明，西學只要能夠廁身於學堂，就有和中學比試高低和爭奪陣地的機緣，就有改變學生的既有文化心理結構的動能。實際情形也的確如此，一旦學生對西學中的科學和民主開始服膺了，他們「對記憶中的舊觀念則棄如敝屣。」便是極自然的事情了。

　　在中國傳統的認知世界方式中，缺少問題意識和對問題的科學解答，不僅不知其然，也不知其所以然，以至於人們很難感知到存在的問題。而用西學中的科學來解釋為我們習焉不察的諸多自然和社會現象，便成為第二代學生從迷信和蒙昧中覺醒的重要橋梁。

　　第二代學生在新式教育中所接納的西學儘管還不是很深很廣，但這對中學的解構力量卻很大，尤其是當他們以接納的西學知識來解釋具體的問題時，就獲得了「傲視」前賢的心理優勢，為他們從迷信和蒙昧中走出來，起到了積極的促進作用。對此，胡適便陳述過他在西學的感召下，猶如發現新大陸一般，獲得了科學學理所帶來的新視野。胡適說：「駁孟子性善的主張，也不贊成荀子的性惡說，我承認王陽明的性『無善無惡，可善可惡』是對的。我那時正讀英文的《格致讀本》（The Science Readers），懂得了一點點最淺近的科學知識，就搬出來應用了！孟子曾說：『人性之善也，猶水之就下也。人無有不善，水無有不下』」，「孟子不懂得科學，——我們在那時候還叫做『格致』，——不知道水有保持水平的道理，又不知道地心吸力的道理。『水無有不下』，並非水性向下，而是地心吸力引他向下。吸力可以引他向下，高地的蓄水塔也可以使自來水管裏的水向上。水無上無下，只保持他的水平，卻又可上可下，正像人性本無善無惡，卻又可善可惡！我這篇性論很受同學的歡迎，我也很得意，以為我真用科學說明孟子、王陽明的性論了。」

〔註16〕蔣夢麟：《西潮》，香港：香港學風出版社，1959年版，第29頁。

〔註 17〕

胡適在此借用自己所懂的「一點點最淺近的科學知識」，就輕而易舉地把聖人孟子打翻在地，這由此而來的「得意」非一般意義上的「得意」，而是由此獲得了「彼可取而代也」的心理優勢。胡適在發動五四文學革命之前的 1915 年所寫的詩中就顯露出這種氣勢：「文學革命其時矣。吾輩勢不容坐視」，次年春，胡適又進一步表達了這一信念：「文學革命何疑！且準備搴旗作健兒！要前空千古，下開百世，收他臭腐，還我神奇。爲大中華，造新文學，此業吾曹欲誰讓？……」〔註 18〕胡適正是在「天下英雄，舍我其誰」的磅礴氣勢驅動下，才會在五四文學運動中，當白話文文學主張遭到守舊派的抵制時，以不屑的口吻說：「現在的舊派文學實在不值得一駁」，它們「都沒有破壞的價值。他們所以還能存在國中，正因爲現在還沒有一種具有價值，眞有生氣，眞可算作文學的新文學起來代他們的位置」，「所以我想我們提倡文學革命的人，對於那些腐敗文學，個個都該存一個『彼可取而代也』的心理；個個都該建設一方面用力，要在三五十年內替中國創造出一派新中國的活文學。」〔註 19〕顯然，胡適在五四文學運動中所顯示出來的心理優勢與那些未接受新式教育的人跪伏在古人的腳下、不敢越雷池一步的情形形成了鮮明的比照。胡適在此顯現出了一個覺醒了的大寫的「人」所具有的非凡氣勢，以及對建立在世界化和科學性基點之上的五四文學毋容質疑的自信。

像胡適這樣，在新式教育的熏染下，從迷信蒙昧中覺醒了過來，幾乎成爲一股時代的潮流。如對五四文學的發生起過一定作用的蔣夢麟，就通過學習西學，掌握了解釋各種自然現象的現代科學學說：「我在中西學堂裏首先學到的一件不可思議的事是地圓學說，我一向認爲地球是平的。後來先生又告訴我，閃電是陰電和陽電撞擊的結果，並不是電神的鏡子裏發出來的閃光；雷的成因也相同，並非雷神擊鼓所生，這簡直使我目瞪口呆。從基本物理學我又學到雨是怎樣形成的，巨龍在雲端張口噴水成雨的觀念只好放棄了。瞭解燃燒的原理以後，我更放棄了火神的觀念。過去爲我們所崇拜的神佛，像是烈日照射下的雪人，一個接著一個融化。這是我瞭解一點科學的開端，也是我思想中怪力亂神信仰的結束。我在鄉村裏曾經養成研究自然的習慣，我喜歡觀察，喜歡說理，

〔註 17〕 胡適：《胡適自敘》，北京：團結出版社，1996 年版，第 81 頁。

〔註 18〕 胡適：《胡適自敘》，北京：團結出版社，1996 年版，第 185～186 頁。

〔註 19〕 胡適：《建設的文學革命論》，載《新青年》第八卷第 4 號，1918 年 4 月 15 日。

雖然有時自己根本就不知道其中的深意。這種習慣在中西學堂裏得到繼續發展的機會。」〔註20〕他們正是借助西式教育，在「對於吾國傳統學說，不免有所懷疑」〔註21〕的同時，獲得了認知世界的全新學理。

蔣夢麟就讀的時間，正是蔡元培於1898年拋棄官職，攜眷南下，就任紹郡中西學堂總理（即校長）之時。後來，蔣夢麟由此出發，開始了他對西學的認知和接納的歷程。蔣夢麟後留學美國哥倫比亞大學，師從杜威。蔡元培在北京大學十年有半，而實際在校辦事，不過五年有半。蔡元培不在北京大學期間，代爲處理行政事務的，主要是蔣夢麟。顯然，蔣夢麟儘管沒有成爲五四文學的創建主體，但他卻是一個潛在的「在場」者。

郭沫若早年接受新式教育的熏染，後留學日本，又接受了現代醫學的嚴格教育。對於學醫的意義，我們只看到郭沫若的話語而忽視了醫學對郭沫若的意義和價值，郭沫若是這樣來敘述他的學醫經歷的：「但我學醫終竟沒有學成功，雖然大學是畢了業，我也得了醫學士的學位，但我不曾行過醫，我也沒有意思行醫。在醫科開始的兩年很感覺興趣，那時所學的可以說是純粹的自然科學，人體的秘密在眼前和手底開發了。我自己解剖過八個屍體，也觀察過無數片的顯微鏡片；細菌的實習、醫化學和生理的實習，都是引人入勝的東西。這差不多等於在變戲法，實在是一些很好玩的事。」〔註22〕郭沫若的這種醫學知識背景，成爲他對西學所顯示出來的內在精神有所感悟的中介。

總之，在新式教育熏染下的第二代學生，隨著他們對西學瞭解的加深，逐漸地認同了西學中內含的精神。諸如自由、個性、科學、民主等西學話語，便成爲人們爭相言說的對象。這樣不但解構了「中學爲體，西學爲用」的體用觀，而且還初步確立了西學體用統一的文化觀。

第二節 作爲教師的五四文學創建主體

在中國文化中，教師爲人們所看重，民間所謂的「師徒如父子」、「一日爲師，終身爲父」，都表明了對教師的尊重。當然，把老師擡舉到「爲父」的

〔註20〕蔣夢麟：《西潮》，香港：香港學風出版社，1959年版，第29～30頁。
〔註21〕高叔平：《蔡元培全集》（第六卷），北京：中華書局，1989年版，第360頁。
〔註22〕郭沫若：《學生時代》，北京：人民文學出版社，1982年版，第11頁。

地位，究其根本來說，並不在於教師個人具有什麼獨特的價值，而在於教師傳承著綱常名教等聖人話語，這就是說，罩在教師頭上的光環恰是對「聖人話語」的折射。這實際上賦予了教師和父輩教化學生的重要使命。

事實上，新式教育中的師生之間的這種名分，在客觀上一直存在著，並對五四文學的發生起著制約性的作用。如康有爲的維新變法運動，便得力於他作爲萬木草堂的教師所帶來的優勢。他影響並帶動了一大批學生成爲變法運動的中堅。如身爲學生的梁啓超，甚至還感到「吾愛吾師」和「吾愛眞理」的矛盾困擾。再如魯迅眼裏的章太炎先生，便是一個「大詬袁世凱的包藏禍心者」和「革命之志，終不屈撓者」，這足以稱得上「後生楷模」，這就回擊了文儈「奚落」章太炎的小人舉措。〔註23〕這裡也隱含著師生名分，因爲魯迅在對林紓的回擊中，就沒有這樣「一分爲二」的客觀了。

五四文學創建主體選擇教師這一職業，當然並非看重教師的這種名分，他們所看重的是教育在「立人」或「樹人」方面的作用，看重的是教師的話語對學生的影響力要超過一般知識份子的話語。如胡適早在歸國前就決心「從根本下手，爲祖國造不能亡之因」，「適以爲今日造因之道，首在樹人；樹人之道，端賴教育。故適近來別無奢望，但求歸國後能以一張苦口，一支禿筆，從事於社會教育，以爲百年樹人之計，如是而已。」同時，胡適還意識到「樹人乃最迂遠之圖，然近來洞見國事與天下事均非捷徑所能爲功。」〔註24〕這樣的思想和魯迅的「首在立人」的思想是一致的，如是看來，他們「立人」的最終目標是一致的，這就使他們的思想跨越了時空的限制實現了對接，祇是他們把實現的方式或置於文學啓蒙或置於教育啓蒙。事實上，文學啓蒙和教育啓蒙本是難以釐清的，它們之間並沒有一條不可以跨越的鴻溝。這也正是教育和文學關係如此密切、以至於二者交錯在一起的重要緣由。

第二代學生在接納了新式教育後，又反過來從事新式教育，成爲學堂的「新派」教師，這就使他們進一步強化了對自我社會文化角色的認同，實現了從當初的非自覺到自覺的文化角色轉換。這對他們堅守自我業已建構起來的現代文化心理結構，起到了無可取代的作用。這在客觀上既促成了他們是新式教育的推動力量，也規範了他們文化啓蒙的實現方式，並爲他們最終創

〔註23〕《魯迅全集》（第6卷），北京：人民文學出版社，1981年版，第547頁。
〔註24〕曹伯言：《胡適日記全編》（第二卷），合肥：安徽教育出版社，2001年版，第325頁。

建五四文學奠定了堅實的基礎。

第二代學生留學歸國後，在新式教育中成爲了「新派」教師，使他們自覺地把自己所認同的社會角色和文化傳統所賦予的社會角色區分開來，並逐漸地形成了對自我作爲「新派」教師角色的堅守。這和他們當初進洋務學堂時充滿了尷尬的情形相比，反而產生了優越感。如魯迅做了新式學堂的教師之後，從衣著到走路，甚至都已經「洋化」了，即便是「舊派」教師有所非議，也毫不在乎。這和當時離家求學時的尷尬有了根本性的區別。

五四文學的創建主體幾乎都有教師的履歷。如陳獨秀於 1909 年底從日本回國後在杭州任陸軍小學堂地理歷史教員。辛亥革命勝利後，陳獨秀才捨棄教育去從事他所感興趣的政治了。但在發動五四文學革命之前，陳獨秀首先是以教授的身份出現於北京大學的，其次才是《新青年》主編的身份。

魯迅在 1909 年由日本留學歸國後，任杭州浙江兩級師範學堂教員；1910年，魯迅任紹興府中學堂監學兼教師。後來，魯迅雖然在教育部工作，但仍受聘於大學，以教師的身份出現在大學的講壇上。

沈尹默在日本留學歸國後於 1907 年曾在杭州高等學校代課，1909 年在杭州第一中學任教，並由此結識馬裕藻和周樹人。沈氏兄弟在 1913 年幾乎同時受聘於北京大學。

錢玄同於 1910 年 5 月從日本歸國後，在浙江省的幾所中學做國文教員。1913 年 8 月，錢玄同離開杭州來到北京，任國立北京高等師範學校歷史地理部及附屬中學國文、經學教員，不久兼任北京大學預科文字學教員和教授。馬裕藻留學日本歸國後便從事新式教育，是五四文學發生前夕，北京大學國文系頗有資質的教授。此外，諸如在日本接受過現代教育的政治學家高一涵、在英國接受過教育的社會學家陶孟和也都是教師。

至於李大釗、胡適、周作人等人，也相繼成爲北京大學的教師。如此以來，北京大學便雲集了五四文學的主要創建主體。這批人以教師角色穿梭於大學講堂，在新式教育中進行文化啓蒙，這爲北京大學成爲五四文學的策源地奠定了堅實的基礎。

第二代學生在成爲教師之後，不僅和第一代學生構成了一定的矛盾對立，而且還和那些恪守傳統文化的文人產生了激烈的矛盾衝突，只不過與後者的矛盾對峙已被前一矛盾所遮蔽。事實上，恪守傳統文化價值觀念的文人已經被第一代學生所重創，這就使他們在第二代學生的眼裏，早已成爲不值得一駁的「老

朽」。至於那些對西學知識一無所知的守舊派，在五四文學的創建主體那裡，就更不值得交手了。從這樣的意義上說，林紓成爲第二代學生祭祀於五四文學聖壇上的犧牲，正是這種矛盾對峙轉移後的結果。實際上，對五四文學形成擠壓的並不是第一代學生，而是那些於西學一無所知的傳統文化的體載者，他們躲在自我賴以安身立命的傳統堡壘裏，以毫不理睬的方式對抗著五四文學。這恐怕是五四文學發生之際，當胡適提出了文學改良的口號、陳獨秀扯起了文學革命的大旗後，甚至沒有引發人們「側目」，更談不上什麼「矚目」，這正是劉半農錢玄同要演「雙簧戲」以期引起人們關注的重要原因。

從時間上說，第二代學生是在晚清新政之後和五四文學運動之前相繼成爲新式教育下的教師。他們採取了和傳統截然不同的教學方法。客觀上說，西學中的自然科學本就是在實驗和實證的基礎上確立的。這和傳統的以灌輸爲主的教育方法有著根本區別。如魯迅在從事新式教育的過程中，就把這種方法自覺地應用到教學實踐中，並獲得了良好的效果。據魯迅當年執教於紹興府中學堂時的學生吳耕民回憶，魯迅爲他們講解自然科學時，曾經針對如人們常說「細嚼慢咽」，做出過這樣的闡釋：「古人云：病從口入，意思就是吃東西要當心，要有技術。……『狼吞虎咽』正與『細嚼慢咽』適得其反，極易引起消化不良，導致胃病。因爲我們平常以米或麵粉爲主食，飯或饅頭等進口後，除用齒嚼碎的物理作用外，還有口中的唾液，內含澱粉消化酶，和米麥的澱粉質拌和後，能使澱粉轉化爲糖，入胃易於消化吸收。吃飯時愈細嚼愈覺其味變甜，就是澱粉轉化爲糖的證明。更如製甜酒釀須加白藥（內含澱粉酶），製米糖須米飯加曲，道理都相同。經這樣講解後，我們十五六歲的小孩，都心領神會，印在腦中，至今也沒有忘記。」〔註 25〕顯然，魯迅在解釋中用自己所學到的生物、化學、物理、醫學等眾多學科知識，合情合理地解釋了過去爲我們「只可意會，不可言傳」的玄奧學理，既形象又科學，這和過去人們衹是從感性出發來把握客觀事物的內在規律有著鮮明的差異。所以，這樣的講解才會使「十五六歲的小孩」心領神會，並給他終生的影響。這也說明，他們對西學的傳播規律有了更進一步的體認，這既爲他們傳播西學提供了基礎，也爲五四文學的接受主體的文化心理結構的建構奠定了基石。

〔註 25〕顧明遠等著：《魯迅的教育思想和實踐》，北京：人民教育出版社，1981 年版，第 188 頁。

　　不僅如此，第二代學生還極為重視西學中的自然科學研究中的標本在認識客觀事物中的作用。如魯迅就經常帶領著學生到大自然中去采集標本，使學生在實踐中掌握對象的特徵，而不是一味地通過「聖賢書」來獲取知識。這和中國私塾教育中的死記硬背有著方法論上的根本區別。

　　隨著這批受過新式教育的第二代學生從學生角色向教師角色的轉化，他們就迅即獲得了傳播自由、個性、科學、民主等思想的話語權。他們以重塑的現代的文化心理結構，深深地影響到了教育的學生，從而逐漸培養了一批和他們現代的文化心理結構同質同構的學生，並使這批學生最後成長為五四文學運動最為堅定的擁躉。這些學生以弟子的身份，傳承和張揚著老師的現代文化精神。如胡適、李大釗、魯迅、周作人等教師，都擁有一大批追隨自己的學生。如胡適之於傅斯年、羅家倫、顧頡剛等；魯迅之於魯彥等鄉土作家；周作人之於俞平伯等，都產生過直接而久遠的影響。

　　五四文學的發生期，這批有著新式教育背景、又有從事新式教育實踐經歷、還有編輯報刊經驗的五四文學的創建主體，薈集於北京大學，在成為北京大學的「新派」教師的同時，也為他們聯袂發動一場文學運動提供了可能性。陳獨秀、李大釗、錢玄同、劉半農、周氏兄弟、「三沈」、「二馬」、高一涵以及陶孟和等，都以北京大學教師的身份潛伏於新文學的前沿陣地。這時，他們所欠缺的也許祇是那石破天驚的進軍號令；所以，當陳獨秀和胡適對傳統文化和文學發難之後，他們便第一時間趕到了這陣地上，在為陳獨秀和胡適的文學主張喝彩的同時，也開始了自由書寫五四文學歷史的新歷程，這使他們因此成就了在五四文學史上得以彰顯自我的顯赫的歷史地位。

第三節　留學教育對五四文學創建主體的影響

　　第二代學生與第一代學生相比，一個顯著的差異點還在於，前者大都有過留學生活，這使他們在青少年時期接受新式教育的基礎上，又獲得了親炙異域文化的切身體驗，這對其建構現代文化心理結構起到了無可取代的作用。

　　梁啟超在《敬告留學生諸君》一文中，曾滿懷激情和焦慮地指出：「今之中國岌岌矣！朝廷有欲維新者，則相與咨嗟焦慮，曰噫，無人才。民間有欲救國者，則相與咨嗟焦慮，曰噫，無人才。今靡論所謂維新救國者其果出於真心否，

乃若無人才則良信也。既無現在之人才，固不得不望諸將來之人才，則相與矯首企踵且祝且禱曰：庶幾學生乎，庶幾學生乎。」〔註26〕正是從這樣的認知出發，他把希望寄託在了留學生身上：「不徒在立國家政治之基礎而已，而又當立社會道德之基礎，諸君此之不任，而更望諸誰人也歟」他進而希望留學生「行誼品格，可以爲國民道德之標準，使內地人聞之，以爲眞摯勇敢厚重慈愛者。海外之學風也，從而傚之。」〔註27〕其實，梁啓超沒有想到，留學生「不徒在立國家政治之基礎」、也不僅是「當立社會道德之基礎」，還當立新型文學之基礎。事實上，正是這些留學生，擔當起了創建五四文學的使命。

作爲和中國文化有著不同價值取向的異域文化，使留學生們獲得了進一步返觀自我文化的機緣。五四文學的創建主體所接納的傳統文化實際上是在沒有自覺意識的情景下進行的，這就是說，他們之所以接受這樣的文化，並不是因爲他們對接納的文化在理性認知的前提下自覺進行的，而是在潛移默化中自然而然地進行的。

然而，當五四文學的創建主體進入了異域的文化語境後，面對同樣的問題或行爲，便在不同的文化背景下獲得了不同的解讀，這促成了他們對外國文化的理解和把握，尋找支配其行動和思想的文化根據，從而使之在理性的審視下重新洞幽燭微。如梁啓超在 1898 年流亡日本後，曾深有感觸地說：「既旅日數月，肄業日本之文，讀日本之書，疇昔所未見之籍，紛觸於目；疇昔所未窮之理，騰躍於腦。如幽室見日，枯腹得酒。」〔註28〕這促成了他「腦質爲之改易，思想言論，與前者若出兩人」。〔註29〕這正應驗了張之洞在《勸學篇·游學》一文中的判斷：「出洋一年勝於讀西書五年，此趙營平『百聞不如一見』之說也。入外國學堂一年，勝於中國學堂三年，自孟子『置之莊岳』之說也。」並認爲「凡西學不切要者，東人已刪節而酌改之。中東情勢風俗相近易效行，事半功倍無過於此。」實際的情形也的確如此。

第二代學生親炙於異域文化，促成了他們的文化心理結構的轉變。數年後，這些生活於異域的留學生，儼然已經成爲「世界人」了。如胡適在美國

〔註26〕梁啓超：《飲冰室合集》（文集之十一），北京：中華書局，1989 年影印本。

〔註27〕梁啓超：《飲冰室合集》（文集之十一），北京：中華書局，1989 年影印本。

〔註28〕梁啓超：《論學日本文之益》，《飲冰室合集》（文集之四），北京：中華書局，1989 年影印本。

〔註29〕梁啓超：《夏威夷遊記》，《飲冰室合集》（專集之二十二），北京：中華書局，1989 年影印本。

生活了 7 年之後，於即將回國前夕的日記中這樣寫道：「吾嘗謂朋友所在即是吾鄉。吾生朋友之多無如此邦矣，今去此吾所自造之方而歸吾父母之邦，此中感情是苦是樂，正難自決耳。」〔註30〕這和胡適他們當初離家留學時的「大家的心情都是很沉重」〔註31〕形成了鮮明的反差。

　　在西方現代教育的熏染下，這些留學生不僅接受了西方自然科學，掌握了自然科學的現代思維方法，而且還切身體味到了西方資產階級的民主政治的內在精神。如胡適在美國留學期間就經常參加選舉活動，這使他對西方資產階級民主有了進一步的實在感知，爲其在文化心理結構深處接受了自由、科學、民主等現代理念，提供了堅實的基礎。胡適說過：「余每居一地，輒視其地之政治社會事業如吾鄉吾邑之政治社會事業。以故每逢其地方有政治活動，社會改良之事，輒喜與聞之。」〔註32〕胡適在康奈爾大學期間，通過出席伊薩卡城市議會的各種會議，熟悉了美國地方政府的運作情況。〔註33〕如此以來，五四文學的創建主體對西學的把握便不再僅僅是停留於理論的描述上，而且還植根於切身的體驗。

　　胡適正是在對異域現代文化的認同中，建構起了現代的文化心理結構，進而對社會擁有了獨立的審視能力：「新的生活就是有意思的生活」。這便凸現了自我對生活的意義賦予，與那些自然狀態下形成的人生形式具有根本的差異。對此，胡適進一步闡釋道：「凡是自己說不出『爲什麼這樣做』的事，都是沒有意思的生活……生活的『爲什麼』就是生活的意思。人同畜牲的分別，就在這個『爲什麼』上。……畜牲的生活祇是糊塗，祇是胡混，祇是不曉得自己爲什麼如此做。一個人做的事應該件件事會得出一個『爲什麼』。……回答得出，方才可算是一個人的生活。」〔註34〕正是從「爲什麼」出發，胡適提出了「凡事不問爲什麼要這樣做，便是無意識的習慣行爲，那

〔註30〕曹伯言：《胡適日記全編》（第二卷），合肥：安徽教育出版社，2001 年版，第597 頁。

〔註31〕〔美〕格里奇：《胡適與中國的文藝復興》，魯奇譯，江蘇人民出版社，1996 年版，第 38 頁。

〔註32〕曹伯言：《胡適日記全編》（第二卷），合肥：安徽教育出版社，2001 年版，第507 頁。

〔註33〕胡適：《我對美國的政治興趣》，《胡適自敘》，北京：團結出版社，1996 年版，第 126～131 頁。

〔註34〕歐陽哲生：《再讀胡適》，北京：大眾文藝出版社，2001 年版，第 52 頁。

是下等動物的行為，是可恥的行為！」〔註35〕這和魯迅借狂人之口發出的「從來如此」的質疑，具有異曲同工之妙。然而，這樣的質疑如果離開了異域文化的支持，恐怕是絕難產生的。美國學者格里奇曾對此有過這樣的評說：「胡適在美國作學生，熟悉、接觸美國的思想和制度的這些年，對這種非常的改造具有著重大的作用，……那個進步時代的政治與社會騷動給了他一個永久性的印象，而且在某些方面形成了一些他 1917 年回國後用來判斷中國政治與社會狀態的標準。他對西方歷史、文學以及哲學學習極大地開闊了他的理智的眼界，並給他提供了他據以建構自己那有關東西方文化價值衝突的超然的『世界主義』觀點的框架。」〔註36〕正是這種「世界主義」的觀點，使胡適把五四文學稱為「中國文藝復興」，這樣的稱謂的轉變，意味著在胡適的五四文學觀中，已經滲透著自覺的世界意識：「歷史上的『文學革命』全是文學工具的革命。叔永諸人全不知道工具的重要，所以說『徒於文字形式上討論，無當也』。他們忘記了歐洲近代文學史的大教訓！若沒有各國的活語言作新工具，若近代歐洲文人都還須用那已死的拉丁文作工具，歐洲近代文學的勃興是可能的嗎？歐洲各國的文學革命祇是文學工具的革命。中國文學史上幾番革命也都是文學工具的革命」。〔註37〕這也就是說，胡適所提倡的白話文主張，已經和晚清提倡白話文的文化立場出現了根本性的轉變，胡適的文字工具的變革的文化背景，是在對西學、特別是對西學中的西洋文學史的規律認同的前提下確立的。

隨著第二代學生對西方文化認識的深化，他們所崇拜的已經不再是中國傳統意義上的聖人或帝王將相，而是西方的文化巨人和政治巨人，如伏爾泰、孟德斯鳩、盧梭、羅伯斯庇爾、華盛頓等。很多留學生也以此自許：「祖國之前途，其安危悉繫乎留學生。夫人而知之矣。是留學界，對乎外為全體國民之代表，對乎內為全體國民之師資，責任之重無有過於是者。……留學界中人員全體國民之委託，為全體國民所屬望，其言論行動影響於全體國民者甚大，又必人人具有完備之資格而以毅力雄心，勉圖振奮，使彼政府視之，隱然一敵國在其境內，學成而後，盡出所能以過渡於全體國民，而發達個人，

〔註35〕 胡適：《我對於喪禮的改革》，《新青年》第 6 卷第 6 號，1919 年 11 月。
〔註36〕 〔美〕格里奇：《胡適與中國的文藝復興》，南京：江蘇人民出版社，1996 年版，第 45～46 頁。
〔註37〕 胡適：《胡適自敘》，北京：團結出版社，1996 年版，第 183 頁。

國家，世界之三大主義，乃盡吾留學界之責任。」〔註38〕這樣的自覺意識，就超越了中國傳統意義上的「天下興亡，匹夫有責」的價值觀，具有了現代理性的特質：不僅自覺地把「祖國之前途」繫於留學生，而且還把留學生的現代文化人格的「完備之資格」的建設置於重要地位，強調發達個人之於發達國家、世界的重要性。正是從這種自覺的現代意識出發，西方的文化巨人和政治巨人取代了中國的先哲和帝王，成爲制約規範人的行爲的參照系，人們所傾慕的對象已經不再是皇帝了，而是爲救亡圖存而奔波的政治巨人了，這恐怕既是「中華民國」這一政體得以確立的重要依據，也是晚清政治小說的文學敘事彰顯人物形象的政治性的重要根據。

此外，第二代學生的留學生活，還使他們在親炙異域文化的基礎上，在世界化視野中建構了他們的國家想像。

五四文學的創建主體在沒有進入異域之前，其國家想像是缺席的。這正如郁達夫所說的那樣，直到接受了新式教育的薰染，「所謂種族，所謂革命，所謂國家等等的概念，到這時候，才隱約地在我腦裏生了一點兒根。」〔註39〕這就是說，五四文學的創建主體的種族、國家等現代觀念正是通過接受新式教育而獲得初步建構的。然而，如果沒有進入異域的機緣，所謂的國家想像要提升到世界化的高度幾乎是不可能的。事實上也的確如此，郁達夫在進入異域之後，其國家想像才獲得了昇華，才在世界化視野中確立了自我的人生形式和國家想像的內在關係：「只在小安逸裏醉生夢死，小圈子裏奪利爭權的黃帝之子孫，若要教他領悟一下國家的觀念的，最好是叫他到中國領土以外的無論那一國去往上兩三年。」〔註40〕「是在日本，我開始看清了我們中國在世界競爭場裏所處的地位；是在日本，我開始明白了近代科學——不問是形而上或形而下——的偉大與湛深；是在日本，我早就覺悟到了今後中國的運命，與夫四萬五千萬同胞不得不受的煉獄的歷程。」〔註41〕正是在此基礎上，郁達夫體認到了日本文化之於自我現代文化心理結構的建構意義：「這半

〔註38〕雲窩：《教學通論》，《江蘇》第四期，第 36～37 頁。

〔註39〕王自立、陳子善：《郁達夫研究資料》（上），天津：天津人民出版社，1982
　　　　年版，第 29 頁。

〔註40〕王自立、陳子善：《郁達夫研究資料》（上），天津：天津人民出版社，1982
　　　　年版，第 57 頁。

〔註41〕王自立、陳子善：《郁達夫研究資料》（上），天津：天津人民出版社，1982
　　　　年版，第 58 頁。

年中的苦學，我在身體上，雖則種下了致命的呼吸器的病根，但在智識上，卻比在中國所受的十餘年的教育，還有一程的進境」。〔註42〕

其實，郁達夫在其文化心理結構建構的過程中，因爲身處異域，刺激頗多，自然就促成了其對「中國在世界競爭場裏所處的地位」的把握，「覺悟到了今後中國的運命」。這就是說，創建主體在「走向」五四文學的過程中，世界化視野中的國家想像獲得了確立。

在五四文學創建主體的國家想像中，救亡情結和啓蒙情結是緊密聯繫在一起的。也正是在這種聯繫中，五四文學創建主體所展開的文學敘事打上了救亡和啓蒙的雙重烙印。這在郁達夫的文學敘事中表現得就很明顯。郁達夫從自己切實的個人化體驗出發，在《沉淪》這一文本中，彰顯了作爲弱國子民所獨有的情感體驗：「他近來覺得孤冷得可憐」。〔註43〕這樣的感受不僅屬於「他」，而且也屬於整個時代。正是弱國子民的身份，使他在日本體味到了國家歧視對自我情感的傷害：「原來日本人輕視中國人，同我們輕視豬狗一樣。日本人都叫中國人作『支那人』，這『支那人』三字，在日本，比我們罵人的『賤賊』還更難聽，如今在一個如花的少女前頭，他不得不自認說『我是支那人』了」。顯然，「他」的國家身份是已經被賦予好了的，不管「他」原先意識到了沒有，這身份是無法更改的。從這樣的意義上說，個人意識的覺醒首先來自國家想像的確立，這也是「他」發出「中國呀中國，你怎麼不強大起來」的疑問的根由。

郁達夫的文學敘事所體現出來的個性意識，深深地植根於國家想像中，使國家想像和個性意識處於一種緊張的對峙關係中：在郁達夫的文學敘事中，當「他」想「就在這裡死了」時，其對祖國「你快富起來，強起來吧」的訴求就越強烈。這裡便隱含了一種悖論：個性意識的覺醒意味著對國家想像的放逐。那麼，隨之而來的另一個問題是，覺醒者在「難酬」自己的救亡圖存的壯志時，用「蹈海」作爲一種啓蒙的方式，就在晚清獲得了獨特的救亡和啓蒙的雙重文化意義。這從現實生活中蹈海的陳天華，到「面壁十年圖破壁，難酬蹈海亦英雄」的思想確立，再到文學敘事中對「蹈海」的啓蒙色彩的賦予，都可以看作這一時期的國家想像已經成爲驅動啓蒙的重要動因。

〔註42〕 王自立、陳子善：《郁達夫研究資料》（上），天津：天津人民出版社，1982年版，第56頁。

〔註43〕 郁達夫：《沉淪》，《郁達夫選集》（上），濟南：山東文藝出版社，2003年版，第15頁。

　　這和晚清思想界把國家意志置於個性意識之上，導致國家意志對個性意識的擠壓，具有根本的差異。如梁啓超在《新民說》中認爲「新民爲今日中國第一要務」，他把「新民」視爲「立國」的前提。認爲「未有其民愚陋、怯弱、渙散、混濁而國猶能立者」。其「新民」以「利群」爲綱，揚「國家思想」而抑「利己主義」。所以，即便是對自由這一個性解放的口號，在梁啓超那裡也變異爲「自由云者，團體之自由，非個人之自由也」；〔註44〕梁啓超在情與理的衝突中，告誡青年「勿爲情欲之奴隸也」，「使吾心不爲頑軀濁殼之所困，然後有以獨往獨來」，「以己克己，謂之自勝，自勝之謂強」。〔註45〕

　　無獨有偶，孫中山從其政治的視角出發，也把個性自由置於國家意志的統領之下。而五四文學的創建主體則認爲：「人在人類中，正如森林中的一株樹木。森林盛了，各樹也都茂盛。但要森林盛，卻仍非靠各樹各自茂盛不可。」〔註46〕事實上，國家固然離不開個人的存在，而個人的存在也無法離開國家，但在「立人」與「立國」孰爲目的上，五四文學的創建主體則強化了「首在立人」的重要性。

　　總之，五四文化的創建主體，依恃著他們親炙西方文化的深刻體驗，在全面認知西方文化之後得出了這樣的結論：「能夠滿足人類心靈上的要求，遠非東洋舊文明所能夢見」。〔註47〕這也許可以看作他們對異域文化在建構自我現代文化心理結構上非同尋常的重要作用的進一步認同。也許，他們正是由此基點出發，以殉道者的犧牲精神，「爲想隨順長者解放幼者，便須一面清結舊帳，一面開闢新路」，「自己肩著因襲的重擔，肩住黑暗的閘門，放他們到寬闊光明的地方去；此後幸福的度日，合理的做人」。〔註48〕這樣的一種犧牲精神，不僅是他們這一代人對應該怎樣做父親的文化立場宣示，也是他們作爲五四文學創建主體應該怎樣做好教師的文化立場宣示，而且還是他們從事五四文學創作的文化立場宣示。

〔註44〕梁啓超：《新民說·論自由》，《飲冰室合集》專集之四，北京：中華書局，1989年影印本。

〔註45〕梁啓超：《新民說·論自由》，《飲冰室合集》專集之四，北京：中華書局，1989年影印本。

〔註46〕周作人：《人的文學》，《新青年》第 5 卷第 6 號，1918 年 12 月 15 日。

〔註47〕胡適《我們對於西洋近代文明的態度》，胡適：《人生大策略》，長沙：湖南文藝出版社，2002 年版，第 187 頁。

〔註48〕《魯迅全集》（第 1 卷），北京：人民文學出版社，1981 年版，第 130 頁。

第五章 新式教育下的學生與五四文學的發生

　　新式教育下的學生對五四文學的發生有著極其重要的作用，這主要體現在他們作為五四文學的接受主體，回應了五四文學的創建主體的文學主張，促成了五四文學創建主體的創作實踐的深入，成為五四文學發生的又一重要驅動力量。

　　五四文學的主要接受主體並不是在傳統教育熏染下成長起來的士子或市民，而是在新式教育培育下成長起來的學生和由學生轉化而來的知識份子。其實，五四文學的發生並不缺少創建主體，而缺少接受主體。中國傳統文化熏染下成長起來的士子或市民，儘管在接受晚清文學時，也部分地獲得了西學知識，但這和接納了新式教育的學生相比，其西學知識並未促成其既有文化心理結構的徹底變異，進而實現由傳統型文人向現代型知識者的飛躍。

　　事實也的確如此，當時的通俗文學如「舊式白話小說」，依然「可以安安穩穩地坐在他們的『太平皇帝』的寶座上」，〔註1〕而新文學本身則「反而和群眾隔離起來。」〔註2〕有鑒於此，他們認為，「『新文學』儘管發展，舊式白話的小說，張恨水，張春帆，何海鳴……以及『連環圖畫』小說的作家，還能夠完全籠罩住一般社會和下等人的讀者。這幾乎是表現『新文學』發展的前途已經接近絕境了。因為如果新文學繼續用現在這種新式的所謂白話，那

〔註1〕 瞿秋白：《鬼門關以外的戰爭》，《瞿秋白文集》（二），北京：人民文學出版社，1954年版，第633頁。

〔註2〕 瞿秋白：《普洛大眾文藝的現實問題》，《瞿秋白文集》（二），北京：人民文學出版社，1954年版，第863頁。

麼，他的前途便有一個不可逾越的界線——頂多發展到這條界線，往下就絕對不能發展了。這條界線，我們姑且叫他『絕種界線』。」〔註3〕這種憂慮是有根據的，因為五四文學作為「新文學」，從其誕生伊始就和「舊式白話小說」有著很大的分野；五四文學的接受主體是「新讀者」，即受過新式教育影響、在西學中獲得了新的知識譜系的「新青年」；而「舊式白話小說」的接受主體則主要是在中國傳統文化薰染下成長起來的士子或粗識文墨的市民階層，他們的文化心理結構缺少了新式教育薰染這一環節，即便是對西學有一些粗淺的認知，也僅僅停留在表層，難以把西學的精髓融會到認知思維中，實現現代文化心理結構的重構。如魯迅作為五四文學的創建主體，儘管把文學當作啟蒙的重要工具，但對於其母親，他的啟蒙則顯得無能為力。魯迅的母親喜歡中國傳統小說，「幾乎中國的小說她都看過了。魯迅經常要給母親找小說，過不了幾天，母親又說：『老大！我這幾天看完了，還有別的小說嗎？』於是魯迅就再去找。」〔註4〕而魯迅所找的小說則多是中國傳統的小說，他的小說在自己的母親面前，全然失卻了其應有的法力。這說明，即便是五四文學的創建主體，也清醒地意識到自己的文學創作接受主體是那些「新讀者」；或者說，在他們創作文本之前，就已經明確地把接受主體設定為那些在新式教育薰染下成長起來的學生和知識份子。由此看來，新文學「反而和群眾隔離起來」並不是新文學本身的過失，而是源於作為接受主體的「群眾」，沒有接受新式教育的緣故，這就使誕生於自由、科學和民主等現代意識基點上的五四新文學和群眾既有的文化心理結構的反差太大，以至於二者缺少了對話的平臺。這實際上彰顯了新文學啟蒙文化語境的艱難性、複雜性和多元性。這恐怕也是范伯群先生致力拓展的中國近現代通俗文學的研究的重要原因。因為客觀地說，五四文學所代表的現代文學運動在中國二十世紀的文學進程中，只能說是一個領域，它借助於主流意識形態的威權，在取得了文學史霸權地位的同時，〔註5〕並不能消解現代文學之外存在著通俗文學的基本事實。

〔註 3〕 瞿秋白：《鬼門關以外的戰爭》，《瞿秋白文集》（二），北京：人民文學出版社，1954年，第632頁。

〔註 4〕 顧明遠等著：《魯迅的教育思想和實踐》，北京：人民教育出版社，1981年版，第5～6頁。

〔註 5〕 五四文學為代表的現代文學，儘管在二十世紀的大部分時間裏一直為主流意識形態所認同，但其認同往往過於局限於政治視角，導致了政治性完全遮蔽了文學性，儘管文學性和政治性之間有關聯，我們不能把二者二元對立起來。從這樣的意義上說，現代文學所取得的霸權地位，也就只能是「偽霸權」。

新式教育逐步培育出一個龐大的社會群體——學生群體。這批學生用其接納的西學知識建構起了現代的文化心理結構，這使他們對五四文學產生了親和力。這正如張之洞所憂慮的那樣：「近來學堂新進之士，蔑先正而喜新奇，急功利而忘道誼，種種怪風惡俗令人不忍睹聞」，他進而驚呼：「正學既衰，人倫亦廢。爲國家計，則必有亂臣賊子之禍，爲世道計，則不啻洪水猛獸之憂」；同時，張之洞也極富「遠見」地洞察到：「若中國之經史廢，則中國之道德廢；中國之文理詞章廢，則中國之經史廢；國文既絕，而欲望國勢之強，人才不盛，不其難乎」。〔註6〕這一切表明，晚清既然已經打開了通向西學的渠道，就無法按照自己設想好的方式來框定學生的思想。尤其是「當一個群體的成員都爲同一處境所激發，並且都具有相同的傾向性，他們就在其歷史環境之內，作爲一個群體，爲他們自己精心地締造其功能性的精神結構。這些精神結構，不僅在其歷史演進過程之中扮演著積極的角色，並且還不斷地表述在其主要的哲學，藝術和文學的創作之中。」〔註7〕事實上，正是新式教育，使學生爲「同一處境所激發」，並具有了接納西學以實現救亡圖存的「相同的傾向性」，由此形成了他們相似的文化心理結構。其「扮演著積極的角色」既在五四文學的創建主體那裡有所「表述」，更在接受主體那裡也有所「表述」，使五四文學的創建主體與接受主體的「精神結構」具有同構性。這也是五四文學一經創建主體發難，就會迅即爲那些受「同一處境所激發」的接受主所回應、實現從個體的文學訴求到群體的文學訴求的轉變，這最終促成了涓涓的文學細流匯總爲波瀾壯闊的文學大潮。

第一節　從新式教育下的學生到五四文學的接受主體

陳獨秀、胡適作爲五四文學的創建主體實在是生逢其時，這是他們比前輩學人的幸運之處。實際上，在他們之前不止一人，曾用飽滿的激情和熾熱的鮮血，在「鐵屋子」一般的社會中吶喊著。然而，這結果卻是「叫喊於生人中，而生人並無反應，既非贊同，也無反對，如置身毫無邊際的荒原，無可措手的了」。對此，魯迅切實地感受到了「這是怎樣的悲哀呵，我於是以我所感到者爲

〔註6〕　蔡振生：《張之洞教育思想研究》，瀋陽：遼寧教育出版社，1994年版，第225頁。

〔註7〕　〔法〕呂西安·戈德曼：《文學社會學方法論》，北京：工人出版社，1989年版，第46頁。

寂寞」。〔註8〕這說明魯迅早就意識到了接受主體的重要性和接受主體的匱乏。對此，他不無感觸地說過：「凡一人的主張，得了贊和，是促其前進的，得了反對，是促其奮鬥的。」〔註9〕其實，魯迅這樣的感喟並非沒有道理，早在日本留學時，魯迅就已經爲五四文學革命時代的到來做好了充分的準備。魯迅在1908年發表於《河南》月刊上的《摩羅詩力說》、《科學史教篇》和《文化偏至論》等論文中，熱烈地期待著在中國也能出現「精神界之戰士」，以此打破中國文化上的「蕭條」，這種思想完全可以和五四文學革命思想有機地銜接起來。但遺憾的是，當時的思想家和政治家們，對文學並不是特別迫切與熱心。在當時的主流話語中，革命和改良等政治問題凸現爲主要問題，而文學則被這政治所遮蔽。正如魯迅所說：「在東京的留學生很有學法政理化以至警察工業的，但沒有人治文學和美術；可是在冷淡的空氣中，也幸而尋到幾個同志了。」〔註10〕由此可以想見，在同是具有留學背景的身邊都如此難以找尋到「同志」，要到社會上找尋「同志」自然就更難了。既然魯迅的思想在留學生中沒有得到回應，那麼在國內的一般學生中就更難指望有什麼回應了。所以，魯迅的文學思想和創作實踐在「無可措手」中被延宕了下來。

正是從這樣的意義上說，五四文學的發生，重要的並不在於五四文學的創建主體的文學訴求是什麼，而是這種文學訴求是否擁有更爲廣泛的接受主體。這就是說，時代還沒有爲先覺者鑄造出與其思想合拍的接受主體。沒有接受主體的回應，就沒有社會意義上的文學運動。如果接受主體還沒有產生與此對應的文化心理結構，五四文學的創建主體即便是有三頭六臂，也絕難掀起轟轟烈烈的五四文學運動。這一切昭示我們，要對五四文學的發生作出很好的言說，不僅需要我們到五四文學的創建主體那裡去尋找，而且還要到五四文學的接受主體那裡去尋找，這較之過去把五四文學言說成五四文學創建主體的文學思想和創作實踐的歷史，可能更接近五四文學本體。

在五四文學運動期間，陳獨秀主編的《青年》則很快就獲得了接受主體的認同。如寄身異域的陳丹崖給陳獨秀的書中就肯定道：「日者得讀左右主撰《青年》，雒誦再三，至理名言，誠青年之藥石，其裨益中國前途者，云豈有量！僕雖寄身異域，亦得於文字行墨間，神交國中賢者，向往之誠，曷其有

〔註8〕　《魯迅全集》（第1卷），北京：人民文學出版社，1981年版，第417頁。
〔註9〕　《魯迅全集》（第1卷），北京：人民文學出版社，1981年版，第417頁。
〔註10〕　《魯迅全集》（第1卷），北京：人民文學出版社，1981年版，第417頁。

極！」〔註11〕這種發自內心、溢於言表的「向往」之情，對陳獨秀來說，自然提供了外在的動力。而與陳獨秀、胡適等人的登高一呼應者雲集的情形形成鮮明比照的是，當年的先驅者不但形影相弔，而且還深爲人們痛恨。如孫中山早在 1895 年廣州起義失敗後，「舉國輿論莫不目予輩爲亂臣賊子、大逆不道，咒詛謾罵之聲，不絕於耳。吾人足迹所到，凡認識者幾視爲毒蛇猛獸，而莫敢與吾人交遊也。惟庚子失敗（這是指 1900 年惠州起義失敗——引者）之後，則鮮聞一般人之惡聲相加。而有志之士，且多爲吾人扼腕歎息，恨其事之不成矣。」〔註12〕當然，扼腕歎息的有志之士，只能是那些接納了新式教育成長起來的學生和知識份子，而普通的民眾依然處於蒙昧當中。這成爲五四文學創建主體反思歷史的絕好「標本」。最典型的是魯迅寫於 1919 年 4月、刊發於同年 5 月《新青年》第 6 卷第 5 號上的小說《藥》。這篇小說一向被認爲是根據清末革命黨人秋瑾而展開的文學敘事。秋瑾於 1907 年 7 月 15日被清政府殺害。其實，重要的並不是《藥》的主人公原型是誰，而是它提供了五四文學創建主體對清末革命的「記憶」、以及由這「記憶」而來的對當下「文學運動」的價值指向。清末的革命黨人致力於推翻滿清政府，救民眾出水火。然而，這並沒有獲得民眾的理解和支持，甚至未覺醒的夏三爺們還會爲保全自我而出賣了參加革命的侄兒。而更令人深感痛惜的是，夏三爺的這種愚昧行爲，不僅未受到應有的鞭笞，反而在他者的視閾中，成了精明的舉動：「夏三爺眞是乖角兒，要是他不先告官，連他滿門抄斬。現在怎樣？銀子！」而夏瑜在獄中宣傳革命道理，則不僅不爲康大叔所體認，也使花白鬍子這樣身處社會低層的民眾感到不可思議，甚至還使「二十多歲的人也恍然大悟的說」「發了瘋了」。〔註13〕其實，這種情形本是符合邏輯法則的，他們從小接觸的是傳統教育，這教育所宣示的是造反者要株連九族、滿門抄斬，所以，夏瑜的革命行爲在他們眼裏無疑就是造反行爲，只能用「發了瘋了」來解釋。正是這樣的傳統教育強化了他們對封建威權的依順和對反抗封建威權的排斥。然而，夏瑜的文化背景和那些「二十多歲的人」是相似的，因爲他們所接受的教育不同，才使他們在同一問題上得出了截然相反的結論。夏

〔註11〕陳獨秀：《獨秀文存》，合肥：安徽人民出版社，1987 年版，第 656 頁。
〔註12〕孫中山：《建國方略‧心理建設》，《孫中山選集》，北京：人民出版社，1981年版，第 196 頁。
〔註13〕《魯迅全集》（第 1 卷），北京：人民文學出版社，1981 年版，第 446 頁。

瑜如果沒有接納新式教育的話，同樣會取「二十多歲的人」的價值觀念；如果這個「二十多歲的人」接納過新式教育的話，那就有可能和夏瑜所說的這大清的天下是我們大家的價值觀念產生共鳴。這就說明了二者產生轉換的中介是新式教育。然而，魯迅作品中的這一隱喻意義，卻一直未能被我們很好地闡釋過。

在此需要特別指出的是，五四文學儘管旨在對下等社會那些處於蒙昧狀態的民眾進行啟蒙，但實際情形是，這樣的啟蒙僅僅是一廂情願的，因為五四文學的啟蒙話語無法抵達到被啟蒙者那裡。如果說辛亥革命缺少群眾基礎的話，那麼，五四文學更缺少群眾基礎。這就是說，在辛亥革命中，如果阿Q還有參加革命的朦朧意願的話，那麼，到了五四文學運動時期，他們就連參加這一革命的朦朧意願也沒有了。在五四文學中，阿Q這樣的被啟蒙者完全處於「缺席」的位置。退一步講，阿Q即便「在場」，也只能成為五四文學運動的「反對派」，他捍衛的是自己所信奉的「不孝有三，無後為大」、「男女之大防」、「男女授受不親」等綱常名教的神聖性，這種堅決的態度恐怕一點也不遜色於趙太爺。這原因正如魯迅所說的那樣：「有貴賤，有大小，有上下。自己被人凌虐，但也可以凌虐別人；自己被人吃，但也可以吃別人。一級一級的制馭著，不能動彈，也不想動彈了。因為儻一動彈，雖或有利，然而也有弊。……如此連環，各得其所，有敢非議者，其罪名曰不安分！」「我們的古聖先賢既給與我們保古守舊的格言，但同時也排好了用子女玉帛所做的奉獻於征服者的大宴」，〔註14〕此為其一；其二是阿Q的文化心理結構在其慣性的作用下，已經成為一種潛意識而具有統攝其行為與思想的異己力量了。阿Q在革命前，「有一種不知從那裡來的意見，以為革命黨便是造反，造反便是與他為難，所以一向是『深惡而痛絕之』的」。〔註15〕那麼，到了五四文學革命時期，這革命也是與他為難，因為這將使他所喜好的「手執鋼鞭將你打」之類的戲劇也會成為革命的對象。

然而，魯迅這樣深刻的啟蒙話語，卻沒有抵達阿Q頭腦中的有效途徑。因為阿Q連自己的名字都不會認，更談不上什麼書寫了，以至於到了臨刑前連代名字的圓圈都沒有畫圓。這由此構成的悖論更深刻：啟蒙者和被啟蒙者

〔註14〕《魯迅全集》（第1卷），北京：人民文學出版社，1981年版，第215～216頁。
〔註15〕《魯迅全集》（第1卷），北京：人民文學出版社，1981年版，第513頁。

竟然連有效的對話都無法展開，這又何談什麼「思想革命」呢？他們只能是
「各唱各的戲，各念各的經」。這樣的話，五四文學的發生就必然是知識份子
和學生參與的文學運動，它和辛亥革命一樣，離那些被啓蒙者甚遠，只能侷
限於新式教育下的學生和那些受過新式教育薰染過的知識份子，它無法成爲
被啓蒙者共同參與的新文化運動。換言之，如果接受主體是由阿 Q 這樣的民
眾來擔當的話，魯迅在小說創作上「一發而不可收」幾乎是不可能的，因爲
「鐵屋子」的人在酣睡之際，這樣的啓蒙話語即便被他們偶爾聽到，說不準
還會被認爲是「瘋話」。

　　魯迅曾對天才和民眾的關係這樣形象地比喻道：「在要求天才的產生之
前，應該先要求可以使天才生長的民眾。——譬如想有喬木，想看好花，一
定要有好土；沒有土，便沒有花木了；所以土實在較花木還重要。」〔註 16〕
這裡，魯迅清楚無誤地傳達出來這樣一個基本理念：天才的產生離不開民眾，
只有民眾成長起來了，天才才會找到自己誕生所需要的土壤。魯迅在二十世
紀之初就致力於文學啓蒙，但最後的結果是有心栽花花不發，他的《域外小
說集》僅賣出了十幾本，反響寥落；而事過境遷，魯迅應錢玄同之約所寫的
《狂人日記》卻一炮打響，成爲無心插柳的經典之作。對此，魯迅帶著不無
愜意的心情這樣說：「從一九一八年五月起，《狂人日記》，《孔乙己》，《藥》
等，陸續的出現了，算是顯示了『文學革命』的實績，又因那時的認爲『表
現的深切和格式的特別』，頗激動了一部分青年讀者的心。」〔註17〕換言之，
魯迅的作品之所以會獲得巨大的成功，關鍵在於有了「好土」——能夠和這
現代文本產生共鳴的接受主體，這才使魯迅小說創作這一「花木」枝繁葉茂。

　　這就是說，五四文學的創建主體之所以會在那一時代「呼風喚雨」，其根
基在於「民眾」，當然，這裡所說的「民眾」只不過是由學生或從學生轉化而
來的知識份子組成，而和我們通常政治話語意義上的民眾——勞動人民相去
甚遠。當然，我們也不能排除那些未接受過新式教育的「民眾」，在五四新文
化新思想的洗禮後，也有可能轉化爲五四文學的接受主體。但在總體上，五
四文學的接受主體主要是由「一部分青年讀者」所組成。在這部分青年讀者
中，有些是受過新式教育後的知識份子，有些是正在接受新式教育的學生。

　　五四文學的接受主體主要是由接納新式教育的學生和知識份子組成，但

〔註 16〕《魯迅全集》（第 1 卷），北京：人民文學出版社，1981 年版，第 166～167 頁。
〔註 17〕《魯迅全集》（第 6 卷），北京：人民文學出版社，1981 年版，第 238 頁。

如果由此認爲所有接納新式教育的學生和知識份子都是五四文學的接受主體，那就把一個複雜的問題簡單化了。新式教育下的學生並不都是五四文學的接受主體，他們也存在著尖銳的對峙：既有激進到比五四文學的創建主體還要激進的人，也有保守到和五四文學的創建主體勢不兩立的人。對此，當時就讀北京大學國文系的學生楊振聲曾對自己親炙的五四文學運動中的學生對峙有過精彩的描述：「當時不獨校內與校外有鬥爭，校內自身也有鬥爭；不獨先生之間有鬥爭，學生之間也有鬥爭，先生與學生之間也還有鬥爭。比較表示的最幼稚而露骨的倒是學生之間的鬥爭。……大家除了反唇相譏，筆鋒相對外，上班時冤家相見，分外眼明，大有不能兩立之勢。甚至有的懷裏還揣著小刀子。」〔註18〕由此說來，這些學生以各自所認同的理性和情感，在「一方的憎惡」和「另一方的鄙視」中，隱含著價值尺度的大碰撞，特別令人感到「毛骨悚然」的是，居然這分屬於不同文化陣營的兩派，差點把「文爭」演變成「武鬥」。由此可見，對峙的雙方對自我所捍衛的文化價值體系都懷有神聖的使命感。

其實，五四文學的創建主體早就意識到了這一點。如陳獨秀針對何謂新青年就作過這樣的明確界定：「青年何爲而云新青年乎？以別夫舊青年也。同一青年也，而新舊之別安在？自年齡言之，新舊青年固無以異；然生理上，心理上，新青年與舊青年，固有絕對之鴻溝，是不可不指陳其大別，以促吾青年之警覺。慎無以年齡在青年時代，遂妄自以爲取得青年之資格也。」這就把新青年劃分爲對立的新舊兩派。顯然，陳獨秀把《新青年》的接受主體定位於「新青年」上，這些「新青年」不但在生理上具有健壯之體魄，而且在「精神上別構眞實新鮮之信仰」，具有「內圖個性之發展，外圖貢獻於其群」〔註19〕的現代文化人格。

當然，陳獨秀對新舊青年的辨析，還深藏著他對接受主體的一種期待。《青年雜誌》在上海創刊後，因爲缺少必要的接受主體的回應，一度成爲其發展的瓶頸，使陳獨秀發動的新文化運動未能如期而至，而一些無關緊要的回應倒是不期而至。如在「第六期登出的幾封來信，其中的一封求教於陳獨秀的竟是『吸灰塵有何害於衛生』，『手指足趾上之爪，因何自行脫落』，『運動後

〔註18〕楊振聲：《回憶五四》，《楊振聲選集》，北京：人民文學出版社，1987年版，第247頁。

〔註19〕《獨秀文存》，合肥：安徽人民出版社，1987年版，第43～44頁。

不即入浴，乃防何種危險』之類的問題。這顯然與陳獨秀所尋求的讀者反饋意向相去甚遠。怕失去讀者，陳獨秀不得不耐心地一一回答，但在其他文章中對刊物主要依靠的江南讀者群大加貶斥，視爲『被征服民族』中『怯懦苟安，惟強力是從』之『順民』的『代表』」，〔註20〕在這種情形下，《青年雜誌》的休刊便是苦於「讀者不多，刊物定價二角在上海出版業行情中屬偏低，又推出『減價銷報』之舉措，卻銷售不足千冊」。〔註21〕這正可以看作《青年雜誌》缺少必要的接受主體的證據。事實上，市民階層的讀者對陳獨秀的文化變革並不會產生什麼激情上的回應，更沒有什麼興趣。因爲市民階層的生活方式決定了他們對形而上的理論思辯遠沒有對形而下的感性世界更有興趣。然而，當《新青年》遷入北京大學後，其情景就截然不同了。由於《新青年》的主編和撰稿人大部分是教師，他們瞭解作爲「新青年」的學生的思想和情感，他們也有意識地訴求「新青年」創造「新文學」，這促成了新式教育下的學生這一接受主體對《新青年》積極回應。

第二節　新式教育下的學生文化心理結構的建構

　　五四文學的接受主體在新式教育的熏染下，經過「同化」和「順應」，最終完成了自我現代文化心理結構的建構。那麼，五四文學接受主體又是怎樣建構了這一現代文化心理結構的呢？

　　其一，五四文學所宣示的新思想作爲一種觸媒，喚醒了他們沉睡的情感，促成了他們的文化心理結構的重構。個性解放和婚姻自主一直是五四文學的一個重要主題。然而，恰恰是在婚姻不能自主這一點上，很多學生具有深刻的體驗。因爲在晚清社會中，早婚風俗非常盛行。如李大釗甚至10歲就已經受祖父之命而完婚。北京大學的很多學生已結婚育子。楊振聲就曾經這樣描述過：「來自各地舊家庭的青年們，多少是受過老封建的壓迫的，特別是在婚姻問題上。在學校接觸到資產階級的文化和思想……更重要的是，像春雷初動一般，《新青年》雜誌驚醒了整個時代的青年。他們首先發現了自己是青年，又粗略地認識了自己的時代，再來看舊道德、舊文學，心中就生出了叛逆的

〔註20〕陳方竟：《多重對話：中國新文學的發生》，北京：人民文學出版社，2003年版，第30頁。

〔註21〕陳方竟：《多重對話：中國新文學的發生》，北京：人民文學出版社，2003年版，第30頁。

種子。」〔註22〕這就是說，五四文學的接受主體正是在對社會和人生切實體驗的基礎上，在新思想和新文化的啓蒙下，復活了自我的個性意識，從而發現了在「父母之命，媒妁之言」的制導下，作爲婚姻主角的自我則處於缺席的位置，這也正是楊振聲所說的青年們「多少受過老封建的壓迫」的根據。這就使個性解放所宣示的婚姻自主和「新青年」們的婚姻不自主形成了鮮明的比照。在此情形下，《新青年》起到了促成學生情感覺醒的作用。如郭夢良，1915 年考入北京大學法科哲學部，後成爲文學研究會最早的成員之一。郭夢良在 1914 年（時年 16 歲）在家庭的包辦下結婚。後來他和盧隱相戀數年後，便「毅然決然」地和髮妻離婚，盧隱也解除了家庭包辦的婚約，兩個有情人終於成爲眷屬。

當然，相對於學生的這種情感覺醒，五四文學的創建主體從理性認知到情感認同卻走得並不是那樣的坦蕩。如魯迅最終拋棄了母親送給他的「禮物」朱安女士，和許廣平結婚生子，這對魯迅來說，無疑是在肩住黑暗的閘門放孩子們到光明的地方去的同時，也放自己到光明的地方去了，而這對朱安來說，則終其一生只能永遠地留在了黑暗的地方，成爲自己所恪守的「生爲周家人，死爲周家鬼」文化信念的犧牲者；至於郭沫若，則早在五四文學誕生之前就背叛了父母包辦的婚姻，甚至還背叛了自己「包辦」的婚姻，使感情獲得了前所未有的自由表達。最後終於把情感之船停泊在於立群所營造的港灣中，相伴著走完了人生最後的旅程，而郭沫若的原配夫人張瓊華則守了一輩子的活寡。作爲「新文化舊道德的楷模，舊倫理新思想的師表」的胡適，其感情生活也絕非絕對地「循規蹈矩」。在胡適一生中，其感情還時常地在情禮之間徘徊：他和韋廉斯、陳衡哲、曹誠英等女性曾經是很好的朋友，但胡適最終卻仍然是「發乎情止乎禮義」，最終和母親爲他相中的女子江冬秀結爲秦晉之好。這也說明，五四文學發生過程中，學生和老師的情感起碼都已經覺醒了，即便是在覺醒之後沒有反抗現實的婚姻。這正如魯迅所說的那樣：「人之子醒了；他知道了人類間應有愛情，知道了從前一班少的老的所犯的罪惡，於是起了苦悶，張口發出這叫聲。」〔註23〕自然，「張口發出這叫聲」的話語便成爲五四文學的中心話語。楊振聲的文學創作實踐就是這樣一個成功的範例。

〔註22〕 楊振聲：《回憶五四》，《楊振聲選集》，北京：人民文學出版社，1987 年版，第 246 頁。

〔註23〕 《魯迅全集》（第 1 卷），北京：人民文學出版社，1981 年版，第 322 頁。

　　楊振聲作爲北京大學的學生，其個性意識在時代的呼喚下覺醒了，他在以五四文學的新觀念燭照過去的生活中發現了「從來如此」的非合理性的一面，由此「起了苦悶」，「順手」創作了記載這苦悶和叫聲的小說，從而使之在五四文學史中獲得了獨特的價值。這從楊振聲所作的《貞女》小說中可略見一斑。

　　楊振聲的《貞女》起源於他的兒童記憶。在楊振聲的老家有娶貞女的風俗，即女性捧著牌位和訂婚後的死亡男性結婚。少不更事的楊振聲親眼目睹了這一幕：「不久，耳邊飄來一陣淒淒涼涼的喇叭聲。迎面來了全副執事，吹鼓手，引著一乘藍轎，轎內擡的是一個牌位，牌位上披著一幅青紗。接著又是一乘藍轎，轎內卻坐了個十七八歲的少女，向前望著，頭上也披了一幅青紗。這整個的情景像出殯，使那當午的太陽都顯得白慘慘的了。」然而，這種扼殺人性的婚俗，並沒有引起人們的憎惡和反抗，他們反而還「一點也不感稀奇」。這一幕，給楊振聲留下了難以泯滅的兒童記憶：「從此就有一個面容慘澹的少女，深夜裏坐在一個牌位旁邊，閃著一雙茫然失神的大眼睛，常常在我心裏出現。」〔註24〕

　　楊振聲在小說《貞女》中，把自己的兒童記憶，通過文學想像的方式，完成了自己的文學敘事：「一個晚秋的傍午，天上飛著幾片輕淡的薄雲，白色的目光射在一條風掃淨的長街上。幾家門首站了許多的女人孩子，在那裡咕咕噥噥的議論。風送過一陣很悽楚的喇叭聲音」。〔註25〕在這種悽楚的氛圍中，貞女從幕後走向幕前，但貞女畢竟是人，她無法抑制自然人性的欲望，所以，貞女在「暮春」時節因思春而「臉上一陣發燒」；但這並不能改變她依然面對冰涼的神主牌位的命運。最後，貞女以上弔自殺的方式完成了對傳統的皈依，這就把綱常名教吃人的本質凸現了出來。對此，魯迅稱楊振聲是一位「極要描寫民間疾苦的作家」，「是『有所爲』而發，是在用改革社會的器械」。〔註26〕然而，在我們的文學史中，楊振聲小說所宣示出來的意義和價值卻被我們既有的觀念遮蔽了。我們忽視了楊振聲的小說創作這一文學現象所具有的獨特意義：楊振聲從學生成長爲小說家，又從小說家轉化爲教育家，

〔註24〕楊振聲：《回憶五四》，《楊振聲選集》，北京：人民文學出版社，1987年版，第245～246頁。

〔註25〕楊振聲：《貞女》，《楊振聲選集》，北京：人民文學出版社，1987年版，第7頁。

〔註26〕《魯迅全集》（第6卷），北京：人民文學出版社，1981年版，第239頁。

顯示了楊振聲的興趣並不在文學上，也沒有要繼續做文學家的意願。後來，楊振聲離開北京大學到美國留學，便以教育心理學爲自己的研讀方向，最後獲得了博士學位。但是，像楊振聲這樣一個並沒有對文學奉爲圭臬的學生，能夠迅即地在五四文學運動的感召下，一舉成爲現代小說家；而那些孜孜矻矻地致力於文學創作的晚清作家，卻沒有順勢成爲現代作家。這就帶來了一個問題：卓有成就的晚清作家要想成爲一名現代作家，爲什麼會比一個初出茅廬的無名後生還要艱難？其實，在這一複雜問題的背後，隱含著一個簡單的答案：即五四文學的創建主體經由新式教育重構了他們的文化心理結構，他們正是由此基點出發，找尋到了現代文學創作的突破口。這正如美國文論家阿布拉姆斯在總結文學史規律時所體認到的那樣：「文學史顯示了一個反覆重複的過程，在該過程中，具有創新精神的作家，如多恩、華滋華斯、喬伊斯或者貝克特，同他們時代占統治地位的成規決裂，創作出具有獨創性的作品，而讓其他作家模倣他們的創新，由此把新穎的文學形式變成新的一套文學成規。」〔註 27〕這樣的文學史規律在五四文學的發生過程中也是眞切地存在著，像五四文學的創建主體所創作的文學作品，的確是他們同「他們時代占統治地位的成規決裂」的結果，這就清楚地顯示了五四文學的創建主體並不是單純地從當時占統治地位的作家那裡獲取的創作資源，而是在新式教育中獲取的資源；他們正是從新式教育出發因應了五四文學的發生，所以，很多人在完成了對五四文學的認同之後，又最終徹底地遠離了文學。他們在文學史上成爲五四文學的「客串者」。

這樣的事例，也體現在「作家而兼學者」的陳衡哲那裡。陳衡哲的白話小說比魯迅的《狂人日記》還要早一年，儘管在後來的文學史敘事中這一點已經被魯迅的《狂人日記》所遮蔽。陳衡哲曾經這樣說過，文學祇是她治史之外的「餘事」：「我旣不是文學家，更不是什麼小說家，我的小說不過是一種內心衝動的產品。它們旣沒有師承，也沒有派別，它們是不中文學家的規矩繩墨的。它們存在的惟一理由，是眞誠，是人類情感的共同與至誠。」〔註 28〕這樣的表白，正可以看作五四文學發生帶有獨特的規律性的象徵。即正是對沒有遵循「文學家的規矩繩墨」，才可能創造出一代新文學。

〔註 27〕《簡明外國文學辭典》，長沙：湖南人民出版社，1987 年版，第 69 頁。
〔註 28〕陳衡哲：《小雨點·自序》，《小雨點》（1980 年影印本），上海：新月書店，1928
　　　　年版，第 5 頁。

　　由此說來，在五四文學發生的過程中，由學生轉化而來的五四文學創建主體，一開始並沒有明晰地把文學作爲孜孜爲之的終生事業。他們之所以從事文學創作，看中的是文學適應救亡需求的啓蒙功能。對此，五四文學的創建主體魯迅曾經這樣說過：「在中國，小說不算文學，做小說的也決不能稱爲文學家，所以並沒有人想在這一條道路出世。我也並沒有將小說擡進『文苑』的意思，不過想利用他的力量，來改良社會」。〔註29〕如果結合當時的實際情形，這樣的話語不但不是什麼過謙之辭，反而是對這一時期獨有的文學創作規律的概括。

　　其二，新式教育下的接受主體，對西學的接受固然構成了他們接受五四文學的重要基點，但他們更多地是把自己的文學創作基點直接奠基於五四文學的創建主體所確立的文學基點上。這既是他們區別於第一代學生的方面，也是他們未來的文學創作始終未能逾越五四文學創建主體所設定的疆域的重要原因。

　　從認知發展的規律來看，並不是所有的認知都必須回到人類認知的原點上去重新經歷認知的起始過程。這是前人成爲後人階梯的應有之義。五四文學的創建主體從當初的「鐵屋子」中摸索前行，最後終於確立了五四文學創作的現代意識基點——自由、個性、民主和科學等。然而，作爲五四文學的接受主體，他們省缺了從認同西學到認同文學的轉換過程，而是徑直地把自我的文學創作基點奠定於五四文學所確定的現代意識基點上。如從五四文學的接受主體中成長起來的學生作家，像冰心、俞平伯、夏衍、洪靈菲、蔣光慈、沈從文、韋素園、柯仲平、梁實秋、鍾敬文、臺靜農、胡也頻、聶紺弩、黃藥眠、巴金、丁玲、夏徵農、臧克家、馮至、李廣田、陳伯吹等作家，都沒有像魯迅、胡適、郭沫若、郁達夫那樣的文學之外的造詣，諸如醫學、農學、地質學等現代科學。

　　這就是說，作爲五四文學接受主體的學生，在接受老師熏染的過程中，直接地確立起現代文化觀念，實現了和他們所追隨的老師的文化心理結構上的同質同構。但這造成的弊端是，因爲缺少了對西學中的自然科學的認知過程，所以，他們對五四文學的繼承和發展，往往就出現了民主擠壓科學的傾向，而其所認同的民主又負載了過多的政治話語。這也是他們的文學創作更傾向於凸現政治性的主要原因。

　　儘管如此，這些在新式教育中成長起來的學生，在接納了由第二代學生轉化而來的教師的現代文化和文學觀念的同時，也直接引發了他們和帶有守

〔註29〕《魯迅全集》（第4卷），北京：人民文學出版社，1981年版，第511頁。

舊色彩的教師之間的矛盾，導致了隸屬於不同思想派別的老師與學生之間的緊張對峙關係。如楊振聲和俞平伯因為參加了《新潮》雜誌社，「先生罵我們是叛徒。」顯然，這些先生是那些和五四文學的創建主體持不同「政見」的老師。然而，作為已經接受了西學中個性解放和自由觀念的學生，則在五四文學的創建主體那裡獲得了支持和鼓勵，這就使學生強化了「我們不怕作叛徒」的決心。不僅如此，他們還利用自己所認同的價值尺度，百般奚落自己的老師：「辜鴻銘拖著辮子給我們上《歐洲文學史》。可是哪裡是講文學史，上班就宣傳他那保皇黨的一套！」正是出於對這種理論的牴觸，他們竟然在課堂上如此地「咬耳朵」：「他的皇帝和他的辮子一樣，早就該斬草除根了！」「把他的辮子同他皇帝一塊兒給送進古物陳列所去！」〔註30〕這恰好說明學生對皇帝、辮子為代碼的那套文化符號，已經棄之如敝履了。

與辜鴻銘被拋棄的命運不同的是，胡適進入北京大學後，迅即獲得了青年學生的崇敬，在青年學生中的影響力力大大增強。如在 1919 年初夏，胡適充當杜威演講的翻譯，出現在大庭廣眾之下，胡適在人們心目中的鏡象是這樣的：「那時正在《新青年》上著文鼓吹文學革命，批判舊的傳統習慣，因而上海的年青知識份子們一提到他的大名都激動不已，儘管我們誰也沒有見過他，甚至連他的像片也未看見過。在去聽講演的路上，我們竭力去想像胡適應該是怎樣一個樣子。我們都認為應該是個典型的歸國學者，筆挺地穿著西式服裝，大概有 10 英尺高。但當他伴著杜威走上講壇時，他竟是穿的中國長袍，舉止謙和恭敬，與大多數的歸國學者完全兩樣，完全像個傳統的中國學者。」〔註31〕由此可以看出，五四文學運動期間，在作為「新青年」的學生中間，他們所傾慕的已經不再是古文家，而是那些操持著白話文的「新派」文學家了。

五四文學的接受主體在新式教育中，跨過了西學中的自然科學，直接地接觸了帶有西學學科特點的文學史觀的熏染。如在北京大學，魯迅就開設了中國小說史。魯迅的中國小說史打破了中國傳統的治史方法，把小說史作為一個變化發展的歷史進行了梳理，這對於學生確立新的文學發展史觀產生了重要的作用。對此，曾經親炙過魯迅講授小說史的學生魯彥這樣回憶道：「每

〔註30〕楊振聲：《回憶五四》，《楊振聲選集》，北京：人民文學出版社，1987 年版，第 247～248 頁。

〔註31〕程天放：《我所親炙的胡適之先生》，見歐陽哲生選編《追憶胡適》，北京：社會科學文獻出版社，2000 年版。

個聽眾的眼前赤裸裸地顯示出美與醜，善與惡，真實與虛偽，光明與黑暗，過去現代和未來。大家在聽他的小說史的講述，卻彷彿聽到了全人類的靈魂的歷史，每一件事態的甚至是人心的重重疊疊的外套都給他連根撕掉了。於是教室裏的人全笑了起來，笑聲裏混雜著歡樂與悲哀，愛戀與憎恨，羞慚與憤怒……於是大家的眼前浮露出來了一盞光耀的燈，燈光下映出了一條寬闊無邊的大道……」〔註 32〕魯彥的話語，顯示了他在接納新式教育的過程中，在耳濡目染中完成了對五四文學的皈依。這促成了他們的「人」的意識的覺醒，對魯彥走上現代文學創作的道路產生了積極影響。當然，魯彥是從自己的感受出發進行描述的，不足以代表「每個聽眾」都有這種體驗，但魯迅的授課對很多學生產生了深刻影響，恐怕是無可質疑的事實。

陳平原在對京師大學堂的文學史教學分析中指出：「此前講授『詞章』，著眼於技能訓練，故以吟誦、品位、模擬、創作為中心；如今改為『文學史』，主要是一種知識傳授，並不要求配合寫作練習」。〔註 33〕這就使大學文學史教學對文學觀念的變化產生了重要的作用。其實，那些真正受過文學教育的人固然是五四文學運動的接受主體，但還有相當一部分沒有接觸到文學教育、只受過西方現代知識的文人也成為五四文學的接受主體，他們以自己既有的西學根底，完成了對五四文學所昭示的科學和民主思想的認同。如丁西林，本來從事物理學研究，他在留學英國期間以攻讀物理為主，業餘也閱讀了大量外國文學作品。他認為學科學的人未嘗不可以接觸文藝，而搞文藝的人更不能狹隘，興趣應該盡可能地廣泛。〔註 34〕這實際上說明了五四文學和西學中的科學和民主思想具有緊密的關聯，而文學史教育的作用則只能是由此基點而衍生出來的作用。然而，遺憾的是，像丁西林這樣具有深厚西學根底的人，在五四文學的接受主體中已經是鳳毛麟角了。

第三節　新式教育下的學生對五四文學發生的作用

在五四文學發生的過程中，一方面，五四文學的創建主體和五四文學的接受主體在新式教育這一中介的作用下，初步完成了文化心理結構上的對接，這

〔註 32〕魯彥：《活在人類的心裏》，《中流》第 1 卷第 5 期，1936 年 11 月 5 日。
〔註 33〕陳平原：《中國大學十講》，上海：復旦大學出版社，2002 年版，第 113 頁。
〔註 34〕北京語言學院《中國文學家辭典》編委會：《中國文學家辭典》（現代第一分冊），成都：四川人民出版社，1979 年版，第 2 頁。

使五四文學從個人主張轉化為群體主張，激發並釋放了群體的文化動能；另一方面，接受主體也並不是被動地接受和回應，而是在對五四文學創建主體的積極回應中，促成了五四文學創建主體的創作實踐的深入，確保了五四文學獲得源源不斷的創造動因。胡適對於五四文學發生過程中的學生作為接受主體的重要性，有著較為清醒的認知。這正如胡適所說過的那樣：「在民國七年的時候，北京大學一般學生，一般高材學生，已經成熟的學生，裏面有傅斯年先生，有羅家倫先生，有顧頡剛先生，……他們回應他們的先生們——北京大學一般教授們，已經提倡了幾年的新文藝新思想，也就是所謂的文藝革命，思想革命。他們辦了一個雜誌，……《新潮》雜誌，在內容和見解兩個方面，都比他們的先生們辦的《新青年》還成熟得多，內容也豐富得多，見解也成熟得多。」〔註35〕胡適在此清楚地指出了五四文學發生中學生的重要性，甚至還把他們的地位置於「他們的先生們」之上，這一立論所賴以展開的根據更多的是接納新式教育的學生對五四文學的回應和放大作用。當然，胡適在此把學生們辦的《新潮》雜誌「比他們的先生辦的《新青年》還成熟的多」，則只能是一家之言了。

事實上，五四文學正是經過接受主體的接受和傳播，使五四文學創建主體的話語被進一步放大，在接受主體的「同頻共振」中找尋到了社會價值的實現途徑。五四文學的創建主體和接受主體的「同頻共振」，使之具有「群體」的特點，這使他們得以創造五四文學的歷史的重要原因。戈德曼說過：「一切歷史的行動，從打獵、捕魚到審美的和文化的創造，唯有當它們與集體主體相聯繫之時，它們才能被科學地研究，才能為人們所理解，才能訴之於理性。」「在某一特定的時代或在某個特定的瞬間，就有數不清的群體正在進行成千上萬次的行動。而在這不可勝數的群體之中，某些群體卻表現得特別重要，因為它們的行動和行為意欲從整體上來組建社會。」〔註36〕如果我們從這樣的視點來審視五四文學的發生，就可以發現，「數不清的群體正在進行成千上萬次行動」，促成了作為「某些群體」即五四文學的創建主體的行動「表現得特別重要」。

實際上，這裡還隱含著五四文學是被延宕了的現代文學這一命題。二十世紀初期的第一個十年，也就是晚清最後的歷史時期，本已具備了產生五四

〔註35〕 胡適：《中國文藝復興運動》，見《五四運動回憶錄》（上冊），北京：中國社會科學出版社，1979 年版，第 171 頁。

〔註36〕 【法】呂西安・戈德曼：《文學社會學方法論》，北京：工人出版社，1989 年版，第 45 頁。

文學的創建主體的條件，但五四文學的接受主體卻沒有被孕育出來，這就使那些具有五四文學思想的引領者，雖然已經握有點燃現代文學的火把，但卻沒有引燃社會的乾柴，不得不使那些燃燒得通紅的火把最終窒息於歷史的荒原中，最後只餘留下點點的火星。如魯迅早在日本求學時，就已經意識到了文學在現代社會中的重要性，並把這樣的一種熱情付之於文學實踐，但遺憾的是，當時的社會性思潮的聚焦點卻不在這裡。對此，一些學者認為魯迅和周作人早期翻譯的《域外小說集》具有「超前的現代性」。〔註37〕其實，問題的核心點在於，當時的新式教育不僅沒有提供必要的接受主體，而且也沒有提供必要的創建主體，從《新生》的夭折就可以看出，希冀創建新文學的同仁團體是極為鬆散的。這和五四文學誕生時既有同人性的團體，也有主導的核心團隊（教授團體輪流編輯），還有被大家認可的「總司令」，更有大批的支持者和隨從者，形成了鮮明的比照。

新式教育下的學生作為五四文學龐大的接受主體對五四文學的發生所產生的作用，主要體現在以下兩個方面：

其一，確保了五四文學創建主體的啟蒙功能的實現。

五四文學之所以在文學史中獲得了獨特價位，一個重要的原因就在於五四文學文本在當時產生了重要的影響，成為很多接受主體建構自我現代文化心理結構的營養源和肇始點。實際上，正是在五四文學創建主體的文學文本的影響下，一大批深受五四文學影響的「新青年」獲得了新生。由此說來，五四文學正是中國現代文學最為豐富的「思想資源」，五四文學運動之後走向文壇的作家，幾乎沒有一個不深受其影響和滋潤的。

五四文學固然離不開學生這一接受主體的支持，但還應該看到，五四文學還反過來促成了學生思想的進化：「五四以來，大西洋的新潮流，一天一天的由太平洋流到中國來，在東洋文化史上，開了一個新紀元，什麼平民主義、社會主義……等等學說，都印入吾人的腦子裏；吾人於此亦恍然大悟，曉得階級制度，是不可存留的，資本觀念，是不可持久的，將從前鄙陋的思想去了大半，這不是中國社會進化的一大好現象嗎？」〔註38〕這一切說明，

〔註37〕　楊聯芬：《晚清至五四：中國文學現代性的發生》，北京：北京大學出版社，2003 年版，第 129 頁。
〔註38〕　《群眾運動的母——五四運動》，《杭州學生聯合會報》第 31 期五四號增刊，1920 年 5 月 20 日。

五四文學從根本上重構了學生們的文化心理結構，使他們「從前鄙陋的思想」被新思想所取代，儘管他們最終所認同的主義有所差異，但從總體上說，在反對舊禮教和專制政體、爭取自由平等和民主科學等大目標上還是一致的。事實上，學生是五四文學革命口號的堅定擁蠆者和五四文學革命的積極回應者，這確保了五四文學的社會啓蒙功能的實現。正是在這種情形下，《新青年》成爲人們爭相傳閱的雜誌。對此，毛澤東曾經說過：「我在師範學校學習的時候，就開始讀這個雜誌了，我非常欽佩胡適和陳獨秀的文章。他們代替了已經被我拋棄的梁啓超和康有爲，一時成了我的楷模。在這個時候我的思想是自由主義、民主改良主義和空想社會主義等思想的大雜燴。我憧憬『十九世紀的民主』、烏托邦主義和舊式的自由主義，但是我反對軍閥和反對帝國主義是明確無疑的」。〔註 39〕正是在五四文學運動的鼓舞下，學生們確立了自我的主體意識：「時機到了，世界的大潮卷得更急了！洞庭湖的閘門動了，且開了，浩浩蕩蕩的新思潮業已奔騰澎湃於湘江兩岸了！順它的生，逆它的死。」〔註 40〕「我們知道了！，我們覺醒了！天下者我們的天下，國家者我們的國家，社會者我們的社會，我們不說，誰說？我們不幹，誰幹？」〔註 41〕這儘管是從政治的視點審視五四文學後得出的結論，但也未嘗不可以看作五四文學的創建主體和接受主體獲得了確立的表徵。自然，這裡所顯示出來的國民性，已經和過去的那種奴隸性格是涇渭分明的。

　　因爲五四文學的策源地就在北京大學，這就使那些正在就讀於北大的學生們有了近水樓臺先得月的便利。他們親炙這些五四文學創建主體的人格、接納他們所傳承的西學等現代知識，因此他們迅即成爲五四文學的呼應者和回應者，這就使他們的文學創作在一個全新的平臺上得以展開。像俞平伯、楊振聲、朱自清等人，都是在這種情景下成就了自己在文學史上的地位。在他們追摹五四文學創建主體的文學創作實踐中，獲得了五四文學創建主體的獎揚。如俞平伯就說過：「我還寫過兩篇白話小說：《花匠》和反對婦女守節的《狗和褒章》。《花匠》曾被魯迅先生編選入《中國新文學大系》裏，說的是花匠修飾花卉，把花的自然的美完全破壞掉了。這是一篇反對束縛的文章。這些早期的作品現

〔註 39〕 【美】埃德加・斯諾：《西行漫記》，董樂山譯，北京：三聯書店，1979 年版，第 125 頁。

〔註 40〕 毛澤東：《創刊宣言》，《湘江評論》第 1 號，1919 年 7 月 14 日。

〔註 41〕 毛澤東：《民眾的大聯合》，《湘江評論》1919 年 8 月 4 日。

在看起來是很幼稚的，因爲那時年紀很輕，思想裏並沒有明確的反封建的意識（我們當時對『封建』的理解是分封諸侯的意思，與今天不同）。儘管如此，這裡面實際卻包含著反對封建、要求民主的思想。」〔註42〕朱自清則於 1916 年夏中學畢業考入北大預科班，受五四文學的影響，開始了自己的文學創作，其長詩《毀滅》就是誕生於這一時期。

北京大學的學生固然有親炙五四文學創建主體現代人格熏染的便利，但北京大學之外接受新式教育的學生，則隨著《新青年》的傳播，深深地影響到了他們的人生選擇。如朱湘在南京工業學校求學時，於 1917 年第一次讀到《新青年》，就被劉半農的《答王敬軒書》中講的道理所折服，很快就投入到了五四文學運動中來，並在此影響下，開始了學寫新詩。朱湘在談五四文學對自己的影響時說：「記得我之皈依新文學，是十三年前之事。那時候，正是文學革命初起的時代；在各學校內，很劇烈的分成了兩派，贊成的以及反對的。辯論是極其熱烈，甚至於動口角。那許多次，許多次的辯論，可以說是意氣用事，毫無立論的根據。有人勸我，最好是去讀《新青年》，當時的文學革命的中軍。是劉半農的那封《答王敬軒書》，把我完全贏到新文學這方面來了。」〔註43〕

新式教育固然是五四文學傳播的平臺，但這一平臺本身所具有的輻射力，則使五四文學進一步傳播。如巴金就是借助於其兄長接受新式教育的便利而獲得了接觸《新青年》的機會。巴金的兄長「堯枚買到了《新青年》《每周評論》，而且還多方設法補買了自 1915 年創刊以來的《新青年》的前五卷。這還不夠，只要是傳播新思想的刊物，只要有可能，他們就去買來。除了《新青年》《每周評論》，還有《新潮》《星期評論》《少年中國》《少年世界》《北京大學學生周刊》《實社自由錄》《進化》雜誌，以及成都出版的《星期日》《學生潮》……等等，前前後後接連到了他們的手裏。堯枚甚至還拿出一、二百元錢存在一個書鋪裏，只要有新到的書報，他們都要。堯枚幾乎每天都可從那裡去捧回一些來。」〔註44〕這使巴金感到，「我們覺得它們常常在說我們想說而又不會說的話。」〔註45〕沈從文針對五四文學對自己的影響時也這樣說過：「我從他那裡知道了些新的，正在另一片土地同一日頭所照及的地方的人，如何去用他們的腦子，對於目前

〔註42〕 俞平伯：《回憶新潮》，《五四運動親歷記》，北京：中國文史出版社，1999 年版，第 327 頁。

〔註43〕 《朱湘自傳》，載賀炳銓：《新文學家傳記》，上海：上海旭光社，1934 年。

〔註44〕 陳丹晨：《巴金評傳》，石家莊：花山文藝出版社，1985 年版，第 15 頁。

〔註45〕 《巴金文集》（第十卷），北京：人民文學出版社，1961 年版，第 71 頁。

社會作反覆探討與批判。又如何幻想一個未來社會性的標準與輪廓。他們那麼熱心在人類行為上找尋錯誤處，發現合理處，我初注意到時，眞發生不少反感！可是，為時不久，我便被這些大小書本征服了。我對於新書投了降，不再看《花間集》，不再寫《曹娥碑》，卻歡喜看《新潮》、《改造》了」。〔註46〕

　　五四文學在新式教育的平臺上獲得發展，還有一個顯著的體現就是它喚醒了那些雖然受過新式教育的熏染、但並沒有完成自我人生重塑的知識份子的現代意識。如老舍作為一個小學教師，之所以成長為現代作家，「這就不能不感謝『五四』運動了！」「假如沒有『五四』運動，我很可能終身作這樣的一個人：兢兢業業地辦小學，恭恭順順地服侍老母，規規矩矩地結婚生子，如是而已。我絕對不會忽然想起去搞文藝。」「『五四』給我創造了當作家的條件。」「首先是：我的思想變了。這樣，以前我以為對的，變成了不對。……假若沒有這一切，不管我怎麼愛好文藝，我也不會想到跟才子佳人、鴛鴦蝴蝶有所不同的題材，也不敢對老人老事有任何批判。」〔註47〕這正說明，五四文學作為一場由創建主體所發動的文學運動，正是借助於新式教育這一平臺，在迅即壯大了其接受主體的同時，也發展了其創作隊伍，從而使五四文學眞正地演變為磅礴於整個時代的文學大潮。

　　其二，促進了五四文學創建主體創作文本的積極性，使其文學潛能獲得了最充分的釋放，成為他們創作出更為傑出的文學文本的外在助力。

　　五四文學的接受主體固然深受創建主體的影響，但他們反過來又規範和制約了五四文學創建主體的創作方向，驅使其文學訴求和文本創作向著其接受主體所認同的基點位移。這正如朱光潛先生所說的那樣：「就文學而言，讀者群變了，作者的對象和態度也隨之而變了。二千年來中國文學在大體上是宮廷文學，……這是一個進身之階，讀書人都藉此獲祿取寵，所以寫作的對象是達官貴人，而寫作的態度就不免要逢迎當時的習尙。……於今作者的寫作對象是一般看報章雜誌的民眾，作者與讀者是平等人，彼此對面說話，……文學從此可以脫離官場的虛矯讒媚，變成比較家常親切，不擺空架子；尤其重要的是從此可以在全民族的生活中吸取滋養與生命力。」〔註48〕這正清楚

〔註46〕《從文自傳·一個轉機》，《沈從文文集》（第9卷），廣州：花城出版社，1984年版，第114～115頁。

〔註47〕《解放軍報》1957年5月4日，見《老舍寫作生涯》，天津：百花文藝出版社，1981年版，第86～87頁。

〔註48〕朱光潛：《現代中國文學》，《文學雜誌》（上海）2卷8期（1848年）。

地說明了讀者群對作家的文學創作的制約作用，這種情形對五四文學創建主
體和接受主體來說，亦是如此。

　　如果我們把五四文學的發生置於其具體語境中，就會發現，五四文學作為
具有現代性的文學，既有一個自我孕育的過程（包括五四文學的創建主體孕育
的過程），也有一個其賴以存活的文化土壤的培育過程（包括五四文學的接受主
體的培育過程）。離開了前者，我們就無法說明五四文學為什麼會以這樣的面貌
而呈現著；離開了後者，我們就無法說明五四文學為什麼會獲得延續和發展。
誠然，我們強調了接受主體在五四文學發生中的作用，並不意味著我們低估了
五四文學創建主體的重要性。從某種意義上說，五四文學創建主體既是五四文
學新思想的體載者，也是五四文學文本的創造者，還是五四文學的接受主體。
如陳獨秀慧眼識胡適的《文學改良芻議》後，也迅即得到了同仁們的回應，誠
如劉半農所說：「文學改良之議，既由胡君適之提倡於前，復有陳君獨秀錢君玄
同贊成於後。不佞學識簡陋，固亦為立志研究文學之一人。除於胡君所舉八種
改良，陳君所揭三大主義，及錢君所指舊文學種種弊端，絕端表示同意外，復
舉平時意中所欲言者，拉雜書之，草為此文。」〔註49〕並且，他們在回應中，
還有詰問，如陳獨秀在劉半農的《我之文學改良觀》一文後，又在文末加上自
己的評點，一方面指出「劉君此文，最足喚起文學界注意者二事，一曰改造新
韻，一曰以今語作曲。……『文字』與『應用之文』名稱雖不同，而實質似無
差異。質之劉君及讀者諸君以為如何。」這樣就形成了一種良性的互動效應。
這樣的解讀，不但沒有解構五四文學創建主體的文學功績，反而把他們的文學
實踐活動還原到了歷史發展的真實情景中，彰顯了他們的文學功績。恰恰是在
他們那些看似絕對性的話語中，閃爍著對五四文學本質精神的追尋，回應著歷
史和現實的籲求。五四文學的創建主體，既是超越歷史處境侷限、拉動歷史前
行的巨人，也是在同一歷史處境的激發下的普通一員，他們之所以成為五四文
學的巨人，恰恰在於他們植根於千千萬萬的接受主體之中。

　　五四文學的接受主體對創建主體文本的積極回應，使創建主體獲得了創作
上的動力。顯然，這些五四文學的接受主體和那些一般的接受主體並不一樣，
他們更多的是以文學批評家的身份參與到創建主體文本中，這實際上構成了五
四文學發生中一支重要的力量。如茅盾，就是以這樣的身份對魯迅的文本進行
批評的。如茅盾在《讀〈吶喊〉》一文中對五四文學發生的情形這樣說過：「1918

〔註49〕劉半農：《我之文學改良觀》，1917 年 5 月 1 日《新青年》第 3 卷第 3 號。

年 4 月的《新青年》上登載了一篇小說模樣的文章，它的題目，體裁，風格，乃至裏面的思想，都是極新奇可怪的：這便是魯迅君的第一篇創作《狂人日記》，現在編在這《吶喊》裏的。那時《新青年》方在提倡『文學革命』，方在無情地猛攻中國的傳統思想，在一般社會看來，那一百多面的一本《新青年》幾乎是無句不狂，有字皆怪的，所以可怪的《狂人日記》夾在裏面，便也不見得怎樣怪，而曾未能邀國粹家之一斥。前無古人的文藝作品《狂人日記》於是遂悄悄地閃了過去，不曾在『文壇』上掀起了顯著的風波。」「但是魯迅君的名字以後再在《新青年》上出現時，便每每令人回憶到《狂人日記》了；至少，總會想起『這就是狂人日記的作者』罷。別人我不知道，我自己確在這樣的心理下，讀了魯迅君的許多《隨感錄》和以後的創作。」〔註50〕這恰好說明了五四文學的創建主體的創作的文本既爲社會所矚目，也爲批評家所關注，這反過來自然就對創建主體的文本創作具有推動作用。

事實上，在對五四文學的解讀中，一直存在著兩種錯誤傾向，一是把一切都無條件地歸於歷史發展的必然性，由此遮蔽了歷史發展的偶然性和個體的歷史作用，沒有意識到歷史發展的必然性恰恰是通過歷史主體的個體偶然性實現的；二是過分地強調了歷史發展的偶然性而遮蔽了歷史發展的必然性，把作爲歷史主體的個人作用誇大到無以復加的程度，這同樣是不符合實際的。如胡適自己就認爲：「如果像胡適、陳獨秀這樣的人未參加到白話文學運動中的話，那麼，這場文學運動的出現最起碼也要推遲 20 年或是 30 年」。〔註 51〕這樣的立論，顯然忽視了新式教育下的第二代學生已經成爲第三代學生的教師，隨著新式教育的進一步發展，作爲「新青年」的學生承接了老師的精神，在此歷史情景下，五四文學的發生就具有了歷史的必然性。

五四文學運動的深遠影響，不僅在於它奠定了現代文學的基本範型，而且也基本上確立了中國二十世紀主要文學大家的構成。這主要表現在第三代學生在這一時期以「少壯派」的姿態「粉墨登場」，他們和五四文學的創建主體一道，確立了中國二十世紀文學的整體格局。事實上，他們所處的現實情景正是一個歷史創造英雄的時代。經過五四文學創建主體的大力倡導，白話文已經佔據了主導地位，但文學創作仍像一塊待開墾的處女地，等待著能夠

〔註50〕茅盾：《讀〈吶喊〉》，《時事新報》副刊《文學》第 91 期，1923 年 10 月 8 日。
〔註51〕參閱〔美〕格里奇：《胡適與中國的文藝復興》，魯奇譯，南京：江蘇人民出版社，1996 年版，第 119 頁。

和五四文學創建主體的文化心理結構相呼應的學生來耕耘。這標明了中國古典文學經過了五四文學的「洗牌」後，面臨的是一個新的「牌局」，這是一個已經失卻了威權的時代，也是一個任人跑馬圈地的時代。他們這代人，正是在歷史所提供的這種機遇下，迅即地成長為五四文學所拓展的文學領地的領軍人物，如宗白華、朱光潛、老舍、冰心、沈從文、梁實秋、巴金、丁玲、周揚、臧克家、曹禺等人，幾乎成為五四文學之後中國二十世紀文壇的威權式人物。即便是在一些學術研究中，如從事民俗學研究的鍾敬文，則被人們譽為泰斗式的人物；被譽為百科全書式學者的朱謙之，在多個領域都卓有建樹；而巴金則直接走過了二十世紀，直到今天，依然用他那頑強不息的生命力，宣示著五四文學和深受五四文學薰染而成長起來的那代作家的「在場」。第三代學生以其群體的方式，在確立了中國二十世紀文學的基本風貌的同時，也以巨人般的影子，一直籠罩或涵蓋著中國二十世紀文學。在某種意義上說，他們的話語具有了某種霸權話語的特徵，成為人們惟馬首是瞻的文學風標，這在確保了五四文學精神延續的同時，也對文學的多元化發展空間形成了一定的擠壓。當然，這一切已經不在本文所要探討的問題之列了。

第六章　新式教育下的公共領域與
五四文學的發生

　　梁啓超曾經指出過，學校、報紙和演說爲「傳播文明三利器」。〔註 1〕梁
啓超在這裡的指認，顯然並不是從純理論的層面上來闡釋「傳播文明」的「利
器」是什麼，而是從自己所處的晚清社會現實出發所得出的結論。在晚清社
會中，學校、報紙和演說成爲傳播文明的主要方式。

　　既然學校、報紙和演說是晚清社會以來「傳播文明三利器」，那麼，作
爲文明之一種的文學自然也離不開學校、報紙和演說。實際上，學校、報紙
和演說正是晚清社會所特有的公共領域。報紙本身固然和讀者組成了一個互
動的公共領域，但最具有典型性的公共領域還是學校。並且，演說本身也經
常和學校緊密聯繫在一起。即便報紙也和學校有著較爲密切的關係，很多報
紙進入學校，成爲學生的閱讀對象，反過來又促成了學校這一公共領域的功
能的實現。本文正是從學校這一公共領域出發，對新式教育下的公共領域的
功能作一探討，從而找尋到新式教育下的公共領域和五四文學發生之間的關
係。

　　新式教育促成了公共領域的確立。公共領域的確立使知識份子找尋到了
表達自己意見並進行交流的場所。特別是新式教育下的大學，公共領域的功
能就更具有顯著的效力，這成爲知識份子在報刊媒介之外進行對話的又一重
要的公共領域，使五四文學的發生找尋到了自我實現的獨特方式。

〔註 1〕　梁啓超：《自由書·傳播文明三利器》，《飲冰室合集》專集之二，上海：中華
　　　　書局，1936 年。

第一節　從私人領域到公共領域

在中國傳統社會中，讀書人缺少獨立的精神和獨行的人格，他們只能在對國家體制的認同中，找尋可以終生依附的載體。這捷徑便是通過科舉考試，進入國家體制，成爲衣食無憂的士大夫，從而享有較高的社會地位；如果此路不通，則只能依附於國家體制下的官宦，成爲他們所豢養的幕僚；再退一步，就只能通過擔任私塾先生，依附於那些也期望獲得功名的士子身上。私塾教育的這種侷限性，就使其所作所爲僅僅爲稻粱謀。魯迅在小說《孔乙己》中，就通過文學敘事，在對落第與中第讀書人的對比中，展現了科舉制度對人的精神和肉體的雙重戕害。

而新式教育的制度化，則促成了教師從依附關係中掙脫出來，擺脫了僅僅爲稻粱謀的初級階段，獲得了自我的社會價值。隨著新式教育的確立，教育已經成爲富國強兵的實現方式，教師通過對高深學問的研究，可以贏得社會的敬重。這就使教師的人生價值不再設定於爲聖賢立言，促成了教師對傳統文化合法性的質疑，並確保了其思維路徑和傳統的思維路徑的不同，爲五四文學這一區別中國古典形態的發生奠定了基礎。

在知識份子得以獲得獨立社會價值的歷史條件下，他們的思想和情感逐漸位移到了公共領域中，這就消解了「兩耳不聞窗外事，一心唯讀聖賢書」的封閉性文化體系存在的前提。因爲「聖賢書」已經不再是知識份子安身立命之本，其對這「聖賢書」就會產生隔閡和疏遠。不僅如此，他們還由此進一步走向了反傳統、反聖賢的道路。而那些曾經因此而獲得過這一價值體系認同、并在這一體系中找尋到了安身立命之本的士子們，則從情感上和理性認知上，都無法確保藕斷後的絲斷，以實現自我眞正的決絕與新生；因爲從一定的意義上說，他們本人的社會位置和價值就在傳統中體現著和實現著，這是他們確認自我存在的重要價值尺規，因此，他們維護傳統的目的並不在於傳統的正誤，而在於通過維護傳統的方式實現肯定當下自我的目的。這樣的兩種截然對立的思想，如果置於同一歷史的舞臺上，其發生尖銳的對峙和衝突便是必然的事情了。事實上，從五四文學發生所需要的條件來看，其人生從爲「稻粱謀」到爲「天下謀」，恰好是一個重要的分水嶺。即五四文學的創建主體和接受主體要想獲得確立，必須具有爲「天下謀」的意識，實現從私人領域走進公共領域的轉變。

清末民初的京師大學堂（1912 年，教育部下令京師大學堂改稱爲北京大

學，以下涉及到這一稱號時，考慮到其時間跨度上已經貫通了晚清和民國，一律用北京大學稱之）恰好為這些具有不同文化理念的知識份子提供了一個公共領域。在這一公共領域中，在對話中堅守自我，在堅守自我中對話，從而促成了大學作為公共領域效能的釋放。

哈貝馬斯曾經把「舉凡對所有公眾開放的場合，我們都稱之為『公共的』，……它們和封閉社會形成鮮明對比。」〔註2〕然而，「公共領域作為一個和私人領域相分離的特殊領域，在中世紀中期的封建社會中是不存在的。」〔註3〕這就是說，公共領域是與以人身依附關係和等級關係為重要特徵的封建制度不相融的，因為在人身依附關係中，個人不管是在人格上還是經濟上都沒有獨立性；即便是在公共領域，也無法形成自由而平等的對話，否則，就會「犯上」。而「犯上」又總是和「作亂」聯繫在一起的，因為只要是「犯上」，就必然表現為對某種既定的社會秩序的蔑視和解構，這在居於尊者地位的人看來，自然是「大逆不道」的行為。所以，在中國封建社會，公共領域已經被「朕即天下」所遮蔽，人們表達自己意見的公共領域也就不復存在。相反，在私人領域倒是非常發達，從皇帝來說，國家即是他的私人領域；從分封的諸侯來說，領地即是他的私人領域；從家長來說，家庭即是他的私人領域，這樣的私人領域恰好和「三綱五常」所劃定的疆域相對應。

中國傳統私塾教育下的士子所組成的領域，其實依然是私人領域，缺少了公共領域的基本特徵。私塾儘管也是由一定的學生組成，但他們所受到的文化熏染基本上相似的，他們之間的文化對立不是根本性的，而衹是細枝末節的，況且，他們基本上來自同一地域，這就使他們之間的文化差異甚至都沒有地域文化的差異大。換言之，在傳統的私塾中，士子們的文化心理結構基本上是一致的，他們很難產生文化上的詰難，進而獲得異質文化的增殖點，而他們師承來自同一地域的私塾先生，這更限制了他們的文化心理結構裂變。事實上，出自同一師門的士子，在其老師的理性規範下，其文化心理結構往往呈現出同質同構。儘管在中國私塾教育中，士子們可能會師承多位老師，但在總體上講，老師們之間的文化心理結構也絕難產生緊張的對峙性和異質性。

〔註2〕　〔德〕哈貝馬斯：《哈貝馬斯精粹》，南京：南京大學出版社，2004年版，第37頁。

〔註3〕　〔德〕哈貝馬斯：《哈貝馬斯精粹》，南京：南京大學出版社，2004年版，第42頁。

　　如果學生沒有走出家庭的機緣，他們將永遠被規範在家長所劃定的疆域內，成為其私人領域下的臣民，家長的這種「法力」甚至在其去世後依然具有威懾力。如《論語》中所謂的「三年無改於父之道，可謂孝矣」，正是基於對既有規範的威懾力的皈依上。如此以來，學生在家庭中從屬於父親（當然，父親又要從屬於他的父親），他們沒有可以表達自己的意見、進行平等對話的公共領域。所以，從某種意義上說，學生離開了家庭進入了學堂，特別是進入了遠離家庭的異鄉他城，就意味著學生由此掙脫了家庭這一私人領域的鉗制，進入了一個自由對話的公共領域。

　　應該指出的是，在新式教育下的驅動下，由大學而形成的公共領域，是晚清公共領域的一個重要特點。按照哈貝馬斯對公共領域的闡述，「所謂『公共領域』，我們首先意指我們的社會生活的一個領域，在這個領域中，像公共意見這樣的事物能夠形成。公共領域原則上向所有公民開放。公共領域的一部分由各種對話構成，在這些對話中，作為私人的人們來到一起，形成了公眾。」〔註4〕公共領域是國家和社會之間的一個公共空間。

　　但是，由於中國近代市民階層還無法以自覺的社會意識參與到這公共領域中，這就使公共領域主要侷限於知識份子當中。這些知識份子帶著覺醒了的現代意識，集中在一起，形成了一個表達和發出自己聲音的公共領域。而作為報刊等大眾傳媒，儘管也具有公共領域的效能，但從總體上講，這種效能如果沒有和大學這一公共領域的效能結合，其作用就大大地打了折扣。實際上也的確如此，如果大眾傳媒的公共領域僅僅向市民「開放」，而缺少精英知識份子的參與，其生存甚至都成了問題。如陳獨秀主編的《青年雜誌》在上海市民中，就沒有獲得必要的公共領域效能，最後不得不「休刊」。而進入北京大學後的《新青年》緣於結合了知識份子和青年學生，則迅即地成為他們的公共領域。顯然，報刊等大眾傳媒的公共領域效能，如果沒有新式教育和新式學校的支持，其效能也將大打折扣。

　　新式教育下的學校所具有的公共領域效能，從某種意義上說，比報刊等大眾傳媒的作用還要大。這主要是因為報刊等大眾傳媒的公共領域是虛擬的，也就是說報刊等大眾傳媒缺少了一個即時的對話空間；而學校則不然，來自天南地北的學生聚集在一起，他們朝夕生活在一起，彼此之間通過直接

〔註4〕　〔德〕哈貝馬斯：《公共領域》，汪暉、陳燕谷主編：《文化與公共性》，北京：
　　　　三聯書店，1998年版，第125頁。

的交往，相互影響，特別是他們的零距離即時性對話，使公共領域的效能進一步釋放。況且，他們也不存在從公共領域回到私人領域的問題，這就是說，他們是全天候地駐守在公共領域。這樣的話，儘管他們作爲個體是不足道的，但他們作爲一個群體，特別是集中在公共領域中的一個群體，則擁有了一定的話語權。

　　當然，這樣來理解公共領域可能和哈貝馬斯的原意有差距。但從學生掙脫家庭羈絆來說，他們的確從隸屬於家庭的「私人領域」來到了一個自由的公共領域。掙脫這一羈絆對學生來講是極其重要的。如果沒有對這一羈絆的掙脫，五四文學的創建主體恐怕還沒有來得及在公共領域展開自由對話，就已經被其「父親」扼殺於搖籃之中。因此，新式教育所確立的大學堂和學堂，便和中國的私塾具有了根本的分野。這種分野主要體現在學生能夠離開家庭，從經濟上也擺脫了家庭的直接監控，或者通過合法的方式獲得家庭的經常性支援；或者通過公費生的方式獲得國家的直接支援，暫時從家庭這一私人領域中掙脫出來，進入大學這樣一個公共領域，在此他們可以自由表達自我意見，可以和他人進行平等對話，尤其是在國家體制許可的公共領域內，自由也取得了存在的合理性。

　　但是，也應該看到，在這一時期，知識份子和青年學生在公共領域所顯示出來的思想和情感，和他們在私人領域所顯示出來的思想和情感可能具有很大的差異，或者說，他們嚴格地區分了這兩個領域所應該遵循的不同法則。胡適曾經說過：「我們這一代人是必須奉獻給我們的父母和我們的孩子的一代中間人。除非我們能擺脫一切影響，我們就必須要按父母的願望與他們爲我們選擇的姑娘結婚，儘管這些姑娘在我們的婚典那天之前我們可能都沒看見過——我們必須要使我們的孩子要在其中生活的社會更幸福和更健康。就讓這種理想作我們的報酬和安慰吧。」〔註5〕正因爲胡適有了這種清醒的認識，所以，他在新舊之間採取了折中的方法：「吾於家庭之事，則從東方人，於社會國家政治之見解，則從西方人。」〔註6〕胡適在此用內外有別的方式來調控自我的人生，正可以看作私人領域和公共領域的差異。這就是說，不管他們

〔註5〕　〔美〕格里奇：《胡適與中國的文藝復興》，魯奇譯，南京：江蘇人民出版社，1996 年版，第 18 頁。
〔註6〕　曹伯言：《胡適日記全編》（第一卷），合肥：安徽教育出版社，2001 年版，第 516 頁。

在公共領域如何「興風作浪」，但到了家庭這一私人領域，還得「循規蹈矩」，自然，這樣的「循規蹈矩」與其說是出於對傳統的一種尊重，還不如說是對耳濡目染下的生活方式的自然皈依。

這種情形，在五四文學的創建主體那裡比比皆是。如魯迅早在日本留學時就想通過文學來改造國民性，從而啓蒙那些依然處於蒙昧狀態下的人。但在婚姻上，他面對母親的包辦，儘管並不情願，但只能當作禮物收下，並自慰爲了卻這幾千年的舊帳。然而，作爲一個已經覺醒了的人，在私人領域中的人性扭曲和自由失控，使魯迅體味到了人生的大痛苦和大悲劇，一個刻意拯救他人的人，竟然連自己都無法拯救，這由此帶來的悖論是可想而知的。其實，這裡的核心問題還是根源於私人領域與公共領域的差異，也就是胡適所說的「除非我們能擺脫一切影響」，自然，這一切影響中最爲根本的影響還是來自家庭的影響，特別是來自父母親的影響。

接納了新式教育的學生，遠離了家庭的同時，也擺脫了家庭對個人自由的限制，這就確保了他們在公共領域中可以進行自由的對話。這種對話並不是同一文化背景下的對話，而是多重文化背景下的對話。如北京大學的學生就來自不同地域、具有不同的文化背景，如楊振聲來自山東的蓬萊，傅斯年來自山東的聊城，羅家倫來自浙江的紹興，俞平伯來自浙江的德清，他們儘管在總體上都隸屬於中國文化這一體系，但地域文化的差異還是很鮮明的。居於大學這一公共領域上的教師，既帶有不同的地域文化、還深深地烙上不同的西學背景。學生不僅具有了鮮明的地域差異，老師也具有地域文化上的差異和留學背景的差異，如魯迅深受浙東文化的影響，還帶有留學日本時學醫生涯所賦予給他的諸多現代文化品格；而李大釗則具有燕趙慷慨之氣，這和其留學日本時學習政法學科而來的政治情結相契和，也成爲李大釗從政治文化視角來審視社會的根基；胡適則帶有徽州文化不慍不火的特點，同時還打上了美國式民主的烙印。所有這些差異，都確保了大學這一公共領域具有多重對話的特質。實際上，在五四文學運動之前的北京大學，既有以中學爲主的教師和學生，也有以西學爲主的教師和學生，在中學爲主的教師和學生之間，又有文派之間的分野，如北京大學「當時大多數的先生是站在舊的一面，尤其在中文系。在新文學運動前，黃侃先生教駢文，上班就罵散文；姚永樸先生教散文，上班就罵駢文」。然而，在他們之間，隱含的多是文派之爭，因爲姚永樸隸屬於桐城一派，而黃侃則是隸屬於章太炎先生的文選一派，但在「新文學運動時，他們彼此不罵了，上班

都罵白話文」。〔註7〕至於在以西學為主的教師之間，也有西學背景上的微妙差異，如以胡適為代表的歐美留學族和以陳獨秀、李大釗、魯迅等為代表的日本留學族之間的留學背景的差異，直接導致了他們之間的紛爭。在問題和主義上，胡適和李大釗發出了不同的見解；在整理國故的問題上，胡適和魯迅也產生了分歧。但不管怎樣，他們置於大學這一公共領域中，彼此展開對話，本就屬於公共領域應有之義。至於我們在後來的解讀中站在主流意識形態所規範的文化立場上，採取了褒此貶彼的態度，實在是對大學這一公共領域的一種誤解。因為在公共領域，一旦某一聲音取代或遮蔽了其他聲音，或者取代原有的霸主而成為新霸主，這本身就消解了公共領域的文化功能。

接受了新式教育的學生，正是帶著自我所獨有的文化理念，在大學這個公共領域裏盡情地堅守著自我的聲音，這正如楊振聲所目睹的那樣：「有人在燈窗下把鼻子貼在《文選》上看李善的小字注，同時就有人在窗外高歌拜倫的詩。在屋子的一角上，有人搖頭晃腦，抑揚頓挫地念桐城派古文，在另一角上是幾個人在討論娜拉走出『傀儡之家』以後，她的生活怎麼辦？念古文的人對討論者表示憎惡的神色，討論者對念古文的人投以鄙視的眼光。」〔註8〕事實上，正是因為居於大學這一公共領域，他們才把自己的「搖頭晃腦」看作是對中學的堅守，這就區別於私塾先生的「搖頭晃腦」，成為自我獨立存在的一種象徵，這甚至還帶有殉道的色彩。而那些「高歌拜倫」的學生，自然也在和「搖頭晃腦」的對抗中標示出了自我存在。這便從根本上規範了五四文學發生的獨特方式：大學這一公共領域成為五四文學發生的「溫床」。

在新式教育所提供的公共領域中，那些剛剛從家庭規範制約下走出來的學生，實際上一開始還是小心翼翼地選擇自己在公共領域的話語表達方式。這最典型的就是顧頡剛。深知顧頡剛底細的俞平伯曾透露過：「顧頡剛寫過論述家庭的文章，怕自己家裏知道，署名『顧誠吾』，在《新潮》上發表。」〔註9〕顧頡剛在題為《對於舊家庭的感想》一文中，將中國家庭沒有改革的原因歸結為三：（一）名分主義；（二）習俗主義；（三）運命主義，這都導致舊家庭裏沒有「尊

〔註7〕　楊振聲：《回憶五四》，《楊振聲選集》，北京：人民文學出版社，1987 年版，第 247 頁。

〔註8〕　楊振聲：《回憶五四》，《楊振聲選集》，北京：人民文學出版社，1987 年版，第 247 頁。

〔註9〕　俞平伯：《回憶新潮》，《五四運動親歷記》，北京：中國文史出版社，1999 年版，第 327 頁。

重自己的人格」和「尊重人我自由的範圍」，以尊卑代是非，以名分代愛情，「將他的精神重重的剝削，使天真的趣味日漸減少」。在顧頡剛的筆下，舊家庭「極像一座『古廟』」：境況佳些，這古廟是個「觀音殿」，面貌很是慈祥和藹；境況惡些，這古廟是個「閻羅殿」，景象是兇暴苛酷。

顯然，這樣「狂妄不羈」的話語，在顧頡剛的父親看來是無法容忍的，這樣的話語只能在公共領域才會獲得存在的空間。相反，如果顧頡剛在私塾就讀的話，其一舉一動都在私塾老師以及家長的掌控之下，那麼，其有什麼反叛意識，都會直接受到家長或私塾先生的直接干預，以確保其思想回歸於社會既定的軌道，不至於做出「大逆不道」的事情來。然而，在這遠離了家庭的公共領域，按說大可不必如此謹慎，但顧頡剛依然還「怕自己家裏知道」，以至於不得不通過「隱姓埋名」的方式表達自己的話語，由此既可以見出顧頡剛的顧慮之大，也可以看出私人領域對那些剛剛擺脫家庭羈絆的青年學生的壓抑之大。

如果我們就此深入考究的話，還可以發現，第二代學生在進入公共領域之前，他們的家父大都因為疾病等各種原因而去世。如陳獨秀、李大釗、周氏兄弟，胡適、郭沫若、郁達夫、茅盾等五四文學的主要創建主體，都是如此。在五四文學影響下登上文壇的羅家倫、老舍、巴金、鄭振鐸等文學家，也都曾罹失父之難。

在新式教育這一公共領域中，父權的缺失對五四文學的創建主體盡情地發展自我的個性提供了某些便利。父權的缺失使五四文學創建主體在人生成長的關鍵期出現了禮教鏈條的斷檔，這為他們接納西學和西學所宣示的個性、自由、民主與科學思想提供了外在的寬鬆環境。如陳獨秀兩歲時喪父，主要受到了祖父的督促和教育。祖父儘管對陳獨秀非常嚴厲，但陳獨秀卻沒有屈從於祖父的壓抑：「我從六歲到八、九歲，都是這位祖父教我讀書。……我背書背不出，使他生氣動手打，還是小事；使他最生氣，氣得怒目切齒幾乎發狂，令人可怕的是我無論挨了如何毒打，總一聲不哭。他不只一次憤怒而傷感的罵道：『這個小東西，將來長大成人，必定是一個殺人不眨眼的兇惡強盜，真是家門不幸！』」〔註10〕與陳獨秀反抗祖父的情景相比照的是，魯迅對父權的反抗就顯得極其艱難。魯迅的父親就曾經非常嚴厲地督導過他，這嚴重地傷害了魯迅幼稚而自由的天性。但魯迅對這樣的壓抑，只能順從。如

〔註10〕 胡明：《正誤交織陳獨秀》，北京：人民文學出版社，2004 年版，第 9 頁。

魯迅 7 歲時，小姑母來接他們去東關看五猖會，魯迅簡直興奮極了。為此大清早就準備好了，但正在這高興的時刻，父親忽然出現在他背後，冷冰冰地命令說：「去拿你的書來！」然後又命令魯迅「給我背熟。背不出，就不准去看會。」〔註11〕魯迅為此強記著諸如「粵自盤古，生於太荒」的字句，這給魯迅噩夢般的感覺。這就說明，父權作為一種綱常名教中所規定的主要內容，既確保了社會秩序和倫理道德得以延續的重要環節，也確保了人之子的個性在被抑制的過程中仍保持了順從性格的形成。

　　而父權的缺失，則給五四文學的創建主體提供了相對自由的發展空間。在守舊派攻擊陳獨秀的「討父、仇孝、公妻」主張時，陳獨秀便以「我自幼便是一個沒有父親的孩子」〔註12〕予以回擊，顯然，這話語是頗有深層意味的。

　　當然，五四文學的創建主體進入公共領域並建構了一代新文學，固然說明了他們具有超越個人恩怨的宏大社會情懷，但也不排除在對自我人生價值實現的確認中，蘊涵著對「孤兒寡母」人生現實壓迫進行反抗的個人動因。

　　在男權社會中，失去了父親就意味著失去了家庭在社會上立足之本，就會招致族人和社會的歧視，這既可能使之失卻自我，但也可能會促成自我的抗爭，進而促成他們對傳統文化的反叛。如魯迅的父親去世後，就遭到了族人的排擠，這使魯迅痛切地看清了人生的真面貌，對其「走異路」起到了重要作用。「父親去世後，魯迅就代表自己的一家，和族中的十多戶人家議事。這些名分上是長輩的人們，常常譏諷和欺侮魯迅。有時候，當大家公議這一房中的重大事情時，往往逼著魯迅表態。魯迅說要請示尚在獄中的祖父，話剛出口，便有許多惡意的眼光射向魯迅，像燒紅了的針一樣，刺傷著他的心」。〔註13〕陳秀獨在《實菴自傳》中也談及了這一影響的存在：「她對我們之教育，是考科舉，起碼也要中個舉人，替父親爭氣」。這是母親查氏對兒子陳獨秀唯一的也是最大的期望。我的母親為此不知流了多少眼淚，可是母親對我並不像祖父那樣悲觀，總是用好言勸我，說道：『小兒，你務必好好用心讀書，將來書讀好了，中個舉人替父親爭氣。你的父親讀書一生，未曾考中舉人，是他生前一樁恨事！』我見了母親流淚倒哭出來了。母親一面替我揩眼淚，一面責備我道：『你這個孩子真淘氣，

〔註11〕林非、劉再復：《魯迅傳》，北京：中國社會科學出版社，1981 年版，第 1 頁。
〔註12〕胡明：《正誤交織陳獨秀》，北京：人民文學出版社，2004 年版，第 181～182頁。
〔註13〕林非、劉再復：《魯迅傳》，北京：中國社會科學出版社，1981 年版，第 16頁。

爹爹那樣打你，你不哭，現在倒無端的哭了！」母親的眼淚，比祖父的板子著實有權威，直到現在我還是不怕打，不怕殺，只怕人對我哭，尤其婦人哭，母親的眼淚，是叫我用功讀書之強有力的命令。」〔註14〕胡適也有類似的體驗。胡適在回憶中說：「我彷彿記得我父親死信到家時，我母親正在家中老屋的前堂，她坐在房門口的椅子上。她聽見讀信人讀到我父親的死信，身子往後一倒，連椅子倒在房門檻上。東邊房門口坐的珍伯母也放聲大哭起來，一時滿屋都是哭聲，我只覺得天地都翻覆了！我只彷彿記得這一點淒慘的情狀，其餘都不記得了」。〔註15〕這樣的家庭巨變，使胡適過早地體味到了人世間的苦難，也由此形成了他對寡母的特殊感情：「我母親二十三歲就做了寡婦，從此以後，又過了二十三年。這二十三年的生活真是十分苦痛的生活，只因為還有我這一點骨肉，她含辛茹苦，把全部希望寄託在我的渺茫不可知的將來，這一點希望居然使人掙扎著活了二十三年」。〔註16〕這恐怕是胡適在婚姻抉擇中最終依順母親心願的重要原因。如胡適在給其祖叔胡近仁的信中說過：「吾之就此婚事，全為吾母起見，故從不曾挑剔為難（若不如此，吾決不就此婚。此意但可為足下道，不足為外人言也）。今既婚矣，吾力求遷就，以博吾母歡心。」〔註17〕與博取母親的歡心相對應的是，在胡適的心目中，父權一直是在場的，這甚至還幻化為一種對祖先的崇拜，具有「在場」的父權所不及的效能，這正如胡適所說的那樣：父親「給我母親的遺囑上說穈兒天資聰明，應該令他讀書。給我的遺囑也教我努力讀書上進。這寥寥幾句話在我的一生很有重大的影響」。〔註18〕胡適正是在這樣諸多合力的共同作用下，主動地承擔起了「振興家聲」的重要使命。胡適正是在對家聲的振興中，走進了新式教育所構築的公共領域，實現了自我文化心理結構的重構。由此可見，陳獨秀和胡適等五四文學的創建主體在其成長的歷程中，「孤兒寡母」的獨特人生境遇是一個潛在的制約因素。在促成他們上進的同時，又為他們在大學這一公共領域中自由揮灑個性提供了契機，從而為五四文學的發生奠定了又一個重要基石。

〔註14〕 胡明：《正誤交織陳獨秀》，北京：人民文學出版社，2004年版，第12頁。
〔註15〕 胡適：《九年的家鄉教育》，《胡適自傳》，南京：江蘇人民出版社，1995年版，第21頁。
〔註16〕 胡適：《九年的家鄉教育》，《胡適自傳》，南京：江蘇人民出版社，1995年版，第22～23頁。
〔註17〕 耿雲志：《胡適年譜》，成都：四川人民出版社，1989年版，第64頁。
〔註18〕 胡適：《九年的家鄉教育》，《胡適自傳》，南京：江蘇人民出版社，1995年版，第22頁。

第二節　新式教育下的公共領域的功能

　　哈貝馬斯在論述交往時指出，人的行為分為「工具行為」和「交往行為」。其中，所謂「交往行為」是指人們的「相互作用」，大致包括以下幾層含義：第一，「交往行為」是兩個以上主體之間產生的涉及人與人關係的行為；第二，它是以符號或語言為媒介的；第三，它必須以社會規範來作為自己的準則；第四，交往的主要形式是對話，因此「交往行為」是以「理解」為導向的行為，換言之，是以「理解」為目的的行為。他還進一步強調指出，人總是社會的人，不能沒有「交往行為」，不能脫離種種交往關係，而必須生活於「交往行為」的聯繫之中。〔註19〕如果我們從這樣的視角出發，審視五四文學的創建主體之間、接受主體之間以及創建主體和接受主體之間的交往行為，就可以發現新式教育下的公共領域功能的具體實現方式。

　　社會是一個交往的網路，人既是社會的人，也是在社會中交往著的人，離開了交往，就談不上社會的人。然而，在傳統的農業文明社會中，人受土地的鉗制，缺少了交往的機緣。而隨著新式教育的確立，青年學生得以率先掙脫土地的羈絆，進入了大學這一公共領域。他們在公共領域中的「交往行為」自然就被賦予了「相互作用」的特點，也就是說，他們彼此之間不僅在行動上相互影響，而且在思想上也相互影響。這用蔡元培就任北京大學校長一職時所說的那樣：「同學共處一堂，尤應互相親愛，庶可收切磋之效。不惟開誠布公，更宜道義相勖」。〔註20〕由此說來，他們之間的交往以及展開的切磋，相對於任何一方來說，都是認知世界的一個窗口，而由此獲得的認知，被主體既有的文化心理結構進行整合，形成新的文化心理結構，從而改變著主體既有的認知。

　　公共領域在大學或學校中是無處不在的，或者說，只要有兩個以上主體之間產生的涉及人與人關係的行為，如教師和學生之間、教師之間以及學生之間的交往，都可以看作身處公共領域中的「交往行為」。如澄衷學堂和中國公學就對胡適的現代文化心理結構的建構起到過重要作用。在這些地方，胡適受到了來自老師現代思想的薰染，胡適的國文老師就是「思想很新的人」，他讓他的學生們去寫論述「言論自由」問題和論述摘自達爾文書中一些言論的文章。〔註21〕

〔註19〕參閱陳學明等：《通向理解之路》，昆明：雲南人民出版社，1998年版，第1～2頁。
〔註20〕《蔡元培全集》（第3卷），北京：中華書局，1984年版，第6頁。
〔註21〕胡適：《胡適自敘》，北京：團結出版社，1996年版，第76頁。

在中國公學，學校作為公共領域所具有的效能得到了充分的釋放：很多的現代思想正是借助於這新式教育而傳播開來。如晚清的很多著譯和報刊文章，正是借助於學校這一公共領域參與了建構五四文學創建主體早期的文化心理結構。如嚴復翻譯的《天演論》和林譯小說，便是借助於這一公共領域而進入了他們的文化視野的，這深刻地影響到了他們對外國文學的理解。

在五四文學發生的過程中，新式教育下的公共領域功能獲得了充分的釋放，這也是五四文學發生的重要前提條件。這從留美學生群所參與的公共領域中略見一斑。留美學生群在五四文學的發生中應該佔據著重要地位，但我們過去在對五四文學的解讀過程中，並沒有把留美學生群提升到應有的高度來認識。實際上，留美學生所參與的公共領域一直深刻影響著五四文學的發生和發展。留美學生群中的胡適和任鴻雋、梅覲莊等人的爭辯，在很大程度上規範了五四文學對峙的雙方，對五四文學的發展起到了重要的制衡作用。

留美學生群所處的公共領域主要是由「文學科學研究部」構成。胡適說過：「我是文學股的委員，負有準備年會時分股討論的責任。我就同趙元任先生商量，把『中國文字的問題』作為本年文學股的論題，由他和我兩個人分做兩篇論文。」〔註22〕正是由此出發，他們在 1915 年形成了一個由胡適、任鴻雋、楊杏佛（銓）、梅覲莊（光迪）、唐擘黃（鉞）等人參與討論的公共領域，他們在美國綺色佳（Ithaca），常常聚在一起討論中國文學的問題。「這一班人中，最守舊的是梅覲莊，他絕對不承認中國古文是半死或全死文字。因為他的反駁，我不能不細細想過我自己的立場。他越駁越守舊，我倒漸漸變的更激烈了。我那時常提到中國文學必須經過一場革命；『文學革命』的口號，就是那個夏天我們亂談出來的」〔註23〕這說明，胡適的五四文學革命思想，正是從綺色佳城這一特定的公共領域中，通過「交往行為」而獲得了確立。在這一公共領域的爭辯中，胡適的文學改良的思想便獲得了明晰的表達。此後，他們雖然暫時告別了這一公共領域，但他們之間關於白話和文言的爭辯並沒有終止，以書信交往的方式繼續著公共領域中的爭辯。對此，胡適曾經回憶說：「若沒有那一班朋友和我討論，若沒有那一日一郵片，三日一長函的朋友切磋的樂趣，我自己的文學主張決不會經過那幾層大變化，決不會漸漸結晶成一個有系統的方案，決不會慢慢的尋出一條光明的大路來」，「一班朋友做了我多年的『他山之錯』，我對他

〔註22〕 胡適：《胡適自敘》，北京：團結出版社，1996 年版，第 176 頁。
〔註23〕 胡適：《胡適自敘》，北京：團結出版社，1996 年版，第 179 頁。

們，只有感激，決沒有絲毫的怨望」。〔註24〕

事實上，這種交往行爲對五四文學的發生來講，幾乎是一種普遍的現象。如羅家倫回憶《新潮》時曾說過：「因爲大家談天的結果，並且因爲不甚滿意於《新青年》一部分的文章，當時大家便說：若是我們也來辦一個雜誌，一定可以和《新青年》抗衡，於是《新潮》雜誌便應運而生了。」〔註25〕顯然，這樣的談天過程，就是學生之間相互影響的過程，也正是在這一相互影響下，他們彼此的思想才會從對方那裡獲得啓迪，進而產生新的思想火花。當然，這樣的火花也是有前提條件的，那就是他們在北京大學諸位具有民主和科學思想的教授們身傳言教的感染下，學生既有的文化心理結構已經產生了一定程度的裂變，特別是他們的反叛精神、懷疑精神和科學精神，獲得了一定的發展，這成爲他們談天後終有所得的前提。這正如俞平伯所回憶的那樣：「1918年下半年，北大文科、法科的部分進步學生組織了新潮社，創辦《新潮》雜誌，爲《新青年》的友軍。新潮社設在沙灘北大紅樓東北角的一個小房間裏，與北大圖書館毗鄰。參加新潮社的有：法科同學汪敬熙、何思源；文科的傅斯年、羅家倫、楊振聲、顧頡剛、江紹原、康白情、李小峰、孫伏園、俞平伯。因年久，我已記不得誰是主編了。我們辦刊物曾得到校方的資助。校長蔡元培先生親自爲我們的刊物題寫『新潮』兩字。英文名 Renaissance，是『文藝復興』的意思。」〔註26〕從這裡可以看出，新潮社的成員不僅是接納了新式教育的學生，而且也是接納了五四文學啓蒙的學生，他們和五四文學的創建主體在文化心理結構上具有同質同構的特點。

《新潮》離不開陳獨秀、胡適、李大釗和蔡元培等五四文學創建主體的幫助。胡適甚至還應邀擔任《新潮》雜誌的顧問。這正如他們在發刊詞中所宣示的那樣：「去遺傳的科學思想，進於現世的科學思想；去主觀的武斷思想，進於客觀的懷疑思想；爲未來社會之人，不爲現在社會之人；造成戰勝社會之人格，不爲社會所戰勝之人格。」〔註27〕這完全可以看作五四文學的接受主體在創建主體的文化啓蒙下，已經顯示出了要掙脫「現在社會之人」的枷

〔註24〕胡適：《胡適自敘》，北京：團結出版社，1996年版，第198～199頁。

〔註25〕羅家倫：《北京大學與五四運動》，《傳記文學》（臺灣）第54卷第5期，1978年5月。

〔註26〕俞平伯：《回憶新潮》，《五四運動親歷記》，北京：中國文史出版社，1999年版，第326頁。

〔註27〕傅斯年：《新潮發刊旨趣書》，《新潮》1卷1號，1919年1月。

鎖，努力「爲未來社會之人」的文化姿態。

文科學生對文學固然熱情有加，即便是法科學生如何思源、汪敬熙等，也都是五四文學的積極參與者。何思源出生於 1896 年，山東荷澤人。從幼年時代就喜愛鄉土文學，能把《西遊記》、《三國演義》、《水滸》讀得滾瓜爛熟。14 歲接受新式教育的薰陶。1915 年，進入北京大學預科，三年後轉入文科哲學系，並擔任學生班長。汪敬熙出生於 1897 年〔註28〕，山東濟南人。1919 年畢業於北京大學，汪敬熙後來致力於生理心理學的研究，造詣精深，是神經生物學的奠基人之一。汪敬熙受北京大學這一公共領域中的「交往行爲」的作用，也從事了小說創作，如短篇小說《雪夜》。〔註29〕汪敬熙的文學創作恰恰是對五四文學的回應，但他的回應並不是緣於對文學本體的關注，而是緣於對五四文學所宣示的科學和民主等啓蒙思想的回應，這就造成了五四文學的許多參與者最後遠離了文學創作現場，像楊振聲、汪敬熙、顧頡剛、何思源等五四文學的擁躉，最後都遠離了文學。但這卻宣示了這樣一個基本事實，他們之所以成爲五四文學的接受主體和創建主體，正是大學這一公共領域影響和作用的結果；他們一旦離開了這一公共領域，就會恢復他們的常態下的人生姿態。

身居公共領域的「交往行爲」無處不在。這種形式不僅顯現於漫無目的的談天中，還顯現於學生日常生活的交往中。如傅斯年本來對從美國留學歸來任教北大的胡適所講授的中國哲學史不感興趣，而顧頡剛在聽了胡適運用西方的科學方法重編講義，丟開唐虞夏商不說，逕從周宣王時的《詩經》講起，使他感到耳目一新，由此慫恿傅斯年去旁聽，傅斯年聽了胡適的課，也極爲滿意。從此以後，顧頡剛和傅斯年便經常到胡適家中請教問題，探討學問。正是在胡適的影響下，他們成爲「適之門下大弟子。」〔註30〕對此，顧頡剛回憶說，胡適在 1919 年出版的《中國哲學史大綱》，第一次將孔子及其學說與諸子並列，使孔子從聖人一變而成一般學者。「這一改，把我們一班人充滿著三皇五帝的腦筋驟然作一個重大的打擊，駭得一堂中舌撟而不能下。」〔註31〕由此可見，「交往行爲」中的相互影響是至關重要的，它在改變人的思

〔註28〕 對汪敬熙出生的另一種說法是 1893 年，但從其 1919 年畢業於北京大學的情況來看，他應該屬於第三代學生之列，出生於 1897 年的說法可能較爲可靠。另外，汪敬熙因爲出生於濟南，所以人們常稱爲濟南人，但其籍貫是江蘇省。
〔註29〕 汪敬熙：《雪夜》，《新潮》1 卷 1 號，1919 年 1 月。
〔註30〕 錢穆：《八十憶雙親‧師友雜憶》，長沙：嶽麓書社，1987 年版，第 143 頁。
〔註31〕 《古史辨》（第 1 冊），林社，1920 年版，第 36 頁。轉引自李澤厚《中國現代

想上起著潛移默化的作用。

交往行為是以符號或語言為媒介的，其主要的交往形式是對話。離開了對話這一主要的交往形式，交往的理解程度就會大打折扣。具體到五四文學的發生，我們可以看到，五四文學從某種意義上說正是奠定於以符號或語言為媒介的對話基礎之上的，換言之，「交往行為」構成了五四文學發生和發展的一個重要前提。如《新潮》創刊伊始，就發表了傅斯年的《萬惡之源》一文，他首先論證了人的行為的善惡與其個性有著必然的聯繫，指出，「破壞個性的最大勢力就是萬惡之源」。而什麼是破壞「個性」的最大勢力呢？傅斯年認為，家庭就是這萬惡之源。其理由是「中國家庭從小便極力摧殘人的個性」，「中國人對於家庭負累的重大，更可以使他所有的事業，完全烏有，並且一層一層的向不道德的中心去」，要「想知道中國家族的情形，只有畫個豬圈」！這篇短文一經在《新潮》刊出，就引得舉校一時譁然，為此《新潮》一卷一號不得不儘快再版，以至重印到第三版，銷售了 13000 多冊。〔註 32〕

《新潮》由於「文字淺顯易懂，甚為廣大青年讀者所喜愛」，〔註 33〕且「銷路很廣，在南方的鄉間都可以看到」。〔註 34〕青年學生爭相傳閱，「已經翻閱得破破碎碎了，還是郵寄來，郵寄去」，〔註 35〕這由此也顯示出了《新潮》擁有眾多的接受主體，以及由這些接受主體而形成的「交往行為」。因為在「爭相傳閱」的背後，還隱含著爭相對話，而不可能僅僅是「爭相傳閱」後就啞無聲息了。同理，這樣的「爭相傳閱」也不可能不影響到五四文學的創建主體，會成為促進其進一步「交往行為」的動因。

在傅斯年的文章之後，顧頡剛寫了一篇《對於舊家庭的感想》的短文刊在《新潮》上，這篇文章和傅斯年的文章在北京大學所引發的震動差不多。但是，在沒有對話的「交往行為」中，因為缺少了公共領域，其結局就只有

思想史論》，北京：東方出版社，1982 年版，第 95 頁。

〔註 32〕另一種說法是《新潮》第一期出版不到一個月就印了三版，高達 7000 份（初版 1000 份，再版兩次均為 3000 份）。不管具體是多少份，都可以說明《新潮》在當時具有很大的影響這一基本事實。

〔註 33〕顧頡剛：《回憶新潮社》，《五四時期的社團》（二），北京：三聯書店，1979年版，第 125 頁。

〔註 34〕顧頡剛：《回憶新潮社》，《五四時期的社團》（二），北京：三聯書店，1979年版，第 125 頁。

〔註 35〕李小峰：《新潮社始末》，《五四運動回憶錄（續）》，北京：中國社會科學出版社，1979 年版，第 200 頁。

越發「寂寞」了。這種情形在巴金的小說《家》中有過精彩的文學敘事，好在巴金的《家》本身帶有很強烈的自我生活色彩，因此，這可以作爲我們觀照《新潮》在遠離了公共領域，失卻了「交往行爲」後的一個「鏡象」：「(覺慧) 照例早晚到祖父房裏去請安，因此不得不看祖父的疲倦的暗黃臉，看陳姨太的擦得又紅又白的粉臉。還有許多毫無表情、似笑非笑的臉，也是他在家裏常常看見的。有時候他實在忍耐不下去了，便憤憤地說：『等著罷，總有一天……』以下的話他不曾說出來。究竟總有一天會發生什麼事情呢？他自己也不大知道。不過他相信將來總有一天一切都會翻轉過來，那時候他所憎恨的一切會完全消滅。他又找出舊的《新青年》、《新潮》一類的雜誌來讀。他讀到《對於舊家庭的感想》一篇文章，心裏非常痛快，好像他已經報了仇了。但是這痛快也衹是暫時的，等到他拋開書走出房間的時候，他又看見他所不願意看見的一切了。他立刻感到寂寞，便又無聊地走回房裏。……『寂寞啊！』覺慧常常在房裏歎息道，他不高興再讀新書報了，這只有使他更感到寂寞。」〔註36〕

覺慧所讀的文章和引得擧校一時譁然的文章沒有什麼差異，但是，其所引發的情感反應卻大相徑庭：在「交往行爲」中，這樣的文章給人們帶來的是新鮮感和刺激感，但沒有「交往行爲」，卻只能引發閱讀者的寂寞感，以至於用「不高興再讀新書報」來打發這無聊的日子；而覺慧進入了新式教育的學校這一公共領域後，因爲有了「交往行爲」，其情形就截然相反了。這說明了五四文學的發生，離不開新式教育下的學校這一公共領域，假設學生離開了這一公共領域，讓他們回歸於自己的家庭中，他們既無法成爲五四文學的創建主體，也無法成爲五四文學的接受主體。由於思想和情感體驗沒有公共領域中的「交往行爲」，其對五四文學發生的驅動力只能處於「缺席」的狀態。

新式教育下的公共領域不僅促成了學生對西學知識的接納，而且還起到了砥礪學生思想、激發學生情緒的重要作用。《對於舊家庭的感想》一文，從其誕生來看，這是休學在家的顧頡剛應傅斯年之邀而寫的。顧頡剛在寫作本文時，一方面受到了《新潮》一卷一號傅斯年所寫的《萬惡之源》的感召，另一方面也與傅斯年的邀請大有關聯，後者促成了顧頡剛從私人領域向公共領域的精神回歸。這就是說，離開了大學這一公共領域，顧頡剛充其量只能

〔註36〕巴金：《巴金選集》（第 1 卷），成都：四川人民出版社，1982 年版，第 87～88 頁。

在閱讀了傅斯年所寫的《萬惡之源》後，以產生「痛快」始，以感到「寂寞」終，而絕難寫出像《對於舊家庭的感想》如此痛快淋漓地回應著公共領域的眾聲喧嘩的文章。

由此說來，這種公共領域的形式超越了空間的限制，甚至還以通信的形式，建立起了同聲相求的公共領域。這得力於全國各地的新式教育和北京大學所接納的新式教育基本相同的緣故，這造就了他們在文化心理結構上的同質同構，這實際上也是北京大學的教師和學生能夠引領全國其他學校的教師和學生的重要根據。如羅家倫的《駁胡先驌君的中國文學改良論》一文，在當時影響較大。白話文學受到守舊派文人的反對，本是在情理之中，但這也受到了「學貫中西」的胡先驌的反對，胡先驌和守舊派文人所操持的武器還不大一樣，而是和五四文學創建主體們所操持的武器很相似，他引證的也是西方文學，這得到了守舊文人呼應。羅家倫逐條批駁後，又重申了白話文學的宗旨是創造「人的文學」。〔註37〕這篇文章發表後得到了浙江杭州第一師範的施存統的回應：「我們同學起初看見的胡先驌君《中國文學改良論》也有很多懷疑的，以為白話文未必可以全代文言，現在羅志希先生這篇《駁胡先驌君的中國文學改良論》真是對症發藥。他們懷疑的所在，都被羅先生解釋過了，信仰白話文的程度，諒來必定要增加了。我極歡迎羅先生這篇文字，我的同學也歡迎，這篇文章實在是不可少的。」〔註38〕這說明北京大學的學生通過《新潮》所搭建起來的超越時空的公共領域，在那些已經接納了新式教育的學生中引發了「共鳴」與「回應」。如此之情景，自然就和當年魯迅置身荒原的感覺截然不同了，由這樣的「共鳴」與「回應」而給先驅者帶來的，自然是依然前行的信心和勇氣。

按照哈貝馬斯的交往理論來理解其所說的公共領域，我們在此把在交往中構成了對話的一切時空形式，都可以看作公共領域的形式。大學作為教師和學生建構起來的公共領域，在五四文學的發生過程中，其形式是多種多樣的。對此，我們認為大學作為五四文學發生的公共領域，還存在著一個由鄉誼而結成的潛在公共領域。這對五四文學的發生具有一定的影響。如在北京大學中，由鄉誼或師誼而帶來的親和力便客觀地存在著。事實上，由於隸屬於同一地域文化，他們之間有著相似或相同的文化背景，操持著相似的話語，

〔註37〕羅家倫：《駁胡先驌君的中國文學改良論》，《新潮》1 卷 5 號，1919 年 5 月。
〔註38〕參見《施存統的來信》，《新潮》2 卷 2 號，1920 年 2 月。

他們之間的「交往行為」就多一些，彼此的瞭解也深得多，這就形成了一個互相回應著的潛在公共領域。所以，在五四文學發難之際，他們便自然而然地走在了一起。如錢玄同和魯迅都是浙江人，他們還有過一同師從章太炎的同門之誼，彼此思想上溝通較多，錢玄同擔任《新青年》的執行主編而組稿時，自然想到了魯迅。正是錢玄同的約稿，才引爆了魯迅文學創作的激情，使其創作呈現出「一發而不可收」的態勢。事實上，五四文學運動期間的北京大學，從校長蔡元培到文科教師，浙江籍的人非常多，如錢玄同、魯迅、周作人、沈尹默、沈兼士、馬裕藻、馬衡等教師〔註39〕以及學生羅家倫、俞平伯等。對此，周作人在晚年所撰《知堂回想錄》中說：「沈尹默和馬幼魚很早就進了北大，還在蔡孑民（蔡元培）長北大之前，所以資格較老，勢力也比較大。」這些都說明了鄉誼或師誼在五四文學的公共領域中，的確起到了非常重要的作用。

　　五四文學發生的公共領域還有一種形式，就是由團體學會所帶來的「交往行為」，這在五四文學誕生之後，也起到了極其重要作用。作為同仁性的社團，具有了公共領域的多重作用，如在互相切磋中得到啓發，在互相賞識中確立了信念，在互相認同中實現自我的社會價值，從而使其文本找尋到了存活的深厚文化土壤。這最典型的是五四文學發生期間留日學生群中的郭沫若、郁達夫、成方吾等參與的留日學生公共領域，就為創造社的成立奠定了基礎。這就是說，隨著公共領域的進一步發展，社團作為一種較為固定的公共領域就取得了重要的歷史地位。

第三節　蔡元培在公共領域中的作用

　　在以往對五四文學發生問題的解讀上，我們忽視了大學作為公共領域的效能，沒有很好地從公共領域這一視角來予以解讀。實際上，北京大學經過蔡元培的重整，才使這公共領域的效能得到了進一步實現。這正如梁漱溟所回憶的那樣：「在當時的中國，在『五四』運動前夕的北京大學，論其影響和作用，蔡先生是居首位的。他的業績，影響著現代中國的文化教育各方面。」

〔註39〕在當時的北京大學，人們把浙江的幾位風雲人物，稱之謂「一錢、二周、三沈、五馬」。「一錢」指錢玄同；「二周」指周樹人和周作人兄弟；「三沈」指沈士遠、沈尹默、沈兼士兄弟三人；「五馬」指馬裕藻、馬衡、馬鑒、馬準和馬廉兄弟五人。

〔註40〕這便可以看作對蔡元培身居公共領域所起的獨特歷史作用的真實寫照。具體來說，以下的幾個條件之於公共領域是不應該忽視的：

其一，蔡元培所製定的「囊括大典，網羅眾家，思想自由，相容並包」這一治校原則，使北京大學獲得了公共領域的特質，促成了百家爭鳴。事實上，公共領域的應有之義就已經包含了眾聲喧嘩的意味，如果只有一種聲音，那就無所謂什麼公共領域了。同時，也應該看到，蔡元培所提倡的「思想自由」，也正是對共和政體中的自由觀念的呼應，而相容並包則為各種思想彙聚於公共領域起到了重要的作用，蔡元培對五四文學發生的重要作用恰恰體現在這裡。

蔡元培的「相容並包」，為五四文學的創建主體提供了可以發表自己見解的公共領域。這就使由堅守傳統文化立場的學者一統「天下」的私人領域轉化為公共領域。蔡元培為了使新學理輸入大學，他主張「對於學說，仿世界各大學通例，循『思想自由』原則，取相容並包主義，……無論何種學派，苟其言之成理，持之有故，尚不達自然淘汰之運命者，雖彼此相反，而悉聽其自由發展」。〔註41〕正如有學者指出的那樣：「蔡元培的『相容並包』絕不是無原則的混合拼湊。教師中的確是有劉師培、辜鴻銘這樣的守舊派人物，那是尊重他們的學問，容許學術問題自由討論，絕非允許他們進行反動的政治宣傳，搞復辟倒退。蔡元培是在帝王思想和官僚習氣籠罩之下的北京堅持革命宣傳，要『包』與『容』的不是封建主義的舊文化，而是給『新學』、給近代科學文明、給資產階級的民主、自由找一塊立錐之地。」〔註42〕無疑，這樣的分析是有道理的，蔡元培的「相容並包」的確帶有鮮明的價值取向。不過，如果單從這一方面來解讀蔡元培的相容並包，也有失之不周之處，那就是蔡元培的相容並包的確還帶有雜糅各種學說於一爐的意味。如果說蔡元培把陳獨秀和胡適等新派人物相容進來，能夠說明他相容「新學」的一面，那麼，蔡元培把梁漱溟也聘請到北京大學，顯然具有了建構公共領域的自覺意識。這正如蔡元培在聘請投考北京大學而不中的中學畢業生梁漱溟時所說的那樣：「你不是愛好哲學嗎？我自己是愛好哲學的，我們還有一些愛好哲學的朋友。我這次辦大學，就是要將這些朋友，乃至

〔註40〕梁漱溟：《訪梁漱溟問答錄》（一）汪東林筆錄，《人物》，1986 年第 1 期。

〔註41〕《中國現代文學史參考資料》（第 1 卷），北京：高等教育出版社，1959 年版，第 66 頁。

〔註42〕孫世哲：《蔡元培魯迅的美育思想》，瀋陽：遼寧教育出版社，1990 年版，第 25 頁。

在未知中的朋友，都引在一起，共同研究，彼此切磋。你怎麼不來呢？你不要當是老師來教人，你當是來研究學習好了。」〔註43〕正因爲蔡元培的相容意識，不僅相容了新思想新道德，而且也相容了傳統思想和道德，才使北京大學具有了實實在在的公共領域功能。如在當時的北京大學，這邊是激進教員宣揚新文學新道德的講座，那邊是保守教員宣揚傳統文學傳統道德的講座，形成了直接對壘的兩個陣營。像梁漱溟 1917 年進入北京大學後，發起並創立了孔子研究會，參與創辦《國故》月刊社，成爲北京大學這一公共領域上的活躍人物。這對於進一步啓動《新青年》，自然具有不容忽視的作用；尤其造成了新舊文化、新舊文學的互補制衡格局。

事實上，蔡元培正是借助於「相容並包」的策略，實現了北京大學教師隊伍的重新整合：據 1918 年統計，全校二百多教員中，教授平均年齡只有 30 多歲，甚至還有二十五、六歲的教授。而像林紓等晚清時期的風雲人物，則逐漸淡出北京大學。這恰如林語堂評價蔡元培時所說的：「論資格，他是我們的長輩；論思想精神，他也許比我們年輕；論著作，北大教授很多人比他多；論啓發中國新文化的功勞，他比任何人大。」所謂啓發中國新文學的功勞比任何人大，我認爲恰恰在於蔡元培通過新式教育，爲五四文學的創建主體和接受主體提供了一個公共領域，爲五四文學的發生提供了良好的文化語境——從年齡上看，30 歲左右的青年教授和 20 多歲的青年學生，情緒化是與其年齡相伴的一個顯著特徵。當他們深感綱常名教對於人性的扼殺，尤其是面對保守派對傳統不容質疑的「偏激姿態」時，就極易促成他們採取對抗保守派的「偏激姿勢」的「激進姿態」。傅斯年就曾經說過：「我們有點勇猛的精神，同時有個武斷的毛病。要說便說，說得太快了，於是乎容易出錯。觀察研究不能仔細，判斷不能平心靜氣。」〔註44〕這正可以看作針對「偏激」來的「激進」的辯證闡釋。

其二，蔡元培本人所具有的人格魅力則是他建構北京大學公共領域的重要基石。蔡元培 17 歲（1883 年）考中秀才，23 歲應鄉試中舉人，24 歲應會試告捷，26 歲應殿試，進士及第，被點爲翰林院庶吉士，28 歲應散館考試，又由庶吉士升爲翰林院編修。〔註45〕這樣的一段「輝煌」歷史，自然

〔註43〕梁漱溟：《紀念蔡先生》，《文化雜誌》第 2 卷第 1 號，1942 年。
〔註44〕傅斯年：《新潮之回顧與前瞻》，《新潮》2 卷 1 號，1920 年 1 月。
〔註45〕孫世哲：《蔡元培魯迅的美育思想》，瀋陽：遼寧教育出版社，1990 年版，第 12 頁。

深爲前清遺老所敬重；在辛亥革命確立了共和政體後，蔡元培又成爲中華民國的教育總長，這又使他獲得受過新式教育的人的敬重。這樣的話，蔡元培就以一個不偏不倚的中間角色，成爲各方得以接受這一公共領域的重要條件。儘管蔡元培本人對五四文化運動採取了積極的態度，但他在表面上還是以「中立」的立場應對守舊派的詰難。如蔡元培對《新潮》的出版不僅從經濟上給予支援，而且還從輿論上、道義上給予維護。當《新潮》受到攻擊的時候，他公開站出來爲之辯護：「在學生則隨其好尚，各尊所聞；當事之員亦甚願百慮殊途，不拘一格以容納之」；當教育總長傅增湘指責《新潮》「因辨難而涉意氣」，「將益啓黨派新舊之爭」的時候，蔡元培爲之辯解道：「據《新潮》編輯諸生言，辦此雜誌初心，原以介紹西洋近代有益之學說爲本，批評之事，僅屬末節」，「至於持論間有殊於舊貫者，容爲外間誤會之所集；然苟能守學理範圍內之研究，爲細密平心之討論，不涉意氣之論，少爲逆俗之言，當亦有益而無弊」，「大學兼容並包之旨，實爲國學發展之資」。〔註46〕這就把相容並包解讀成「國學」發展之「資」，機智靈活地調和了西學和中學之間的緊張對峙關係，庇護了新潮社及學生成員，確保了公共領域的多重對話的順利進行。

　　蔡元培不僅爲學生的新思想開脫，而且也努力保護五四文學的創建主體，爲他們抵擋來自復古派的明槍暗箭。如五四文學的對立派曾抓住陳獨秀狎妓、「打場」（即與人同爭一妓而發生糾紛）一事，大做文章。對此，周作人說過：那時「北京御用報紙經常攻擊仲甫，以彼不謹細行，常作狹斜之遊，故報紙上記載時加以渲染，說某日因爭風抓傷某妓下部，欲以激起輿論，因北大那時有進德會不嫖不賭不娶妾之禁約也。」〔註47〕身爲北京大學進德會會長的蔡元培，爲了給陳獨秀開脫，他擡出了復辟主義者和籌安會發起人作爲擋箭牌：「對於教員，以學詣爲主；在校講授，以無背於第一種之主張爲界限，其在校外之言動，悉聽自由，本校從不過問，亦不代負責任。例如復辟主義，民國所排斥也，本校教員中有拖長辮而持復辟論者，以其所授爲英國文學，與政治無涉，則聽之。籌安會之發起人，清議所指罪人者也，本

〔註46〕參見《傅增湘和蔡元培關於<新潮>的通信》，《五四時期的社團》（二），北京：三聯書店，1979年版，第65－66頁。

〔註47〕見《知堂回想錄》，第一二二節。也可參見王彬彬《風高放火與振翅灑水》，北京：人民文學出版社，2004年版，第5～6頁。

校教員中有其人，以其所授爲古代文學，與政治無涉，則聽之。嫖賭娶妾……等事，本校進德會所戒也，教員中間有喜作側豔之詩詞，以納妾狹妓爲韻事，以賭爲消遣者，苟其功課不荒，並不誘使學生而與之墮落，則姑妄聽之。夫人才至爲難得，若求全責備，則學校殆難成立。且公私之間，自有天然界限。」〔註48〕儘管蔡元培最後迫於壓力，以體制改革的名義罷免了陳獨秀，但這依然顯示出了蔡元培在相容的旗幟下對新文化的接納，以及由此爲五四文學的發生提供了必要的公共領域，所有這一切實在離不開蔡元培的人格魅力。

　　蔡元培的人格魅力獲得了體制認可，這是蔡元培之所以能夠實現建構公共領域的重要前提。如教育部發給蔡元培的專電中指出，「國事漸平，教育宜急。現以首都最高學府，尤賴大賢主宰，師表群倫。海內人士，咸深景仰。用特專電敦請我公擔任北京大學校長一席，務祈鑒允，早日歸國，以慰瞻望」。〔註49〕這在彰顯了蔡元培的人格魅力的同時，亦彰顯了共和體制所宣示的民主共和平等自由等價值體系對蔡元培的文化人格的認同。

　　蔡元培的人格魅力，促成了北京大學的公共領域的發展。這誠如何思源在回憶中所講的：「在『學術思想自由』的口號下，各種社團如雨後春筍般地出現，像哲學會、雄辯會、音樂傳習所、體育會、武術會、數理研究會、書法研究會、畫法研究會等等。各種刊物也紛紛出版，其中最著名的有《新青年》、《新潮》、《每周評論》、《國民雜誌》等；也有堅持守舊的刊物，如《國故》、《論衡》。各種社團、刊物風起雲湧，蓬勃發展，對全國思想界發生極大影響。」隨著北京大學的發展，北京大學的紅樓及前院更具有了公共領域的功能：「有一天，《日刊》上登載兩篇文章，一篇是蔡元培的改用白話文、提倡新文學的文章；一篇是林琴南堅持用文言、反對白話文的文章。這是蔡元培用行動貫徹他的自由討論主張的表現。我記得該期《日刊》出版時，北大紅樓前院擠滿了人，爭相購買，有的一人購買幾十份，以至上百份，霎時間幾千張報紙就被搶購一空，後來者只好向隅。」〔註50〕如此盛況，眞是「空前絕後」，這既可以看作蔡元培改用白話文所帶來的「名人效應」，也可以看作公共領域所具有的對話與回應功能的自然顯現。

〔註48〕《中國現代文學史參考資料》（第一卷），北京：高等教育出版社，1959年版，第67頁。

〔註49〕高平叔：《蔡元培年譜》，北京：中華書局，1980年版，第35頁。

〔註50〕何思源：《五四運動回憶》，《北京文史資料》，第四輯，第67頁。

　　事實上，北京大學校長一職的任命本身就是在民主共和體制下的產物。這就是說，蔡元培之所以在北京大學獲得了一個營造公共領域的機緣，既離不開他的人格魅力，也離不開體制對他的認可。而蔡元培的相容，也無法離開體制的容許範圍而無限制地相容。也許，正是從這樣的意義上，胡適晚年對五四運動耿耿於懷並非一點道理也沒有：五四運動是 1917 年和 1918 年開始的那項偉業的一次中斷，新文化運動從此再也未從這次打擊中完全恢復過來，「這就是說從新文化運動的觀點來看——我們那時可能是由於一番愚忱想把這一運動，維持成一個純粹的文化運動和文學改良運動——但是它終於不幸地被政治所阻撓而中斷了。」〔註51〕其實，我們從文化啓蒙的意義上來審視的話，五四文學並沒有因此遵循著胡適所設計的道路走下去，而是政治取代了啓蒙。對此，李澤厚提出了啓蒙和救亡雙重變奏說，認爲「啓蒙與救亡相互促進，救亡壓倒啓蒙」。〔註52〕我認爲，這不完全符合實際。並不是救亡壓倒了啓蒙，而是政治壓倒了啓蒙。五四運動後，青年學生就從反禮教反覆古反家庭專制的文化情結轉向了「反帝反封建」的政治情結，五四文學還沒有獲得進一步展開就爲政治所打斷。對此，曾經繼承了五四學生運動的傳統、并參加了一二·九學生運動的韋君宜站在「反右派」運動的湍急歷史河流中，曾經這樣對黃秋耘說：「如果在『一二·九』的時候我知道是這樣，我是不會來的。」〔註53〕其子楊團也寫道：「母親苦苦追求了一輩子，卻在眼淚全都乾涸的時候才大徹大悟：窮盡一生的努力，一生的奮鬥，換來的究竟是什麼？當她重溫自己那時的理想，當她不能不承認後來犧牲一切所追隨的，都與自己那時的理想相悖，彷彿繞地球一圈又回到了原地，怎能不追悔平生，痛徹骨髓呢？」〔註54〕這是作爲歷史的過來人的學生對五四文化運動的政治情結的自白，其間所隱含的是對於政治壓倒啓蒙的歷史語境下個體的主體失落的深刻反省。事實上，政治一直以「救亡」的身份充當著「救世主」的角色，其政治話語遮蔽了啓蒙話語。這不僅使人看到了歷史驚人的相似點：孫中山在二十世紀初對革命的認知邏輯是，只要推翻了帝制，建立了共和政體，中

〔註51〕胡適：《胡適自敘》，北京：團結出版社，1996 年版，第 215 頁。

〔註52〕李澤厚：《中國現代思想史論》，北京：東方出版社，1987 年版。

〔註53〕參閱王彬彬：《風高放火與振翅灑水》，北京：人民文學出版社，2004 年版，第 126 頁。

〔註54〕《回應韋君宜·代序》，大眾文藝出版社，2001 年版。或參閱王彬彬：《風高放火與振翅灑水》，北京：人民文學出版社，2004 年版，第 127 頁。

國其他的問題就會順理成章地解決了，就可以確保救亡圖存，中國就可以進入一個歷史的新紀元了。然而，共和政體並沒有達到革命設計者孫中山預期的目標，相反，共和政體確立後的中華民國還由此陷入了軍閥混戰的黑暗時代，這正如孫中山深刻反省的那樣：「夫去一滿洲之專制，轉生出無數強盜之專制，其爲毒之烈，較前尤甚。」「吾三十年來精誠無間之心，幾爲之冰消瓦解，百折不回之志，幾爲之槁木死灰。」〔註55〕事過境遷不過十幾年，緣於對共和政體的失望，新一代仁人志士又舉起了革命的旗幟，其對革命的認知邏輯是，只要建立了一個新中國，才會確保救亡圖存，從而引領人民過上幸福的日子。然而，歷史發展的客觀事實證明，沒有啓蒙在場的政治，或者把啓蒙完全納入到政治框架中的啓蒙，既無法確保政治目標的眞正實現，也無法確保啓蒙目標的眞正實現。這已經爲二十世紀六十年代的「文革」劫難所證實。如此以來，五四文學所設定的啓蒙目標還沒有很好地展開，就已經被納入到政治框定的規範中，導致了政治壓倒啓蒙。回歸於人的基點上的五四文學革命就爲奠基於政治基點上的「革命文學」所取代。

如此說來，政治壓倒啓蒙，既是五四運動的一個歷史性進步，又是對五四文學自身的背離，這使剛剛回歸於人的基點上的「人的文學」爲「政治文學」所取代，五四文學在轉了一圈後又回到了它發生的起點上。同時，從文化啓蒙到新政治啓蒙又逾越了共和政體所劃定的既有「疆域」，這就把身在體制中的校長蔡元培直接推到了體制所設定的「疆域」邊緣，使蔡元培原來具有的體制角色和文化上的中間立場、模糊身份也隨之消失殆盡，這樣直接的結果就是北京大學作爲公共領域的文化功能逐漸地爲政治功能所取代。此時的陳獨秀等五四文學創建主體已不滿足於文化和文學上的革命，而是用實際行動置身於革命之中，甚至還親自散發傳單，這些帶有革命色彩的行爲已經無法爲體制所容納，由此出發，五四文學的創建主體和接受主體就越來越溢出了當時的中華民國所設定的「疆域」，成爲反體制的力量。蔡元培因同情學生和積極營救被捕學生，遭軍閥政府嫉恨，軍閥政府聲言「要以三百萬金收買兇手刺殺蔡元培」等。蔡元培雖同情學生，但又不能公開與政府對立，最後，蔡元培被迫出走，辭職離京。從這樣的意義上說，蔡元培辭職一事，可以看作五四文學發生的公共領域由文化功能向政治功能轉變的開始。

總之，新式教育下的公共領域使得五四文學的發生從私人領域或者狹窄

〔註55〕孫中山：《建國方略》，瀋陽：遼寧人民出版社，1994年版，第2～3頁。

的公共領域轉向了廣闊的公共領域，此時身居公共領域的教師和學生，其「交
往行爲」就因此獲得了社會價值，從而使他們在這一公共領域上的言行舉動，
借助其他的報刊等大眾傳媒形式，引發了強烈的社會反響，由此形成了一股
轟轟烈烈的人的解放和文學解放的「五四」洪流，從而成爲人們文學記憶中
的激越音符。

第七章 新式教育下的林譯小說與
五四文學的發生

　　新式教育下的林譯小說與五四文學的發生具有非常密切的關係。林譯小說作為新式教育下的產物，不僅體現在林譯小說翻譯的全過程，而且還體現在林譯小說所引發的社會反響上。如果沒有新式教育，林譯小說的誕生是無法想像的；如果沒有新式教育，誕生後的林譯小說要獲得如此廣泛的社會影響也是無法想像的。所以，將林譯小說納入到新式教育的框架下加以解讀，不僅有利於我們對新式教育和林譯小說的關係作出準確的把握，而且也有助於我們對林譯小說與五四文學的創建主體和接受主體之間的關係的把握。我認為，新式教育孕育了林譯小說，林譯小說又反過來促成了五四文學創建主體和接受主體的文化心理結構的裂變，對他們作了思想上和文學上的雙重啟蒙，在促成他們認同西方文學的同時促成了五四文學的發生。

第一節　新式教育與林譯小說的關係

　　我們把林譯小說納入到五四文學的發生的框架中，人們一般是沒有什麼異議的，五四文學的很多創建主體和接受主體都不止一次地表述過自己的文學創作深受林譯小說的影響。但是，我們把林譯小說和新式教育聯繫起來，並把林譯小說當作新式教育下的產物，恐怕就不見得為許多學人所接受了。其實，在這一問題上，人們一直存在著一個誤區，就是把林譯小說當作了林紓翻譯的小說，而沒有把林譯小說看成是林紓和口譯者合作翻譯的小說。為

此，人們經常把林紓目爲不懂外文的翻譯家。嚴格說來，這種說法本身既不嚴謹也不科學。因爲翻譯本身就隱含著對兩種或兩種以上的語言文字進行轉換的意思。我們把林紓這樣一個僅僅懂得漢語言的人也當作翻譯家，這本身就大錯特錯了。準確講來，林紓不是一個翻譯家，而是口譯者口譯時的筆記者，最多不過是對口譯者的口譯「轉換」爲古文的筆記者。這樣的話，我們把林紓當作不懂外文的翻譯家，本身就遮蔽了口譯者在小說翻譯中的地位和作用，這是我們應該予以糾正的一個錯誤認識。

正是基於這種認識，我在此所使用的林譯小說這一概念，就不再是原來人們習慣上所指認的林紓翻譯的小說，而是特指林紓和口譯者合作翻譯的小說，只不過考慮到在翻譯的過程中，與林紓合作進行翻譯的口譯者較多，難以取得一個較爲明晰的界定，只好也襲用林譯小說這一概念了。如林紓和王壽昌合作翻譯的《茶花女》，我們如果因此稱之爲「林王譯茶花女」，那麼，林紓和其他口譯者合作翻譯的譯作，我們再進行命名就顯得困難了。所以，爲了方便，我在此把林紓和口譯者合作翻譯的小說通稱爲林譯小說。這樣的話，我在這裡所指認的林譯小說，在凸現了林紓在翻譯過程中的作用和地位的同時，也凸現了口譯者在翻譯過程中的作用和地位。我們由此出發來梳理新式教育和林譯小說的關係，就會發現，林譯小說恰好是新式教育下的產物。

其一，林譯小說的口譯者是新式教育下的產兒。

口譯者作爲新式教育下的產兒，自然對西方文化有了較深的瞭解，這是中國的士大夫所遠不及的。就林譯小說來說，其誕生也恰恰是得力於口譯者在新式教育下所獲得的世界化眼光。在近 20 年的時間裏，林紓和口譯者合譯的作品有 184 種之多，其中世界文學名著有 40 餘種左右。在這些口譯者中，懂得英語的有魏易、曾宗鞏、陳家麟、毛文鍾等，懂得法語的有王壽昌、王慶通、王慶驥、李世中等。他們都無一例外的屬於新式教育下的產兒。

正如我們在前面所論述過的那樣，外語課程的設置本身就是新式教育的產物。正是在新式教育的催生下，一批新式教育下的學生才獲得了駕馭外語的能力。從這樣的意義上說，如果沒有新式教育下的外語課程的設置，沒有新式教育下的學生對外語的掌控，就無法孕育出晚清翻譯西方小說的風潮，更談不上不懂外文的林紓對西方小說的翻譯了。

最早和林紓進行合作從事翻譯的是王壽昌。王壽昌，閩縣（今福州市）人。1878 年，他考入馬尾船政前學堂製船科，成爲該學堂製造班第三屆畢業

生。1885 年，他以優異成績被推舉到法國巴黎大學留學，專攻法律學並專修法文，在多年的學習過程中，他對法語已是非常精通。王壽昌本人還愛好文學，在法留學期間，他接觸並閱讀了大量西方文學名著。歸國時還帶回了包括小仲馬作品在內的多部法國小說。王壽昌在法國巴黎多年的生活，使他對小仲馬的《茶花女》中所描述的故事情節十分熟悉，這使他能夠較好地把握原著的精髓。1897 年，王壽昌任馬尾船政學堂任法文教習，這使林紓和王壽昌有了見面和合作的機會。如果沒有新式教育的話，王壽昌要想獲得駕馭法語的能力幾乎是不可能的；如果沒有新式教育的話，王壽昌即便是獲得了駕馭法語的能力，也難以找尋到用武之地，自然無法進入諸如船政學堂之類的公共領域，這也就談不上和林紓合作翻譯的小說了。

　　林紓能夠走上合作翻譯的道路，並不是其文化心理結構使然的自然結果，而是新式教育下的留學學生在建構了新的文化心理結構之後的結果。1897 年春，林紓的夫人不幸去世，林紓哀痛極深，家人勸他到朋友魏瀚處散心。在魏瀚家中，林紓結識了留法歸來的王壽昌。王壽昌主動地與林紓談起法國文學，向林紓介紹了法國小仲馬的名著《茶花女》，爲了讓林紓從悲痛中解脫出來，王壽昌建議與林紓合譯這部名著。王壽昌希冀通過翻譯，「子可破岑寂，吾亦得以介紹一名著於中國，不勝麋額對坐耶！」〔註1〕於是，二人不到半年時間就把《巴黎茶花女遺事》全部譯完。該書於 1899 年刊行後，「不脛走萬本，」〔註2〕「一時紙貴洛陽，風行海內」，〔註3〕被稱爲「外國的《紅樓夢》」。這在林紓自己恐怕也是沒有預料到的。由此可見，林紓正是通過和王壽昌的合作翻譯，才爲自己贏得了莫大的聲譽，這爲其走上合作翻譯的道路奠定了堅實的基礎。

　　但是，令人深感遺憾的是，《巴黎茶花女遺事》大行其道之後，世人在凸現了林紓的同時，卻遮蔽了王壽昌在合作翻譯中的主導地位。其實，《巴黎茶花女遺事》翻譯的主導者應該是王壽昌。這正如王壽昌在翻譯之初所設想的那樣，在這次合作翻譯中，林紓所要達到的主要目標是「可破岑寂」，而自己所要達到的目標則是「介紹一名著於中國」。顯然，這主次地位是分明的。但當世人在接納《巴黎茶花女遺事》之後，卻沒有把掌聲和鮮花送給策劃者，而是送給了口譯的筆記者。這意義對林紓來說是在於開啓了林紓合作翻譯的

〔註1〕　《林紓研究資料》，福州：福建人民出版社，1982 年版，第 225 頁。
〔註2〕　陳衍：《林紓傳》，《福建通志·文苑傳》第九卷，第 26 頁。
〔註3〕　寒光：《林琴南》，北京：中華書局，1935 年版。

無限廣闊的道路，這就為林譯小說大行其道奠定了堅實的基礎。

其二，如果說林紓在一開始對合作翻譯西方小說還沒有什麼明晰目的的話，那麼，隨著《巴黎茶花女遺事》的成功，林紓逐漸地把合作翻譯西方小說定位成新式教育的一種替代形式。林紓說過：「吾欲開民智，必立學堂；學堂功緩，不如立會演說；演說又不易舉，終之唯有譯書。」〔註4〕正是從對新式教育的補救出發，林紓把合作翻譯西方小說納入到了救亡啓蒙的文化主潮中。這也是林紓在合作翻譯的過程中動輒把學生當作潛在接受主體的重要緣由。如林紓在翻譯《愛國二童子傳》的宗旨時這樣說過：「冀以誠告海內至寶至貴、親如骨肉、尊如聖賢之青年學生讀之，以振動其愛國之志氣。……使海內摯愛之青年學生，人人歸本于實業。則畏廬赤心為國之志，微微得伸，此或可謂實業耳。」〔註5〕這說明林紓把自己的合作翻譯的西方小說，納入到了新式教育中，並希冀合作翻譯的西方小說能夠起到「振動其愛國之志氣」的功效。

事實上，在林紓翻譯的很多小說中，都滲透著自覺的啓蒙意識。如林紓翻譯的《黑奴籲天錄》，就具有極其強烈的補救時弊和文化啓蒙的色彩。不僅如此，林紓還自覺地找尋西方之所以富強的內在緣由，認為「歐人志在維新，非新不學，即區區小說之微，亦必從新世界中著想，斥去陳舊不言。若吾輩酸腐，嗜古如命，終身又安知有新理耶？」〔註6〕這恐怕是林紓從翻譯家轉化為京師大學堂教師角色之後獲得學生們歡迎的一個重要原因。但令人遺憾的是，林紓僅僅止步於此，他在把小說翻譯和新式教育納入到自我既有文化心理結構的同時，沒有從根本上動搖並置換自我既有的文化心理結構。當五四文學創建主體在對西學認同後，以自我現代的文化心理結構對中國文學進行根本性的置換時，就自然地逸出了林紓所能接納的限度。特別是「新青年」要「革」古文的「命」時，嗜古文如命、也從古文中獲得安身立命之本的林紓自然跳將出來表達自己「是可忍孰不可忍」的憤懣之情了。

其三，林紓本人還是新式教育下的教師。

林紓不僅參與了接納新式教育的五四文學創建主體的文化心理結構的建

〔註4〕　林紓：《譯林·序》，見陳平原、夏曉虹：《二十世紀中國小說理論資料》（第一卷），北京：北京大學出版社，1989年版，第26頁。

〔註5〕　林紓：《愛國二童子傳·達旨》，《林紓研究資料》，福州：福建人民出版社，1982年版，第115頁。

〔註6〕　林紓：《斐洲煙水愁城錄·序》，《畏廬小品》，北京：北京出版社，1998年版，第139頁。

構過程，而且還作爲新式教育的教師，直接參與到了接納新式教育的學生的文化心理結構的建構。這一點在我們過去的研究中往往被忽略了。

林紓最早於 1872 年入村塾教書。1882 年，林紓領鄉薦中式爲「舉人」。林紓中舉後，除了定期參加禮部會試外，大部分時間仍在故鄉教書。〔註 7〕他於福州龍潭精舍任教時，廣泛閱讀中國古籍。1897 年，同縣人孫葆晉創建了一所比較新式的中學堂，林紓被聘爲漢文總教習，講授《毛詩》、《史記》和古漢語。林紓在教育中，已經意識到了科學的重要性。如林紓在《村先生》一詩中，就主張：「我意啓蒙首歌括，眼前道理說明豁。論月須辨無嫦娥，論鬼須辨無閻羅。勿令腐氣入頭腦，知識先開方有造。」但林紓卻把「解得人情物理精」，歸結到了「從容易入聖賢道」〔註 8〕上了。當然，至於學生在獲得了西學知識之後能否按照林紓設計好軌道，進入「聖賢之道」，則是另外一回事了。

林紓不僅在傳統的私塾中擔任教師，而且還在新式學堂中擔任教師。1901年冬天，林紓進入北京，在北京五城學堂任總教習，講授國文、修身等課。北京五城學堂是新政的產物，這是當時全國規模最大、名望最著的中學堂。1903 年，嚴復出任京師大學堂譯書局的「總纂」，林紓也受聘爲譯書局的「筆述」。1906 年，林紓又被京師大學堂聘爲預科和師範館經學教員，後來又改爲教經文科的古文辭，林紓的教學獲得了學生的歡迎。期間，林紓選編了《中學國文讀本》，主要擇取並譯注了從清代上溯到周秦的古文，逐篇詳加評語，從次年 5 月到 1910 年末，分十卷出版。1913 年又出版了兩卷本的《左孟莊騷精華錄》，1918-1921 年間出版了十卷的《古文辭類纂選本》。但在京師大學堂任教的林紓，並不僅僅是作爲一個桐城派的學究而出現的，而且還以西方小說的翻譯家的文化背景而顯現於學生之間，所以，林紓時常因講西方小說而引來京師大學堂的傳統派的非議。1913 年，林紓被去職，與他一起離職的還有另一位桐城派古文大家姚永概。對此，林紓甚爲不滿。錢基博在《現代中國文學史》中曾經指認了這是在京師大學堂的「文派之爭」，是以章太炎爲首的文選派取代了桐城派的「文派之爭」。〔註 9〕事實上，文選派和桐城派儘管有「文派之爭」的某些意味，但我們從五四文學對「桐城謬種，文選妖孽」的全面否定來看，桐城派和文選派都在五四文學的清理範圍之內，所謂的「文

〔註 7〕 張俊才：《林紓評傳》，天津：南開大學出版社，1992 年版，第 45 頁。
〔註 8〕 《林紓研究資料》，福州：福建人民出版社，1982 年版，第 154 頁。
〔註 9〕 錢基博：《現代中國文學史》，長沙：嶽麓書社，1986 年版，第 194 頁。

派之爭」就自然貶低了五四文學本身所具有的價值和意義。

其四，新式教育下的林譯小說在當時的影響是極大的，這不僅對接納新式教育的五四文學創建主體有著深刻的影響，而且對那些沒有接受新式教育的士大夫和市民也都有一定的影響。但是，正如心理學所揭示的那樣，「事實上某一時間、某一地點所有人的組織和環境的心理性質，據實驗所示，絕對有賴於以往的歷史。」〔註10〕這就是說，「一個人看到什麼，既取決於他所看到的對象，也取決於先前先有的視覺——概念的經驗引導他如何看。」〔註11〕具體到林譯小說來說，就是接受不同知識體系的讀者對林譯小說的解讀是不同的。作為桐城派的代表人物吳汝綸在林譯小說中所看到的是林紓那嫻熟的古文筆法，以及林紓在中國傳統的文化心理結構的基礎上對西方小說所作出的解讀；而在接納新式教育的五四文學創建主體那裡，則為他們開啟了一個全新的文學世界，使他們的文學「疆域」播進了西方文學的種子，從而為他們的文學觀念的裂變提供了條件，對此，胡適認為林紓翻譯的《巴黎茶花女遺事》的譯文「自有古文以來，從不曾有這樣長篇的敘事寫情的文章。《茶花女》的成績，遂替古文開闢一個新殖民地。」〔註12〕實際上，林譯小說對接納新式教育的五四文學創建主體的影響是廣泛而深刻的：從五四文學的發難者胡適到五四文學實績的體現者魯迅，以及五四文學主要參與者周作人、郭沫若、郁達夫、茅盾、冰心、廬隱等，都曾深受林譯小說的影響。周作人說過：「老實說，我們幾乎都因了林譯才知道外國有小說，引起一點對於外國文學的興味。我個人還曾經很模倣過他的譯文。」〔註13〕魯迅對林譯小說的喜愛幾乎到了鍾愛有加的程度。周作人對此曾這樣回憶過他們兄弟二人當年對林譯小說的鍾情：「雖然梁任公的《新小說》是新出的，也喜歡它的科學小說，但是卻更佩服林琴南的古文所翻譯的作品」，「我們對於林譯小說有那麼的熱心，只要他印出一部，來到東京，便一定跑到神田的中國書林，去把它買來，看過之後魯迅還拿到訂書店去，改裝硬紙版書面，背脊用的是青灰洋布。」〔註14〕在專門把林譯小說「改裝硬紙版書面」的

〔註10〕勒溫：《形勢心理的原理》，轉引自高覺敷：《西方近代心理學史》，北京：人民教育出版社，1982 年版，第 349 頁。

〔註11〕R・維爾斯《論觀察依賴理論》，轉引《自然科學哲學問題叢刊》1982 年第 2 期。

〔註12〕胡適《五十年來中國之文學》，引自《胡適文集》（第 3 卷），北京：北京大學出版社，1998 年版，第 213 頁。

〔註13〕《林琴南與羅振玉》，《語絲》第 3 期，1924 年 12 月。

〔註14〕周啟明：《魯迅與清末文壇》，《年少滄桑》，石家莊：河北教育出版社，2000年版，第 206 頁。

背後，隱含著的是周氏兄弟從自己的「以往的歷史」中、特別是他們接納新式教育的歷史中所建構起來的文化心理結構對林譯小說的新解讀。五四文學的另一創建主體胡適，也是通過林譯小說才瞭解了許多西方小說家，如司各特、狄更斯、大小仲馬、雨果及托爾斯泰等。胡適的敘事文甚至都「受了林琴南的影響」，胡適僅林譯小說「總看了上百部」。〔註15〕

郭沫若在談及林譯小說對自己的影響時說過：「林琴南譯的小說在當時是很流行的，那也是我所嗜好的一種讀物。」〔註16〕林譯小說對自己的影響就像「車轍的古道一樣，很不容易磨減」。〔註17〕冰心十一歲就被林紓譯的《巴黎茶花女遺事》所吸引，這成為她「以後竭力搜求『林譯小說』的開始，也可以說是我追求閱讀西方文學作品的開始。」〔註18〕甚至連身居偏遠湘西的沈從文也說過：「從樓上那兩個大書箱中，發現了一大套林譯小說，叠更司的《賊史》、《冰雪姻緣》、《滑稽外史》、《塊肉餘生述》等等，就都是在那個寂靜大院中花架邊臺階上看完的。這些小說對我彷彿是良師而兼益友，給了我充分教育也給了我許多鼓勵」，我「用熊府中那幾十本林譯小說作橋梁，走入一個嶄新的世界」，〔註19〕這一切都說明，五四文學的創建主體和接受主體都曾經以不同的方式通過林譯小說這一橋梁，對接納新式教育的五四文學創建主體的文化心理結構的建構起到過重要作用，成為他們最終完成對五四文學的體認的起點。

在五四文學運動之後，周作人曾把五四文學和桐城派聯繫起來，認為桐城派「到吳汝綸、嚴復、林紓諸人起來，一方面介紹西洋文學，一方面介紹科學思想，於是經曾國藩放大範圍後的桐城派，慢慢便與新要興起的文學接近起來了。後來參加新文學運動的，如胡適之、陳獨秀、梁任公諸人，都受過他們的影響很大，所以我們可以說，今次文學運動的開端，實際還是被桐城派中的人物引起來的。」〔註20〕這甚至直接把五四文學運動的動因歸結到

〔註15〕 胡頌平：《胡適之先生晚年談話錄》，北京：中國友誼出版公司，1993年版，第280頁。

〔註16〕 《郭沫若全集》（文學編第11卷），北京：人民文學出版社，1992年版，第122頁。

〔註17〕 郭沫若：《少年時代》，北京：人民文學出版社，1979年版，第114頁。

〔註18〕 《我的故鄉》，《冰心選集》（第2卷），成都：四川人民出版社，1984年版，第328頁。

〔註19〕 沈從文：《非夢集》，《沈從文文集》（第10卷），廣州：花城出版社，1984年版。

〔註20〕 周作人：《中國新文學的源流》，北平：北平人文書店，1932年版，第85～86頁。

了桐城派的嚴復和林紓等人物身上了。胡適後來也對林紓翻譯的意義作了這樣的闡釋:「平心而論,林紓用古文做翻譯小說的試驗,總算是很有成績的了。古文不曾做過長篇的小說,林紓居然用古文譯了一百多種長篇小說,還使許多學他的人也用古文譯了許多長篇小說,古文裏很少滑稽的風味,林紓居然用古文譯了歐文與叠更司的作品。古文不長於寫情,林紓居然用古文譯了《茶花女》與《迦茵小傳》等書。古文的應用,自司馬遷以來,從沒有這種大的成績。」﹝註 21﹞這正可以看作五四文學創建主體對林紓在五四文學發生過程中的重要作用的清醒認知。

其五,林紓不僅作爲晚清具有深遠影響的翻譯家而存在,也不僅作爲北京大學的教師而存在,而且還作爲五四文學的直接的對峙派而存在。如此以來,林紓就和接納新式教育的五四文學創建主體具有了更爲密切的關係——他們作爲矛盾的雙方,彼此獲得了得以存在的「統一體」。

五四文學運動期間對林紓發起了「清理運動」,這就是著名的「雙簧戲」。這有著深刻的原因。其一是緣於林紓作爲晚清小說翻譯家的特殊身份和霸權地位。隨著新式教育的發展,林譯小說已經失卻了往昔的輝煌,林紓自己在接受新式教育的教師眼裏,已經變成了「老朽」,這就使之恰好成爲胡適所說的「彼可取而代之」的對象。正如沈尹默所說的那樣:「太炎先生門下大批湧進北大以後,對嚴復手下的舊人則採取一致立場,認爲那些老朽應當讓位,大學堂的陣地應當由我們來佔領。」﹝註 22﹞這就是說,第二代學生不僅把「嚴復手下的舊人」當作了「取而代之」的對象,而且還暗含著嚴復也是「舊人」的結論,屬於「取而代之」的對象。這在他們佔據了新式教育的主導地位之後,就顯得更爲急迫。清理林紓的影響是和五四文學的創建主體所要確立的新的文學範式聯繫在一起的,這正是胡適所說的「彼可取而代之」應有之義,這成爲替中國闢出一派新的白話文學天地來的首要使命。其二是林紓作爲京師大學堂的教師身份。誠如我們所看到的那樣,林紓挾翻譯家的餘威,在京師大學堂擁有眾多的擁躉,且這些擁躉,並非都看重林紓的小說翻譯,有些是看重林紓的古文。儘管林紓在 1913 年去職,但其影響的餘波依然存在,在這種情形下,對林紓的清算,也帶有對北京大學的持文化保守立場的傳統派

﹝註 21﹞ 胡適《五十年來中國之文學》,引自《胡適文集》(第 3 卷),北京:北京大學出版社,1998 年版,第 215 頁。
﹝註 22﹞ 沈尹默:《我和北大》,《北大舊事》,北京:三聯書店,1998 年版。

的清算的意味。所以，在錢玄同和劉半農等五四文學創建主體把五四文學推
向社會的過程中，他們在雙簧戲中憑空虛擬的「王敬軒」，實際上就是以林紓
的在場爲前提的。楊聯芬認爲，「錢玄同等對林紓的挑戰，是基於古文夠不夠
格的問題，而深層的心理則是傳統中國士人的門戶和等級偏見。」〔註 23〕其
實，我們認爲他們之所以選擇林紓作爲突破口，除了這所謂的「中國士人的
門戶和等級偏見」之外，很大的一個考量因素是林紓本人的北京大學教師的
獨特身份。所以，對準林紓發難，就有了清理林紓作爲「古文家」的教師對
學生所造成的不良影響的考慮。

　　林紓面對五四文學的創建主體對自己發起的「清理運動」，也作了「還
擊」，這「還擊」恰好促成了五四文學的最終確立。1917 年 2 月 8 日，林紓在
《民國日報》發表《論古文之不宜廢》，對五四文學的廢除文言文的文學主張
提出了異議：「知臘丁不可廢，則馬班韓柳亦有其不宜廢者。吾識其理，乃不
能道其所以然，此則嗜古者之痼也。」〔註 24〕林紓後來在上海的《新申報》、
北京的《公言報》上多次撰文抨擊五四文學。1919 年 3 月 18 日，林紓在《公
言報》上刊出給蔡元培的一封信，指責時任北京大學的校長蔡元培偏袒五四
文學的發難者和參與者，蔡元培發表了《答林君琴南函》〔註 25〕，對林紓的
攻擊給予了強力的反擊。由此說來，在五四文學發生過程中，林紓以強硬的
反對者身份和五四文學的發難者進行的論戰，就在客觀上促成了五四文學的
主張從文化的邊緣走向中心，成爲正式取代以林紓等爲代表的第一代學生的
標誌。這樣說來，林紓對五四文學發生的貢獻在於他以偏激的傳統文化立場，
通過與五四文學的發難者和倡導者的交鋒，使五四文學最終移位於社會的文
化中心。事實也是如此，當林紓和蔡元培就古文是否應該廢除的爭論在《北
京大學日刊》上同時登載之時，才會出現在「該期《日刊》出版時，北大紅
樓前院擠滿了人，爭相購買，有的一人購買幾十份，以至上百份，霎時間幾
千張報紙就被搶購一空，後來者只好向隅。」〔註 26〕這情景實際上意味著文
化中心的交鋒和轉移所帶來的基點轉向。從某種意義上說，我們甚至還可以
把林紓看作是五四文學發生的「助產婆」。

〔註 23〕楊聯芬：《晚清至五四：中國文學現代性的發生》，北京：北京大學出版社，
　　　　2003 年版，第 122 頁。
〔註 24〕林紓《論古文之不宜廢》，引文摘自《新青年》3 卷 3 號（1917 年 5 月 1 日）。
〔註 25〕《北京大學日刊》，1919 年 3 月 21 日。
〔註 26〕何思源：《五四運動回憶》，《北京文史資料》，第四輯，第 67 頁。

在此，我感到有必要對第一代學生出現的復古現象作一簡單的分析。第一代學生中出現的復古現象，從某種意義上說，與他們早期的文化立場是在特定戰爭背景下形成的有一定的關係。他們在激烈情感的支持下所產生的思想，往往會隨著激烈情感的弱化而呈現出相應的弱化趨勢，這是戰爭影響下的知識份子文化心理結構的一個突出特點。戰爭造成的危機越大，對知識份子的文化心理結構的解構力量就越強烈，這也是甲午戰爭後國人覺醒的重要推動力。然而，當這種危機經過時日的消磨而變得習以爲常時，其激烈的情感就會逐漸地回歸於平淡，此時自我既有的文化心理結構中的回歸力量就佔據了主導地位。這除了社會客觀的情形使然外，還在於人的文化心理結構本身就具有回歸自我既有結構形式的回歸力量。這正如弗洛伊德所說的那樣：「一切有機體的本能都是保守性的，都是歷史地形成的。它們趨向於恢復事物的早先狀態。」〔註27〕事實上，這種情形是第一代學生所無法擺脫的一個宿命。

當然，我們也應該看到，保守或復古僅僅是相對於那些更爲激進的思潮而言的，如果離開了這一參照系，我們就無法很好地言說保守或激進。客觀地說，我們如果把五四文學所質疑的對象置於更爲廣闊的社會背景下，就可以發現，像嚴復、林紓、康有爲、梁啓超等第一代學生不僅不能被稱之爲保守主義者，反而還是些頗具先鋒性的激進主義者。事實上，真正的保守主義者是那些沒有「在場」的「蕓蕓眾生」，他們以置若罔聞的方式，確保了自我文化上的自在性。由此說來，五四文學所指認的「頑固派」，實在是一種虛幻的存在形式。

總之，林譯小說與接納新式教育的五四文學創建主體的密切關係，不但深刻地影響到了五四文學創建主體自我文化心理結構的建構，而且還深刻地影響到了五四文學的確立方式，成爲我們解讀五四文學發生無法饒開的門檻。

第二節　五四文學的創建主體對林譯小說的接受

正如我們所分析的那樣，林譯小說不但產生了廣泛的社會影響，而且對五四文學創建主體的文化心理結構的建構以深刻的影響。那麼，作爲新式教育產物的林譯小說，又是怎樣反轉過來，對五四文學的創建主體進行了文學和思想上的雙重啓蒙，進而促成了五四文學的發生的呢？

在回答林譯小說是如何對五四文學的創建主體進行了文學和思想上的雙

〔註27〕《瓊瑤熱——與當代讀者的文化意識》，《書林》1989 年第 4 期。

重啓蒙之前，我們有必要先對五四文學的創建主體所接納的新式教育對其接受林譯小說起到了什麼作用，這是對他們是在什麼層面上接受了林譯小說考察。這也正是林紓的老友、著名經學家石遺老人陳衍在二十世紀三十年代初就感到困惑的問題：陳衍聽錢鍾書說是因爲讀了林譯小說而萌發學外國文學興趣時，他大惑不解地問：「這事做顛倒了……你讀了他的翻譯，應該進而學他的古文，怎麼反而向往外國了？琴南豈不是『爲淵驅魚』麼？」〔註28〕其實，作爲林紓怎樣進行翻譯是一回事，作爲接受新式教育熏染的學生怎樣接受則是另一回事。五四文學的創建主體作爲林譯小說的接受主體，在解讀林譯小說的過程中所發現的文化意蘊，不但和林紓所賦予或張揚的文化意蘊有差異，而且和那些沒有接受西學課程影響的讀者也有差異。

　　我認爲，從總體上說，五四文學的創建主體之所以會接納林譯小說，在很大程度上是由於林紓的翻譯契合了他們在特定的文化交彙點上獨特要求：一方面，林紓及其小說翻譯，滿足了這一特定歷史時期的接受主體對於西方文化瞭解的精神需求；另一方面，接受主體既有的文化心理結構對林譯小說典雅的古文的接納。因爲在新式教育中，古文的主導地位並沒有馬上就改變，這種情形在十九世紀末期更是如此。正是在這特定的歷史交彙點上，注定了林譯小說的雙重性（即西方文化的內容與中國傳統的文言文形式）與五四文學創建主體早期的文化心理結構上的雙重性（對西學的初步瞭解與深受中學的熏染）獲得了重合。這正是林紓和林譯小說成爲中國文學由傳統向現代轉型過程中的橋梁性作用之所在。自然，這特定的歷史交彙點也決定了林譯小說在成爲他們的文化心理結構的建構過程中的一個「驛站」後，最終將會被建構的新的文化心理結構拋到身後。這正如日本學者內田道夫在《林琴南的文學評論》中所指認的那樣，「他的翻譯方法雖然特殊，選譯的原著也不見得是第一流的作品，但是，作爲最初級的，爲世人所能接受的西洋小說的介紹，在中國輸入西歐文化的歷史上，卻具有重大意義。」〔註29〕這就是說，林譯小說恰好契合了新式教育下的學生「最初級」的文化心理結構的建構的要求。具體來說，我們可以從以下幾個方面予以體認。

〔註28〕 錢鍾書：《林紓的翻譯》，《七綴集》，上海：上海古籍出版社，1994 年版，第 102 頁。

〔註29〕 〔日〕內田道夫：《林琴南的文學評論》，《林紓研究資料》，福州：福建人民出版社，1982 年版，第 255 頁。

其一，林紓正是在自我既有文化心理結構基礎上而完成的對西方小說的整合，便利了五四文化創建主體對西方小說的體認，成爲他們接納西方小說的重要基點。這正如皮亞傑在兒童認知理論中所闡釋的那樣，「在每一發展階段上，活動有兩端：一端是有機體的結構在反應環境干擾時所發生的變化（順應），另一端是外在的干擾刺激由於有機體結構的反應而發生的變化（同化）。」「活動的這兩端構成了正反兩個方面，然而通過正反這兩個方面的平衡達到了合的地步。實質上，這就是說，一個新的結構系統已經演化出來了，因而就能把每一新的干擾同化而既不致於引起結構的變化，也不致於引起刺激的變化——即保持了內外系統的統一。」〔註 30〕這就是說，作爲五四文學的創建主體，他們在每一發展階段上，一端是有機體的結構在接受林譯小說時所發生的變化，另一端是他們在接受林譯小說時，又把林譯小說納入到了自我的文化心理結構中，促成了林譯小說的變化，這樣的一個正反合的過程，就促成了「一個新的結構系統」的誕生。事實上也確是如此，五四文學的創建主體以其學習的西學知識和既有的中學爲根蒂，成爲他們接納西方小說之「變種」的林譯小說的重要基礎，而經過林紓整合後的西方小說，也就不再是原有意義上的西方小說，而是被置換到了諸如太史公筆法和從中顯現中國所認同的「道」的文化系統中的西方小說。如果說五四文學創建主體既有的文化心理結構中沒有西方小說的「位置」的話，他們既有文化心理結構中卻有太史公筆法的「位置」。這既有「位置」便成爲接納和衍生西方小說「位置」的依託點。正是由此出發，林紓不懂西文情況下的對西方小說所作的翻譯，恰好促成了五四文學創建主體對西方小說的接納。

在對林譯小說的解讀中，過去時常有這樣一種觀點，認爲林紓不懂外語限制了他的翻譯，以至於形成了這樣一種言說模式，在充分肯定了林譯小說的歷史作用之後，總附帶著指出，林紓因不懂外語而使其翻譯具有侷限性。如寒光早在三十年代就認爲，林紓「最大的缺陷在於不會直接讀原文」〔註 31〕；當代知名學者郭延禮也基本上由此立論，認爲林譯小說之所以沒有達到更高的水平，就在於其不懂西文〔註 32〕。即便林紓自己也曾經這樣說過：「鄙人不審西文，

〔註 30〕　〔瑞士〕讓·皮亞傑：《兒童的心理發展》，濟南：山東教育出版社，1982 年版，第 9 頁。

〔註 31〕　《林紓研究資料》，福州：福建人民出版社，1982 年版，第 225 頁。

〔註 32〕　參見《中國近代文學發展史》第二卷第三十章，濟南：山東教育出版社，1991 年版。

但能筆述，即有訛錯，均出不知」〔註33〕，轉而「惜余年已五十有四，不能抱書從學生之後，請業於西師之門，凡諸譯著，均恃耳而屏目，則眞吾生之大不幸矣。」〔註34〕

　　林紓如果懂外文，他的翻譯可能比當下我們所見到的文本形式在理論上更完美，對西方文學的本體更切近，但是，作爲歷史發展中介的林紓就可能要退出我們當今的文化視野。不過，有一點是可以肯定的，那就是林紓即便不能成爲歷史要求的體載者，歷史也會找尋到這一歷史要求的另一體載者。不管體載者怎樣，有一點是不會有大的偏差的，那就是其翻譯在保持西方文學基本韻味的同時，也契合特定歷史條件下的接受主體的審美心理需求。在翻譯過程中，拘泥於西方文本，用直譯的方式直接登陸中國文化語境，肯定無法找到其契合點；如果拘泥於中國接受主體的審美需求，完全改變西方文學的本來面貌，肯定無法實現接受主體新的審美心理的培育。只有既皈依了西方文學的文本世界，又把其納入到中國文化語境中，才能找尋到其契合點。恰恰是在這一點上，林紓的翻譯符合了這一現實的客觀需求。林紓不懂外文，使他最大限度地保持了自己既有的中國文化立場，他用中國文化立場來理解和整合西方文學，就實現了西方文學的東方化過程。他人的口譯使林紓的翻譯只能在口譯的基點上展開自己的東方化過程，他無法更改其文學敘事所規範的既定事實，這就保證了林紓的翻譯保留了西方文學的基本特質，使其翻譯後的文本依然保持了自我既有的文學品格，不至於成爲悖離西方文學本體的信馬由繮式的杜撰，這也是其翻譯給五四文學創建主體以新的審美衝擊力的重要前提條件，是他們對西方文學愛不釋手的重要緣由。這恰如錢鍾書所說的那樣：「我自己就是讀了他的翻譯而增加學習外國語文的興趣的。商務印書館發行的那兩小箱《林譯小說叢書》是我十一二歲時的大發現，帶領我進了一個新天地、一個在《水滸》、《西遊記》、《聊齋誌異》以外另闢的世界。」〔註35〕錢鍾書的這一表述起碼明確了這樣的一個基本事實，林譯小說儘管是用中國話語建構起來的獨立文本世界，但這一獨立文本世界是不同於中國傳統小說的一個「新天地」；另一方面，林紓的翻譯，

〔註33〕 林紓：《西利亞郡主別傳・附記》，《林紓研究資料》，福州：福建人民出版社，1982年版。

〔註34〕 林紓：《撒克遜劫後英雄略・序》，《林紓研究資料》，福州：福建人民出版社，1982年版，第119頁。

〔註35〕 錢鍾書：《林紓的翻譯》，《林紓研究資料》，福州：福建人民出版社，1982年版，第295頁。

顯然並不是直接照搬西方文本，而是經過自我文化心理結構的整合，已經在他的翻譯過程中，融入了自己的理解，納入到了自我所認同的中國文化中。這也是為什麼林紓在翻譯的過程中，總是用中國傳統文化的價值尺度來比照西方文學的重要緣由。這確保了林譯小說儘管打開了不同於中國傳統小說的「新天地」，但絕不是一個和中國的文化絕緣了的審美「新天地」，在這個「新天地」裏，林紓還整合進了許多屬於自我民族文化傳統的的東西，這整合後的文本世界，在對西方文化有較深理解的五四文學創建主體那裡，可能會感到它和西方文學的本體世界相去甚遠。對此，後來對西方文化有著深刻領會的錢鍾書就這樣說過：「後來，我的閱讀能力增進了，我也聽到輿論指摘林譯的誤漏百出，就不再而也不屑再看它。」〔註36〕儘管他們「不屑再看它」，但林譯小說的中介作用是無法否認的，那就是這樣的一些以後「不再而也不屑再看它」的小說，卻為自己當初打開過一片審美的「新天地」。其實，林譯小說還是當初的林譯小說，它並沒有隨著時間的流逝而出現什麼變異，出現變異的僅僅是接受主體的文化心理結構。所以，通過這差異，我們可以看到，林譯小說具有「非西非中」和「亦西亦中」的文化品格。並且恰恰是因為這一點，使林譯小說在特定歷史座標上獲得了獨立的中介價值。

事實上，林紓在別人口述的基礎上進行的小說翻譯，經過了兩次文化心理結構上的整合。第一次是口述者本人對西方語言體系的漢語口語化，這經過了口述者既有的文化心理結構的整合。我們知道，語言的轉換，並不是一一對應的關係，而是從一種文化心理結構到另一種文化心理結構轉換的過程，所以，語言作為文化最直接的載體，本身就是文化的一個組成部分。林紓的翻譯在口述者的基礎上的再次加工，這就最大限度地促成了西方文學的再次東方化過程。口譯者本人之所以沒有直接進行翻譯，而是選擇和林紓進行合作，就在於他們可能感到，自己的口述如果沒有林紓的再加工過程，其翻譯就可能不符合時人的審美需求。那麼，林紓不同於翻譯者的精神特質是什麼呢？無非就是經過林紓的筆譯之後，其文本更易為讀者所接納，這便是從口譯者的口語轉化為林紓的古文的「林譯小說」，這正契合了五四文學創建主體早期的文化心理結構的獨特需求。

其二，林紓在翻譯中使用的古文話語體系，使其翻譯和時代的審美趣味

〔註36〕錢鍾書：《林紓的翻譯》，《林紓研究資料》，福州：福建人民出版社，1982 年版，第 296～297 頁。

保持了最大限度的協調，也就成為其翻譯為五四文學的接受主體所接納的又一重要前提。對此，茅盾曾經說過：「林譯小說」的「這種譯法是不免兩重的歪曲的；口譯者把原文譯為口語，光景不免有多少歪曲；再由林氏將口語譯成文言，那就是第二次歪曲了。」〔註37〕當代學者郭延禮也認為：「用文言譯西洋小說或西方學術著作有很大的侷限性，因為西方近代文化的新內容與中國傳統語言形式之間確有難以協調的矛盾，」〔註38〕其實，從絕對的價值尺度來衡量林譯小說的話，這樣的立論無疑是準確的，但是，任何真理只能放到一定的歷史條件下以特定的標準加以衡量，才會獲得合理性的解釋。

　　林紓的古文話語體系，不僅沒有限制其翻譯，反而極大地促進了其翻譯，使其翻譯的小說獲得了當下的存在價值和意義。實際上，很多學者早就認同了這一點，如胡適曾就嚴復用高雅的古文來譯西書時說過：「嚴復用古文譯書，正如前清官僚戴著紅頂子演說，很能擡高譯書的身價。」「若用白話，便沒有人讀了。」〔註39〕這樣的立論，對嚴復如此，對林紓的翻譯又何嘗不是如此呢。

　　如果說胡適的立論還僅僅停留在一般理論的闡釋上，缺少切實的精神體驗的話，那麼，郭沫若則向我們展示了其閱讀的切身體會，他說林譯小說的古文翻譯：「我最初讀的 Haggard 的《迦茵小傳》……這怕是我所讀過的西洋小說的第一種。這在世界文學史上並沒有什麼地位，但經林琴南的那種簡潔的古文譯出來，卻增了不少的光彩……後來我雖然也讀過《Tempest》、《Hamlet》、《Romeo and Juliet》等莎氏的原作，但總覺得沒有小時候所讀的那種童話式的譯述來得更親切了。」〔註40〕郭沫若的這一話語，恰好印證了林譯小說的古文話語系統在傳播西方小說的過程中所起到的獨特作用。不僅如此，它還說明了，林譯小說對五四文學創建主體的文化心理結構的影響是深遠的，以至於形成了一種文學積澱，即便是真正地進入了西方小說之後，依然在深層的審美情感上迷戀著原初的審美體驗，感到「林譯小說」較之西方原作的文本更「來得親切」。類似的體驗也許不僅為郭沫若所具有，也為後來錢鍾書所具有：林譯小說「只成為

〔註37〕 《直譯、順譯、外譯》，《文學》，第 2 卷第 3 期，1934 年 3 月。

〔註38〕 郭延禮：《中國近代文學翻譯概論》，武漢：湖北教育出版社，1998 年版，第297 頁。

〔註39〕 胡適：《五十年來中國之文學》，《胡適文存二集》，卷二，上海：亞東圖書館，1924 年版，第 123～124 頁。

〔註40〕 《郭沫若全集》（文學編第 11 卷），北京：人民文學出版社，1992 年版，第123～124 頁。

我生命裏累積的前塵舊蛻的一部分了。」〔註41〕不管是親切也好，還是「前塵舊蛻」也罷，都說明了這樣的一個基本的事實，林譯小說是他們得以進入西方小說這一嶄新審美天地的重要中介。

事實上，符合純正的理論要求的翻譯，在當時並非沒有，但正確的理論並沒有結出豐碩的實踐果實。像同期的周桂笙翻譯的偵探小說《毒蛇圖》，就是純白話，其餘的大多是一些淺近的文言，這明白易懂較之嚴復、林紓的古文譯文要容易得多，但卻沒有成爲五四文學創建主體可資汲取的重要精神資源，這除了其翻譯的文本本身和中國社會現實有脫節之外，也與其使用白話有著關係。因爲白話恰如林紓所說，白話文「鄙俚淺陋」，「不值一哂」，認爲「若盡廢古書，行用土語爲文學，則都下引車賣漿之徒所操之語，……凡京津之稗販，均可爲教授矣。」〔註42〕顯然，林紓在五四文學誕生之際所堅守的文化立場，在世紀之初是帶有普遍性的。即便是五四文學的創建主體，在這一時期所認同的也是古文話語體系。這可能與他們從一開始所受的啓蒙教育就是以文言文爲主有著關聯，這使他們形成了一種集體無意識。即便是魯迅在1911年冬天創作的《懷舊》，依然是純正的文言小說。由此說來，林譯小說的古文話語體系，即便是對五四文學創建主體來講，也是促進而不是妨礙了他們對西方小說的接受。至於五四文學的創建主體隨著自我現代文化心理結構的建構，開始了全面認同的白話文，並由此和林紓展開了一場近距離的「肉搏」，則正是成長與停滯的文化心理結構必然而來的對峙。在五四文學運動時期，那個同樣在創作和翻譯中也一度認同古文的魯迅，卻已經開始與自己原來所認同的古文話語體系分道揚鑣了：「四萬萬中國人嘴裏發出來的聲音，竟至總共『不值一哂』，眞是可憐煞人。」〔註43〕顯然，如果比照當年那個也是長辮馬褂、也是操著「之乎者也」、還曾對林譯小說情有獨鍾的魯迅來說，這一顯形層面上的轉變，無疑標示了魯迅深層的文化心理結構的全面轉換。這內在的緣由，正如蔡元培說所解剖的那樣：「白話與文言的競爭，我想將來白話派一定占優勝的。……從前的人，除了國文，可算是沒有別的功課，從六歲起，到二十歲，讀的寫的都是古人的話，所以學得很像。現在應學的

〔註41〕錢鍾書：《林紓的翻譯》，《林紓研究資料》，福州：福建人民出版社，1982年版，第297頁。
〔註42〕林紓：《致蔡鶴卿太史書》，《北京公言報》，1919年3月18日。
〔註43〕《魯迅全集》第1卷，北京：人民文學出版社，1981年版，第350頁。

科學很多了，要不是把學國文的時間騰出來，怎麼來得及呢？」〔註44〕恰恰是這樣的一種文化語境，就把五四文學的創建主體熏染得「很像」古人。在這樣的情景下，他們在無意識的層次上就必然形成了鍾情古文的文化心理結構，所以，古文話語體系也就契合了五四文學的創建主體在這一特定歷史交彙點上的文化心理結構的需要。

翻譯由於社會文化、語言、民族心理等方面的原因，絕非衹是一種一一對應的符碼轉換，而是在保持深層結構的語義基本對等、功能相似的前提下，重組原語資訊的表層形式。其中在重組的過程中，翻譯保持了本民族文化的精神。甚至一些基本信念被替換、被顛覆，文學發生了「範式的轉化」（paradigmatic shift）。

西方語言區別於漢語的言文不一，它是言文一致的拉丁語系，這就使文學語言和現實生活中人們所使用的語言是和諧一致的。但是，在漢語言中，漢語由於是一種象形文字，其文字本身具有表達意義的作用，這就使書面語言得以離開口語而存活。而林紓的翻譯，則使西方現代小說的話語被整合為文言話語，並以此實現了對中國傳統閱讀心理習慣的迎合，從而完成了登陸中國讀者文化心理的艱難過程。這就使人們在一定程度上接納了西方小說，並且覺得西方小說和我們的文學與文法取著同一的價值取向，這就使人們放棄了對於西方小說的排斥性文化心理，具有了一種可以「平等」對話的基礎，當然這裡的「平等」是不可能真正的平等對話，但對話本身卻表明了對話主體容許對話對象的存在。林紓利用自己的古文話語體系和傳統文化心理，完成了對於西方文學精神和文化內核的東方化歷程。

其三，林紓的經世意識和傳統審美理想，使他的翻譯最大限度地契合了五四文學創建主體早期的文化心理結構的實際狀況，成為他們由此走出自我的另一重要中介。

很多學者指出，林紓因為沒有進入西方文化的現實語境中，其對西方文化的解讀也就更多地打上了中國文化烙印，以至於在解讀的過程中，甚至有很多的誤讀，其實，恰恰是這一點，確保了林紓在翻譯中能夠從其獨特的文化立場出發，由個體文化情懷引發社會文化情懷，進而促成了林譯小說的最終確立。

〔註44〕蔡元培：《國文之將來》，《林紓研究資料》，福州：福建人民出版社，1982 年版，第 363 頁。

　　林紓的時代，是一個風雨欲來風滿樓的時代，艱難的時世，已經使林紓這樣的知識份子失卻了文化上的自豪感，而甲午之戰的失利，更使林紓痛心疾首。江山社稷的搖搖欲墜、社會矛盾的尖銳激化，文化意識上的重重危機，迫使知識份子把眼光從「從學習唐宋古文」轉向了社會現實。也開始認同「變」的觀念。「夫古今之理勢，固有大同者矣；其爲運會所移，人事所推演，而變異日新者，不可窮極也，執古今之同。而慨其異：雖於詞無所假者，其言亦已陳矣。」〔註45〕這就很鮮明地認同時代變了，文不得不變的道理。儘管這樣的價值認同，還不可能一下子成爲時代的主潮。甚至他們還認同「法度」，強調文章之事，「夫有物則有用，有序則有法，有用尚矣，而法不背。」〔註46〕但不管怎樣，這種「經世」傾向，已經使林紓的文化立場出現了轉變，這也是支持著林紓企圖通過翻譯來應對當下重重危機的一種策略性抉擇。這誠如林紓自己所說，「紓年已老，報國無日，故日爲叫旦之雞，冀吾同胞警醒」〔註47〕「以振動愛國之志氣」。〔註48〕正是強烈的「補天意識」，使林紓的翻譯契合了探尋救亡圖存的時人們的潛在心理需要。

　　林紓的「補天意識」和「經世意識」，使林紓在解讀西方小說的過程中，能夠超越自己既有的文化限制，開始矚目西方文學所顯現出來的西方文化的深刻意蘊。從社會主體的角度來看，林紓認爲「英倫在此百年之前，庶政之窳，直無異於中國，」而英國之所以超越中國，在於抉摘下等社會之積弊的小說，「俾政府知而改之」。指出「顧英之能強，能改革而從善也；吾華從而改之，亦正易易。」並進而「恨無叜更司其人」。〔註49〕在敘及《黑奴籲天錄》的翻譯動機和心態時，林紓說：「其中累述黑奴慘狀，非巧於敍悲，亦就其原書所著錄者，觸黃種之將亡，因而愈生其悲懷耳」〔註50〕由此可以看出，林

〔註45〕梅曾亮：《答朱丹木書》，轉引自郭延禮《中國近代文學發展史》，濟南：山東教育出版社，1991年版。

〔註46〕《中國近代文學史》，開封：河南大學出版社，1988年版，第95頁。

〔註47〕林紓：《不如歸・序》，《林紓研究資料》，福州：福建人民出版社，1982年版，第106頁。

〔註48〕林紓：《愛國二 童子傳・達旨》，《林紓研究資料》，福州：福建人民出版社，1982年版。

〔註49〕林紓：《賊史・序》，《林紓研究資料》，福州：福建人民出版社，1982年版，第107頁。

〔註50〕《黑奴籲天錄・序》，《林紓研究資料》，福州：福建人民出版社，1982年版，第103頁。

紓解讀西方小說時，從補救中國弊端的實際出發，希冀對中國的現實有所裨益；其次，從個體主體的角度來看，林紓認爲「歐人志在維新，非新不學，即區區小說之微，亦必從新世界中著想，斥去陳舊不言。若吾輩酸腐，嗜古如命，終身又安知有新理耶？」〔註51〕林紓這裡所顯示出來的文化意識，表明了他和「嗜古如命」的個體主體截然不同的文化立場，顯示出「經世意識」參與現實變革的積極的一面。但是，林紓的改革衹是在自己所劃定的「補天」這一範疇下進行。儘管如此，林紓的解讀畢竟已經超越中國傳統文化中的「天不變，道亦不變」的文化意識的侷限，開始認同了「維新」的存在價值，否定了「嗜古」的合理性。這樣的理性認知，儘管在當時還沒有形成潮流，或者說連其提倡者也在文化實踐過程中難以超越原有情感所認同的理性，甚至這樣的理性認知，還要被認知者消弭到自我既有的文化價值範疇中，但這畢竟爲具有不同文化背景的解讀主體提供了多種解讀上的可能性，五四文學的創建主體正是由此而獲得了新的認知空間。

在審美理想上，林紓作爲純正的中國士大夫，在中國傳統教育下形成了對於中國「文統」這一美學傳統的認同。這種情形對於接受新式教育的學生來說，不但沒有形成閱讀上的障礙，反而成爲他們接納林譯小說的重要根基。因爲新式教育下的學生，其所受到的西學課程的影響，遠不如他們對自己的母體文化那樣深刻，這就是說，他們和林紓的審美理想，既有不同的方面，還有相同的方面。這恐怕也正是魯迅、胡適、郭沫若等接納林譯小說的重要基礎。

林紓認爲，六經、左、史、韓、歐、歸、方是「天下文章之歸宿」，作文章講究開闔、法度、波瀾、聲音等。對此，林紓表白說「學行繼程朱之後，文章介韓歐之間」；而其之所以認同《紅樓夢》，則是從其「敘人間富貴，感人情盛衰」出發，進而來印證「用筆縝密，著色繁麗，制局精嚴，觀止矣。」顯然，林紓解讀「中國說部，登峰造極者無若《石頭記》」〔註52〕就顯現了自己的獨特思維。這樣的一種根深蒂固的審美標準，表現在林紓解讀西方文學時，動輒以司馬遷爲代表的「文統」爲圭臬。這裡需要指出的是，史遷「筆法」不僅是林紓評判西方文學的價值尺度，而且還是他認同西方文學的基石。這與其說林紓

〔註51〕林紓：《斐洲煙水愁城錄·序》，《二十世紀中國小說理論資料》，北京：北京
　　　　大學出版社，1989年版，第142頁。
〔註52〕林紓：《孝女耐兒傳·序》，《二十世紀中國小說理論資料》，北京：北京大學
　　　　出版社，1989年版。

是對西方小說本體特質的發現，不如說是他的文化心理結構的自然顯現。例如，對《撒克遜劫後英雄略》，林紓強調「傳中事，往往於伏線、接筍、變調、過脈處，大類吾古文家言」，作者司各德「可儕吾國之史遷」。〔註53〕當他譯完哈葛德的《斐洲煙水愁城錄》時竟歎曰：「西人文體，何乃甚類我史遷也！」〔註54〕在這類比的背後，林紓以自己既有的文化心理結構爲基礎，並把其納入到了自己的文化心理結構中，獲得了其個人化的意義賦予。因此，林紓在翻譯過程中，經過口述者的口譯，完成了文學從西方話語到中國口語（也可以說是白話）的形式轉變，而林紓則又從中國口語到文言語系的轉換，並在這轉換的過程中，對其所包蘊的文化內涵進行了符合古典審美範式規範要求的重新置換。顯然，這既是林紓對於西方文學進行整合時所具有的穩定的文化心理結構的一個有機組成部分，又是其外化後的譯作之所以能夠和五四文學的創建主體的文化心理結構獲得對接的一個基點。

在調節自我的文化立場和審美理想上的關係上，林紓則依恃著程朱理學所肯定的綱常倫紀的恒定性，把西方小說中的人物，納入到中國傳統的文化體系中，進行重新整合和意義賦予。例如，《美洲童子萬里尋親記》，在林紓眼裏看到的僅僅是「瞿、翁兩孝子而已」〔註55〕，對於時人廢三綱、夷君臣、平父子、廣自由的議論則提出責難，指責他們「自立異耳」。在《英孝子火山報仇錄》中，不僅對人物定性爲「孝子」，認爲「忠孝之道一也，知行孝而復母仇，則必知矢忠以報國恥。」而且指認「一烈一節，在吾國烈女傳中，猶諍諍然」〔註56〕，這種情形如果結合著魯迅高聲誦讀的「穎考叔可謂純孝也已矣，愛其母，施及莊公」〔註57〕；郁達夫動輒所謂的「並非想學穎考叔的純孝」〔註58〕，正可以看出穎考叔的純孝在他們的文化心理結構中佔據著根深蒂固的位置，如果慮及

〔註53〕林紓《撒克遜劫後英雄略‧序》，《林紓研究資料》，福州：福建人民出版社，1982 年版，第 118 頁。

〔註54〕林紓：《斐洲煙水愁城錄‧序》，《二十世紀中國小說理論資料》，北京：北京大學出版社，1989 年版。

〔註55〕林紓：《美洲童子萬里尋親記‧序》，《二十世紀中國小說理論資料》，北京：北京大學出版社版社，1989 年版，第 140 頁。

〔註56〕林紓：《譯餘剩話》，轉引自《中國近代文學發展史》，濟南：山東教育出版社，1991 年版。

〔註57〕林非、劉再復：《魯迅傳》，北京：中國社會科學出版社，1981 年版，第 22 頁。

〔註58〕王自立、陳子善：《郁達夫研究資料》（上），天津：天津人民出版社，1982 年版，第 27 頁。

到他們當時還正在接受啓蒙的「初級階段」的話，林紓的所謂「孝道」之說，也恰好和他們已經熟知的穎考叔對應起來，從而成爲他們接納林譯小說的重要的文化心理根據。因此，我們如果不急於對林紓的觀念做出價值判斷，而是從文化心理結構審視，就會發現，林紓對西方小說的認同，是基於把對象所體載的理性，納入到中國文化的結構體系中，固然會造成誤讀和誤判，但是，恰恰是這誤讀，在既迎合了主流文化的規範需求的同時，也契合了五四文學的創建主體在特定時期的獨特的文化心理結構。

　　梁啓超在《清代學術概論》中曾針對林紓的翻譯說過：林紓「每譯一書，輒『因文見道』」；寒光也說過，林紓「太守著舊禮教，把禮字看得很重，不但他自己的言論和作品，就是翻譯中稍有越出範圍的，他也動言『禮防』，幾於無書不然！」〔註59〕志希則認爲，「林先生與人對譯小說，往往上人家的當，所以錯的地方非常之多。……現在林先生譯外國小說，常常替外國人改思想，而且加入『某也不孝』，『某也無良』，『某也契合中國先王之道』的評語，不但邏輯上說不過去，我還不解林先生何其如此之不憚煩呢？」〔註60〕五四文化的創建主體在確立了現代文化心理結構後，也認爲林紓「和別人對譯的外國小說，多失原意；並且自己摻進一種愚謬的批評。」〔註61〕

　　這些論斷無疑是符合林譯小說實際的，只不過在他們的文化視野裏，對之多持批判和否定態度，而不是由此出發，進一步考察爲什麼恰恰是攙和了這樣的「道」、「禮」和「愚謬」的翻譯，倒成爲五四文學創建主體當年倍加珍愛的讀物，而那些符合其理論尺度的翻譯卻是啞無聲息、乃至落得個僅僅賣出幾本的尷尬結局呢？顯然，這裡的答案只有一個，就是林紓在攙和了這樣的一些思想和情感之後，儘管其翻譯的文本和西方原文本有了落差，但恰恰是這落差，促成了五四文學的創建主體對西方文學的接受，而不是妨礙了其接受。握有話語權的舊派人物能夠接受，而居於邊緣正在接納新式教育的學生也能夠接受，一方面，這除了「道」本來就早存活於他們的文化心理結構中，還在潛意識的層面上，使他們進一步親和這樣的「志同道合」者，儘管他們後來都背叛了這樣的文化理念，但在行動和潛意識的層面上，他們並

〔註59〕寒光：《林琴南》，《林紓研究資料》，福州：福建人民出版社，1982年版。
〔註60〕志希：《今日中國之小說界》，《中國新文學大系‧文學論爭集》，上海：上海良友圖書出版公司，1935年版。
〔註61〕《錢玄同與陳獨秀信》，《獨秀文存》卷三，合肥：安徽人民出版社，1987年版，第143頁。

沒有斷絕和這一文化傳統的臍帶。如魯迅，面對來自母親包辦的婚姻，也只能當作「禮物」來接受下來。另一方面，林譯小說中儘管攙和了這樣的一些「道」，但還是無法完全遮蔽其文本原初所體載的西方文化的全貌，這就使接納新式教育的學生那正在成長著的文化心理結構獲得了裂變的機緣，從而在一個新的基點上對西方文學進行整合，這也是他們爲什麼能夠在接納林紓和林譯小說之後又最終走出林紓和林譯小說的重要緣由。

　　事實上，阿英就林紓及林譯小說對五四文學的創建主體和接受主體的影響所作的解讀還是有道理的，他說：「林琴南使中國知識階級，接近了外國文學，認識了不少的第一流作家，使他們從外國文學裏去學習，以促進本國文學的發展。」〔註 62〕其實，林紓作爲中國文化無限發展過程中的一個鏈條，他依恃著自己所特有的傳統文化心理結構，從事著西方文學的翻譯，並進而建構了深深地打上林紓和其合譯者烙印的林譯小說。恰恰是這些小說，契合了特定現實語境下的五四文學的創建主體和接受主體的精神需求，成爲他們銜接傳統和現代的重要橋梁，爲五四文學的發生起到了重要的促進作用。這恐怕也是林紓和林譯小說這樣那樣的侷限，在林紓身後益發可以被五四文學的創建主體「原諒」〔註63〕的事情的重要緣由。

〔註 62〕 阿英：《晚清文學史》，北京：人民出版社，1980 年，第 182 頁。
〔註 63〕 周作人在《語絲》第 3 期上以《林琴南與羅振玉》爲題，指出林紓「在中國文學上的功績是不可泯沒的」，林紓的百餘種翻譯令「我們趾高氣揚而懶惰的青年，眞正慚愧煞人」。周作人說，「林先生不懂什麼文學和主義，只是他這種忠於他的工作的精神，終是我們的師，這個我不惜承認，雖然有時也有愛眞理過於愛我們的師的時候」。周作人的這種懺悔得到了在法國留學的劉半農共鳴。劉半農致信周作人，以「晚輩」的心情「後悔當初的過於唐突前輩」(《巴黎通信》，《語絲》第 20 期，1925 年 3 月。）這樣的懺悔引起了錢玄同質疑：「實在說來，前輩（尤其是中國現在的前輩）應該多聽些後輩的教訓才是。因爲論到知識，後輩總比前輩進化些；大概前輩的話總是錯的多」。（《寫在半農給啓明的信底後面》，《語絲》第 20 期，1925 年 3 月。）

第八章　新式教育的科學品格與五四文學的發生——以五四文學主將魯迅爲例

　　新式教育和傳統教育相比，具有其鮮明的科學品格。作爲晉身階梯的傳統教育，一切圍繞著科舉這一目的展開，科學及其科學品格則處於「缺席」的狀態。因爲科學與科舉無關，這在士大夫看來，與科舉無關的學說是君子弗爲的末技小道。而新式教育則不然，它是在救亡圖存的目標下，以西學知識、特別是西學中的科學知識的傳授爲主要內容的啓蒙活動，這就決定了新式教育必然和科學聯繫在一起，使新式教育獲得了科學品格。本章擬以五四文學主將魯迅爲例，闡釋魯迅從老師那裡，得到了哪些文化人格上的熏染？哪些科學知識構成了魯迅的知識體系？其中魯迅又接受了哪些科學原理、科學方法和科學精神，這對塑造魯迅的科學品格和科學思維產生了什麼樣的作用？這在其物化後的五四文學審美文本那裡有哪些表現？這對五四文學的發生具有什麼作用等。

第一節　藤野先生對魯迅的文化人格的影響

　　教育總是和老師的教學實踐緊密聯繫在一起的。在教育的過程中，老師所傳授的知識不但對學生直接影響著學生的知識結構，而且老師的文化人格還影響著學生的文化人格。所以，在對魯迅所接納的西學知識進行考察之前，我們有必要就新式教育下的老師對魯迅的影響作一解讀，發見老師的文化人

格對魯迅其人其文的影響，進而找尋出新式教育對五四文學發生的直接作用。

新式教育下的師生關係，和中國傳統的私塾教育下的師生關係有著很大的差異。在五四文學的創建主體那裡，他們經常地把自己對老師純眞感情傾注到國外老師的身上，並由此構成了自己取之不竭的精神資源，如藤野先生之於魯迅、杜威教授之於胡適（胡適把杜威當作「對我有終身影響的學者之一」）〔註1〕等，都是如此。

藤野先生1874年生於現在的福井縣蘆原町一位醫生家裏，名古屋愛知醫學校畢業，獲得醫學得業士稱號，從1901年11月至1916年4月在仙臺醫學專門學校任教，講授解剖學、解剖實習和局部解剖學等課程。藤野先生是魯迅在1904年進入仙臺醫專後的解剖學任課教師。藤野先生給求學期間的魯迅很大的關照，他們之間的師生交往也保持到魯迅退學後的1906年3月。但歲月的流逝和空間的阻礙，並沒有使魯迅忘記藤野先生，相反，這種師生情愫到了後來反而愈發強烈，以至於事過境遷二十餘年後，魯迅在自己的《朝花夕拾》中，又揀拾起這一記憶，並用散文的方式表達了自己對藤野先生的懷念。對此，魯迅在《藤野先生》中這樣清楚地表白過：「不知怎地，我總還時時記起他，在我所認爲我師的之中，他是最使我感激，給我鼓勵的一個。」〔註2〕這正說明，藤野先生作爲魯迅的老師，是魯迅成長爲五四文學的創建主體最爲重要的精神動力，其文化人格對魯迅建構起現代的文化人格的確立具有無可取代的作用。

在中國傳統的教育中，師生之間的關係是不平等的關係，老師總是主導支配學生，學生則要講究師道尊嚴，學生和老師之間橫亙著一條無法逾越的鴻溝——一條由等級觀念構成的鴻溝。在這一等級體系中，老師擁有絕對的威權，甚至連老師傳授的知識也具有絕對的威權，不能容許學生提出詰難。這正如魯迅所宣示的那樣，當學生面對自己不懂的內容髮問時，自己的老師壽鏡吾不但不循循善誘，反而粗暴地用「不知道」來打發，甚至還會很不高興，以至於「臉上還有怒色」，從而使學生知道「做學生是不應該問這些事的」。〔註3〕實際上，在魯迅的老師壽鏡吾的文化心理結構中，其作爲秀才所掌握的知識體系可能的確沒有涵蓋有關「怪哉」這一怪蟲的知識，更談不上對生物科學的刻意追問。更進一步的是，他對師生之間的平等對話都是無法容納的。

〔註1〕 《胡適口述自傳》，北京：華文出版社，1992年版，第102頁。
〔註2〕 《魯迅全集》（第2卷），北京：人民文學出版社，1981年版，第307頁。
〔註3〕 《魯迅全集》（第2卷），北京：人民文學出版社，1981年版，第281頁。

試想，當學生對自己感到困惑的東西發問時，動輒就「臉上還有怒色」，這又
怎能引發學生對先生產生親和力呢。這似乎正驗證了麥高溫的論斷的深刻
性：「在我看來，中國的教育方法正處於一種難堪和無聊的境地。首先是學習
時間太長。其次，中國人對孩子的早期教育法不利於培養孩子們的學習興
趣。……幾年中只學習發音，沒有一點兒新鮮思想灌輸給學生，使他們的智
慧得以增長。很容易想像這是多麼無聊與沉悶啊！」〔註4〕面對私塾教育的無
聊和沉悶，學生除了會厭倦知識之外恐怕還會連帶著厭倦老師。

　　除了蒙師壽鏡吾之外，對魯迅的人生產生了深遠影響的還有其「本家的老
前輩」周椒生。周椒生在新式學堂中任教，本來應該有一點新派的思想，但他
不僅沒有什麼新派思想，反而是一個保守派。例如當他發現魯迅讀《天演論》
等書籍時，他的第一反應就是「你這孩子有點不對了，拿這篇文章去看去，抄
下來去看去」。〔註5〕他這裡所謂的「這篇文章」，恰是反對康有爲變法的文章。
這樣的訓斥和掣肘，也無法對魯迅的文化人格產生什麼積極的影響了。

　　在魯迅的諸多老師中，還有一位重要人物就是章太炎先生。魯迅對章太
炎的學問甚是欽佩，對章太炎的革命精神更是欽佩。魯迅不僅喜歡讀章太炎
的文章，而且還對其政治見解產生了強烈的共鳴。1908 年夏季，章太炎直接
成爲魯迅的老師，曾經爲魯迅講了《說文解字》、《爾雅義疏》，還講了一些文
學的知識。但章太炎這樣一位對魯迅具有重要影響的老師，也沒有成爲魯迅
最爲感激的老師。

　　由此看來，藤野先生成爲魯迅最爲感激的老師，就具有了不同尋常的意
義。那麼，藤野先生的哪些方面成爲魯迅最爲敬仰、并進而成爲魯迅作爲五
四文學的創建主體重要的精神資源呢？

　　首先，在藤野先生身上體現了一種平等的師生關係，這對在中國傳統教
育下經歷過師道尊嚴和威權擠壓的魯迅來說，正好成爲他所渴望的別樣的人
的對象化。魯迅最初離開故鄉到了南京是爲了找尋別樣的人，但南京的情形
依然使他很失望；到了科學和教育比中國發達的日本，這裡的情形也不完全
令人如意。甚至很多日本學生所顯示出來的狹隘民族情感還傷害了魯迅的
心。正是在這種情形下，藤野先生顯示出了既和日本學生不同、也和中國老

〔註4〕　〔英〕麥高溫：《中國人生活的明與暗》，朱濤、倪靜譯，北京：時事出版社，
　　　　1998 年版，第 85、86 頁。
〔註5〕　《魯迅全集》（第 2 卷），北京：人民文學出版社，1981 年版，第 296 頁。

師截然不同的文化情懷。他對學生捧出真情、循循善誘。如藤野先生對於魯迅很是關心，他派人把魯迅叫到研究室，把魯迅的講義要來，幫助他進行修改。魯迅拿到修改後講義，看到「講義已經從頭到末，都用紅筆添改過了，不但增加了許多脫漏的地方，連文法的錯誤，也都一一訂正。這樣一直繼續到教完了他所擔任的功課：骨學、血管學、神經學。」〔註6〕這和藹、平等的態度正是中國老師所沒有的。

藤野先生不僅態度和藹，而且還待人平等。藤野先生以「嚴」而聞名校園，不僅很多學生已經久聞大名，而且本班中不少學生因藤野先生所給的成績達不到升級要求，而被迫留級。隨之藤野先生轉入對解剖學的介紹上：「解剖分腑之事，乃初學者入醫之門而須臾不可離開者。」〔註7〕這使剛出中學校門的學生們驚詫不已，也使原班生感到這樣「初學者入醫之門而須臾不可離開」的科目，如果不能學好，就沒有理由升入高一年級學習。由此可見，藤野先生既是一個以嚴厲而著稱的學者，也是一個對待學生平等的老師，他沒有帶著偏愛去從事教學，所有的學生在他的眼裏都一律平等。這是「別樣的人們」所具有的一種嶄新的文化品格，這同時也和魯迅已有文化背景中那種得過且過、沒有立場和原則的處世法則形成了鮮明的比照。魯迅通過藤野先生體現出來的文化品格，進而批判了國民性的敷衍了事、人分九等的「劣根性」。

其次，藤野先生具有求真的文化人格。藤野先生作為在現代醫學熏染下成長起來的學者，他在醫學的研究中強調的是求真，這體現在他對自己所不熟悉的東西講究真切的感知和實在的把握。如藤野先生「聽說中國女人是裹腳的，但不知詳細，所以要問我怎麼裹法，足骨變成怎樣的畸形，還歎息道，『總要看一看才知道。究竟是怎麼一回事呢？』」〔註8〕其實，藤野先生對女人纏足後的「足骨變成怎樣的畸形」是作為學理問題來觀照的，然而，這種追求實地觀察的科學精神，卻使魯迅感到「使我很為難」，「為難」作為人的一種情感體驗，正是一種諱疾忌醫的表現，剔除了「為難」的情感，而且還「解剖自我」，這自然可以看作藤野先生的實地觀察的科學精神「移植」過來的結果。其實，如果置於科學的原則下審視，我們就會發現，魯迅在改造國民性的文學實踐中，正是秉承著這一精神而展開的，以至於不管解剖什麼對

〔註6〕 《魯迅全集》（第2卷），北京：人民文學出版社，1981年版，第304頁。
〔註7〕 《魯迅研究資料》（第二輯），北京：文物出版社，1977年版，第355頁。
〔註8〕 《魯迅全集》（第2卷），北京：人民文學出版社，1981年版，第305頁。

象，都沒有什麼「很爲難」的情感了。

藤野先生的這種求眞的文化人格，使他對任何事都非常認眞。這對魯迅的求眞的文化人格大有裨益。如魯迅說：「可惜我那時太不用功，有時也很任性。」這裡所謂的「任性」實際上就是指以自己既有的文化觀念爲本位，私自修正客觀存在的事實，這顯然是以嚴謹而著稱的藤野先生所不容，但藤野先生沒有和魯迅的私塾老師那樣，「臉上還有怒色」，而是通過講道理來糾正魯迅的這種「任性」，從而把魯迅調整到了以事實爲依據的求眞的文化人格上來：「你看，你將這條血管移了一點位置。——自然，這樣一移，的確比較好看些，然而解剖圖不是美術，實物是那麼樣的，我們沒法改換它。現在我給你改好了，以後你要全照著黑板上那樣的畫。」〔註9〕這裡，藤野先生道出了科學的精神：實事求是乃是科學的精髓所在，也是科學區別美術的界線所在。這對魯迅皈依科學的認知方式是有幫助的。魯迅在給友人的信中提到：「校中功課大忙，日不得息。以七點始，午後二時竣。……所授有物理、化學、解剖、組織、獨乙種種學，皆奔逸至迅，莫暇應接。組織、解剖二科，名詞皆兼用臘丁、獨乙，日必暗記，腦力頓疲。幸教師語言尚能領會，自問茍僥倖卒業，或不至爲殺人之醫。」〔註10〕這固然是魯迅以後棄醫從文的緣由之一，但正是這莫暇應接的勞作和日必暗記的訓練，使魯迅確立了科學本位的思想，並逐步剔除了自己先入爲主的文化本位觀念。

藤野先生堅守實事求是的科學原則，對細微之處也一絲不苟。這對魯迅文學敘述的影響是極其深刻的，這是魯迅克服了「瞞和騙」而敢於直面眞實人生的重要精神資源。從藤野先生的角度來看，則是在自我恪守實事求是的科學原則的同時，希冀自己的學生也嚴格恪守這一基本的科學原則。後來，這一科學原則能夠爲魯迅所接納，並成爲其精神世界的重要組成部分，很大程度上不能不說是得力於藤野先生這樣一些「眞的人」的培養，這自然也是我們把藤野先生當作五四文學發生的重要資源的一個重要根據。

再次，藤野先生身上體現了「眞的人」所具有的文化人格。藤野先生在日本文化語境下，魯迅的日本同學並沒有發現藤野先生所具有的文化象徵意義。相反，藤野先生在魯迅同學的眼中，是一個從行爲到思想都很古怪的人。這一點魯迅並不是不知。如在《藤野先生》一文中，魯迅就指出了這一點，當藤野

〔註9〕　《魯迅全集》（第2卷），北京：人民文學出版社，1981年版，第304頁。
〔註10〕　《魯迅在日本》，山東師院聊城分院，1978年12月，第66～67頁。

先生在向同學介紹自己時,「後面有幾個人笑起來了」,這些發笑的同學是上學年不及格的留級學生。至於他們爲什麼會笑,則是緣於藤野先生「穿衣服太模糊了,有時竟會忘記帶領帶;冬天是一件舊外套,寒顫顫的,……指使管車的疑心他是扒手。」然而,就是這樣一個在日本文化視野下不爲人們矚目的平凡的人物,卻成了魯迅文化視野下的現代精神的「眞的人」對象化。

魯迅作爲一個接納了新式教育熏染了留日學生,早在在日本弘文學院,就和同學許壽裳經常討論三個大問題:「一、怎樣才是最理想的人性?二、中國國民性中最缺乏的是什麼?三、它的病根何在?」﹝註11﹞實際上,對這些問題的思考貫穿了魯迅一生文化實踐的全過程。正是在新式教育的基點上,魯迅確立了文化思考的邏輯起點,這不但區別於物質文化思考,而且也區別於政治文化思考。魯迅所看到的是救治精神甚於和高於一切。從「幻燈事件」中,魯迅感到了「我們的第一要著,是在改變他們的精神,而善於改變精神的是,我那時以爲當然要推文藝,於是想提出文藝運動了。」﹝註12﹞而要改變國民的精神,醫治他們的精神的病端,就要弄清楚什麼樣的人格才是現代的人格,什麼樣的人性才是「最理想的人性」。然而,身在異域接納著新式教育的魯迅首先感受到的是一個弱國子民的無奈。這使魯迅感受了「立人」的重要性,認爲中國要由弱變強,就必須先使中國人由弱變強,中國人要由弱變強,就必須先使精神從弱變強。這在魯迅所寫的《文化偏至論》中,就有較爲清楚的表白:「且使如其言矣,而舉國猶孱,授之巨兵,奚能勝任,仍有僵死而已矣。」﹝註13﹞這在否定了單純軍事作用的同時,肯定了立人的基本主張。而要立人,就要「剖物質而張靈明,任個人而排眾數。人既發揚踔厲矣,則邦國亦以興起。」﹝註14﹞進而指出了要想立人,就要抨擊物質,發揚精神,看重個人,排斥眾數。個人既然意氣風發了,國家也就會由此興盛起來。

魯迅在此所認同的文化邏輯,可以看作他對國民性問題的進一步思考。要立人,就要有能夠體現「新宗」理想的現代人。正是在「尋求別樣的人們」的文化心理期待下,藤野先生以他嚴謹而執著的「古怪」文化品格、以他毫

﹝註11﹞ 許壽裳:《摯友的懷念》,石家莊:河北教育出版社,2001 年版,第 12 頁。
﹝註12﹞ 《魯迅全集》(第 1 卷),北京:人民文學出版社,1981 年版,第 417 頁。
﹝註13﹞ 王士菁:《魯迅早期五篇論文注釋》,天津:天津人民出版社,1977 年版,第 98 頁。
﹝註14﹞ 王士菁:《魯迅早期五篇論文注釋》,天津:天津人民出版社,1977 年版,第 99 頁。

無個人偏見的現代人格，進入了魯迅的文化視野，成爲魯迅所認同的「別樣的人們」中的「眞的人」。〔註15〕實際上，在魯迅那裡，這「眞的人」就是理想人性和國民性的體載者。

「眞的人」的思想，既是魯迅思想的重要組成部分，也是魯迅文化人格的自覺重構。藤野先生之所以能夠一直爲魯迅所感激，並且給其鼓勵，就是在魯迅心目中的藤野先生已經演變成了具有「最理想的人性」的「眞的人」，近乎於完美人格的顯現。這恰好回應了魯迅對國民性問題的思考。

「眞的人」的文化品格還體現在藤野先生具有「誠和愛」的情愫。魯迅早在 1907 年在日本論及國民性時說：「當時我們覺得我們民族最缺乏的東西是誠和愛，——換句話說：便是深中了詐僞無恥和猜疑相賊的毛病」。〔註16〕而藤野先生則沒有這一「毛病」，更沒有隨意報復學生或猜疑學生。如有次在學校附近的理髮店裏，藤野先生裝做睡覺的樣子，他把一個學生批評他的話全部聽進來了。期中考試的時候，他給了那個學生不及格，於是，這個地道的東京人反駁他說：「宮先生，你憑什麼說我不及格！」據說期末考試時，這個學生提交了一份全用德語寫的圓滿答卷。這回藤野先生服了，給了他一百二十分。〔註17〕

「誠」既是人的眞情的自然體現，也是人的眞實文化品格的自然體現。這在社會學意義上來說，就是要尊重事實，不要自欺欺人。魯迅指出：「中國人的不敢正視各方面，用瞞和騙，造出奇妙的逃路來，而自以爲正路。在這路上，就證明著國民性的怯弱、懶惰，而又巧滑。」「由此也生出瞞和騙的文藝來，由這文藝，更令中國人更深地陷入瞞和騙的大澤中，甚至於已經自己不覺得」。〔註18〕而能夠醫治瞞和騙的恰恰是「誠」。因爲「誠」，所以敢於正視殘酷的現實，敢於正視淋漓的鮮血，敢於直面自我的過失——這也是魯迅自我蛻變的重要方式：「我的確時時解剖別人，然而更多的是更無情面地解剖我自己。」〔註19〕

〔註15〕 在《狂人日記》中，魯迅曾表述過自己「眞的人」的思想。對此，魯迅曾經借狂人之口這樣解釋：「大約當初野蠻的人，都吃過一點人。後來因爲心思不同，有的不吃人了，一味要好，便變了人，變了眞的人。」
〔註16〕 許壽裳：《回憶魯迅》，《新華日報》（重慶），1944 年 10 月 25 日。
〔註17〕 《魯迅研究資料》第二輯，北京：文物出版社，1977 年版，第 362 頁。
〔註18〕 《魯迅全集》第 1 卷，北京：人民文學出版社，1981 年版，第 240 頁。
〔註19〕 《魯迅全集》第 1 卷，北京：人民文學出版社，1981 年版，第 284 頁。

最後，藤野先生還具有世界人的情懷。魯迅早在日本留學時，除了產生了「眞的人」的意識之外，還產生了「世界人」意識。如果說「眞的人」是根源於中國的國家意識中的話，那麼，「世界人」則是根源於超越種族和國家的世界情懷，這對魯迅成長爲具有世界胸襟的五四文學創建主體，具有極其重要的作用。這正如魯迅在 1908 年所說的那樣：「聚今人之所主張，理所察之，假名之曰類，則其爲類之大較二：一曰汝其爲國民，一曰汝其爲世界人，前者懾以不如是則亡中國，後者懾以不如是則畔文明。」〔註20〕

藤野先生的世界性情懷，主要體現在對魯迅這樣一個素昧平生的外國青年的無微不至的關愛上。這在藤野先生那裡則表現爲當同學們誤解了魯迅的時候，藤野先生超越了狹隘的民族認同，仗義執言，爲魯迅辯護，並詰責幹事託辭檢查的無禮，要求他們將檢查的結果發表出來，從而使流言終於被消滅了。這就是說，在別人懷疑魯迅價值的時候，藤野先生義無返顧地站在了正義的魯迅一邊。這些行動既顯示了藤野先生對魯迅的信任和偏愛，也贏得了魯迅對於這信任和偏愛的無限感念。這既令魯迅爲之而感到不安和感激，也與魯迅所特有的文化視野相對應，使魯迅見出了「別樣的人們」的愛的情懷。而這樣的愛，還超越了種族的侷限，具有不同凡響的意義和價值——一個外國人衝破狹隘的民族偏見，以世界人的情懷來關愛著異國他鄉的青年學子，這本身就是一種博愛的具體體現，是具有人類意識和世界情懷的表現，尤其是在魯迅切身經歷了「漏題事件」和「幻燈事件」後，藤野先生就具有了雙重意義和價值：相對於日本來說，藤野先生是日本文化的優秀典範；相對於中國人來說，藤野先生是中國文化應該學習的典範。

從魯迅的同學的回憶來看，像藤野先生這樣嚴格的先生，還有敷波教授。敷波和藤野先生共同擔任解剖學這一主要學科的教學工作，也是一個一絲不苟的人，魯迅所學的藤野先生的解剖學是 59.3 分、敷波的組織學是 72.7 分。但敷波卻沒有進入魯迅的文化視野中，這可能因爲敷波教授沒有像藤野先生那樣，顯現出「眞的人」所具有的世界性情懷。而藤野先生進入魯迅的文化視野中，最重要的恐怕還是其身上所體現出來的世界性情懷有著深刻關係。

魯迅把藤野先生「對於我的熱心的希望，不倦的教誨，」定位於「他的對於我的熱心的希望，不倦的教誨，小而言之，是爲中國，就是希望中國有

〔註20〕 魯迅：《破惡聲論》，《集外集拾遺補編》，北京：人民文學出版社，1993 年版，第 23 頁。

新的醫學；大而言之，是爲學術，就是希望新的醫學傳到中國去」，從而使全人類受益。具有這樣的一種科學態度和博愛精神的藤野先生，也就自然獲得了自己獨立的人生價值。藤野先生的這種超越民族偏見的世界性文化情懷，成爲魯迅人格建構的楷模，這促成魯迅把藤野先生改正的講義，「訂成了三厚本，收藏著，將作爲永久的紀念」，把他的照相「至今還掛在我北京寓居的東牆上」。〔註21〕這樣以來，藤野先生對於魯迅來說，就具有了如此的功效：「每當夜間疲倦，正想偷懶時，仰面在燈光中瞥見他黑瘦的面貌，似乎正要說出抑揚頓挫的話來，便使我忽又良心發現，而且增加勇氣了，於是點上一支煙，再繼續寫些爲『正人君子』之流所深惡痛疾的文字。」〔註22〕這正是魯迅創建五四文學取之不盡、用之不絕的精神資源。

總之，正是在新式教育的師生關係下，魯迅把藤野先生的文化人格昇華爲自我的現代精神，並在這一精神資源的基礎上，把藤野先生的普通的行爲整合到了自己的文化理念中，從而使藤野先生成爲魯迅所認同的理想人性和現代人格的感性顯現，是「眞的人」的楷模。這種「眞的人」又恰好是五四文學主題中最爲迫切的籲求。

第二節　新式教育下的魯迅所接納的西學知識

魯迅在五四文學的發生中，是一個非常特殊的存在。他儘管沒有和陳獨秀、胡適那樣，直接發起五四文學運動，甚至他的創作起因還是得力於錢玄同的攛掇，但他卻以自己早已生成的科學品格和科學思維，一經介入就顯得極有章法，迅即和陳獨秀、胡適等五四文學的拓荒者取得了同一步調，這一切得力於他深受新式教育的科學品格的影響。

魯迅所接受的新式教育，最早可以從他離開自己的故鄉、進入西學影響較早的南京算起。魯迅於1898年（17歲）離開家鄉走異端，進南京水師學堂學習西學，隨即又在同年10月進江南陸師學堂礦務鐵路學堂學習；1902年4月（21歲）留學日本進弘文學院，1904年4月（23歲）轉入仙臺醫專；1906年3月（25歲）退學後從事文學翻譯等活動；1909年9月（28歲）從日本留學歸國，任杭州浙江兩級師範學堂化學及生理學教員，植物學翻譯；1910年

〔註21〕《魯迅全集》（第2卷），北京：人民文學出版社，1981年版，第307～308頁。
〔註22〕《魯迅全集》（第2卷），北京：人民文學出版社，1981年版，第308頁。

9 月（29 歲）兼任紹興府中學堂監學，兼博物課教員，教三年級的植物學，四年級的生理衛生學；1911 年 11 月，王金發組織紹興軍政分府，魯迅受任山會初級師範學堂（1912 年初改爲紹興師範學校）監督；1912 年二月底或三月初，應蔡元培之邀，到南京臨時政府教育部任部員，隨後隨教育部啓程北上，五月抵達北京。

魯迅從 1898 年到 1912 年，基本上浸染於新式教育中。從學習西學到講授西學，可以說是對新式教育下的西學有了較爲全面的把握。魯迅正是緣於這種獨特的人生經歷，使他在五四文學革命的口號提出之後，迅即地以自己的創作實績，促成了五四文學的發生和確立。

那麼，魯迅在接受新式教育的過程中，都是接受了哪些科學知識呢？

其一，在新式教育下的地質學和礦產學知識，爲魯迅開啓了一個全新的科學世界的同時，也使魯迅從傳統人文知識的藩籬中掙脫了出來，使魯迅求眞務實的科學品格得以初步確立。

周建人說過：「魯迅先生年青的時候是學習自然科學的。民國前十三年，這時候他十九歲，考進南京陸師學堂附設的礦路學堂裏學開礦，學習的功課是礦物學，化學，及其他和開礦有關的科學。」〔註23〕爲了學好地質學，「魯迅花了很長的時間把賴爾的《地學淺議》譯文抄訂成兩大本，連書中精密的地質構造圖也描摹了下來」，賴爾「第一個證明了地質學是一門歷史的科學，提出地層的形成和變異是不斷發生的，用地層緩慢進化學說徹底地摧毀地球是由上帝創造的『激變論』。」〔註24〕賴爾的地質學理論對魯迅早期的思想產生了深刻的影響，正如有的學者早就指出的那樣：這「對於魯迅當時學習和掌握達爾文的進化論學說，有很大幫助，並給魯迅的地質學著作以很大的影響。」〔註25〕魯迅對於地質學和礦業的熱切關注，即使在他從事醫學專業知識學習之後，也依然保持著，在東京弘文學院補習日文期間，他還利用課餘時間廣泛搜集有關中國地質學的著作，並開始進行關於中國地質學的探索和寫作。

魯迅接納了現代地質學和礦產學的知識，自覺地運用於自己的社會實踐中，這主要體現在早期所撰寫的《中國地質略論》和《中國礦產志》論著。魯

〔註23〕 周建人：《魯迅先生與自然科學》，《年少滄桑》，石家莊：河北教育出版社，2000 年版，第 271 頁。
〔註24〕 劉再復等：《魯迅與自然科學》，北京：科學出版社，1979 年版，第 73 頁。
〔註25〕 劉再復等：《魯迅與自然科學》，北京：科學出版社，1979 年版，第 74 頁。

迅的地質學著作利用進化論的理論，對地球的進化作出了科學的說明：「地質學者，地球之進化史也；凡岩石之成因，地殼之構造，皆所深究。取以貢中國，則可知蘷然塵球，無非經歷劫變化以來，造成此相；雖涵無量寶藏，足以繕吾生，初無大神秘不可思之物，存乎其間，以先配吾人之運命。」〔註26〕這種發展觀念的確立、分析方法和理論體系的建構，一方面促成了魯迅對現代科學精髓的把握，另一方面對魯迅人文精神的建構有著較大的啓示，使魯迅對社會現象的把握時能夠做出科學的解說。

　　新式教育下所傳授的地質學，是魯迅科學品格建構的起點，它最早促成了魯迅知識結構的變異，使其在既有的傳統人文知識裝置中楔入了現代科學的因素，更新了原有的知識結構，爲五四文學的發生奠定了堅實基礎。魯迅學習科學的動機，並非如純粹的自然科學家那樣以科學研究爲終極目標，而是抱有強烈的人文關懷目的，這也決定了魯迅將隨著他的人文功利目的的需要而及時調整其對自然科學知識學習的價值取向。因此可以這樣說，魯迅濃鬱的科學情結緣於其強烈的人文關懷情結。這一情結，不管魯迅學習什麼學科，都沒有遮蔽過或消解過，並且成爲魯迅自我不斷否定的重要驅動力。如在《中國地質略論》的緒言中，魯迅懷著對祖國的深沉的愛，謳歌祖國的「廣漠美麗」；但列強竟相「搓楚魚肉」，中國仍然「昏昧乏識，不知其家之天宅貨藏凡得幾何」，而「風水宅相之說，猶深刻人心」，害怕開採礦藏會破壞「風水宅相」，會受到鬼神懲罰，不敢興辦礦業。這種「至愚」是在「力杜富源，自就阿鼻」，其結局是「宅相大佳，公等亦死；風水不破，公等亦亡」。〔註27〕由此可見，魯迅超越了純粹地質學的疆域，把地質學和人文功利性目的有機地聯繫在了一起。

　　魯迅在新式教育中越是對現代地質學有著深刻瞭解，就越對中國文化中的蒙昧因素無法容納；越是不滿意以中國文學的蒙昧，就越促成魯迅對科學精神的皈依，這構成了一個良性互動的關係。當然，科學乃是這一互動關係的原動力，因爲科學以其法理上的強大精神力量和邏輯思維，促成了魯迅科學品格的建構。這也是當魯迅失望於地質學的救亡圖存的效能時，就毫無遺憾地棄地質學而從醫學的重要緣由。不過，這樣的轉換，並沒有涉及到其文化基點的位移，而袛是其實現救亡和啓蒙的手段的一些調整而已。

〔註26〕魯迅：《集外集拾遺補編》，北京：人民文學出版社，1993年版，第2頁。
〔註27〕魯迅：《集外集拾遺補編》，北京：人民文學出版社，1993年版，第1～2頁。

其二，魯迅在新式教育下接受的醫學、生理學和生物學等知識，是魯迅確立起科學品格和科學思維的又一重要基點。當然，在此應該指出的是，醫學對魯迅思維範式及其五四文學創作的影響更爲深刻和顯著。

魯迅1904年進入仙臺醫學專門學校，開始接觸並逐步接受了西方現代醫學知識和科學精神。在此期間，魯迅系統地學習了骨學、血管學、神經學、解剖學等，閱讀了海克爾的《自然創造史》，奧斯卡·赫特維希的細胞學以及俄國胚胎學家梅契尼科夫的著作。同時，魯迅還「曾譯《物理新詮》，此書凡八章，皆理論，頗新穎可聽。只成其《世界進化論》及《原素周期則》二章」。〔註28〕魯迅在《藤野先生》一文中，透露了這一時期現代醫學給他帶來的深刻影響。

當然，魯迅學醫的動機早就潛伏著「從醫」與「從文」的兩難選擇。魯迅說過，「我的夢很美滿，預備卒業回來，救治像我父親似的被誤的病人的疾苦，戰爭時候便去當軍醫，一面又促進了國人對於維新的信仰。」〔註29〕這說明其選擇醫學時所依賴價值尺度，一方面源於醫學本身的需求，另一方面則源於外在於醫學的人文目的，魯迅把醫學的需求納入到了外在於醫學需求的人文目的之中。當魯迅進入了仙臺醫專後，發現從現代醫學出發，進而落足於文化啓蒙的總目標時，竟然還有如此遙遠的距離，他決定「棄醫從文」，徑直由「曲線啓蒙」轉向「直線啓蒙」，也就具有了邏輯上的必然性。

魯迅棄醫從文並不意味他向醫學「訣別」，而只能說是自我生存方式和文化選擇策略的一次調整。事實上，這樣的調整，貫穿於魯迅一生。魯迅時時地做著這樣或那樣的調整，從小說到雜文，從歷史小說到散文詩，都可以看作魯迅自我不斷調整的一種象徵。許多人動輒惋惜魯迅沒有繼續從事小說創作，實在是緣於沒有看到魯迅的文化策略和救亡與啓蒙的目的之間的辯證關係。

魯迅學醫生涯對其影響的重要性已經引起了人們的重視。例如，日本仙臺東北大學教授阿部兼也先生認爲，魯迅在學了解剖學之後，思想上引起的變化，不僅限於醫學知識，而且及於對人的理解等更深的層次上。〔註30〕增田涉也認爲，魯迅「在日本學習的，是日語、德語和醫學（以及和這有關的生物學和化學）。通過醫學，他吸取了科學的一般知識，學得了科學的考察方

〔註28〕 劉再復等：《魯迅與自然科學》，北京：科學出版社，1979年版，第20頁。
〔註29〕 《魯迅全集》（第1卷），北京：人民文學出版社，1981年版，第417頁。
〔註30〕 彭定安：《魯迅：在中日文化交流的座標上》，瀋陽：春風文藝出版社，1994年版，第229頁。

法。」〔註31〕這些無疑都是深刻之見。

　　這樣的現代醫學精神，自然是魯迅在新式教育中獲得的。因為，在晚清社會風俗中，解剖人體是不能令人接受的事情，這在各個興起的新式醫學教育中也不多見，人們對理論的接受更多的停留在書本上，缺少了科學實證精神。但在日本留學的中國學生，卻得以通過日本的現代教育，獲得了解剖人體、進而掌握人體構造的機緣。

　　事實上，西洋醫學對中醫的意義和價值，在很大程度上體現在它彌補了中醫理論中的陰陽學說的侷限性，使人們從滿足於一知半解的玄思奧想中掙脫出來，進而睜開眼睛，觀察客觀存在的對象，並在此基礎上確認其病因、找尋治療的方法。然而，從中醫思維轉向西醫的現代思維，其艱難是不言而喻的。這種艱難性，我們從日本接受西方醫學的艱難歷程中就可以略見一斑：「日本人所渴望的自然科學知識可分為兩個有差異的系統。一個是醫學，另一個是天文曆法學。這二者成為西方科學中最令人關注的對象。……特別是醫學家解剖實驗的結果與荷蘭醫學學說日益符合後，更增加了人們對其的信賴。」日本醫學家經過親自解剖後驗證後得出了這樣的結論：「與隨身攜帶之荷蘭（人體）圖相對照，無絲毫不同。但知古來醫經所謂肺兩大葉、肝左三葉右四葉等說多有差異，腸胃之位置形狀也與古說大大相異。為見骨骼形狀，便每每於刑場拾取遺骸仔細觀之，亦與古說不同。相反，所見卻皆與荷蘭人體圖不差分毫。眾人皆惟有驚歎而已。」〔註32〕這就較為詳細地說明了日本在攝取西洋醫學的過程中，他們強調用實證的科學方法來驗證其對誤，並在此基礎上，進一步探究西洋科學的內在方法論上的意義，進而確認了西洋醫學所遵循的基本方法是在對解剖的基礎上，發現其病理所在，再作出如何救治的方案來。而中醫理論則很少在實證的基礎上確認其病因，祇是根據既有的陰陽理論來推斷其病理，這就易出現推理和實際的出入。這正是魯迅在《父親的病》一文中所批評的「醫者，意也」的立論的根據。試想，連醫學中的知識都無法通過著書立說來傳達，即「醫言意也。思慮精則得之，吾意所解。口不能宣也」，〔註33〕如此說來，「口不能宣」的醫學就算不上科學，因為科學是繼承性最強的文化形態之一。如古希臘

〔註31〕〔日〕增田涉：《魯迅與日本》，林煥平：《魯迅與中日文化交流》，長沙：湖南人民出版社，1981年版，第75頁。

〔註32〕《外來文化攝取史論》，靳叢林等譯，長春：吉林教育出版社，1990年版，第120頁。

〔註33〕《魯迅全集》（第2卷），北京：人民文學出版社，1981年版，第289頁。

繼承了埃及和西亞的技術知識，成功地將丈量土地的經驗規則上陞爲幾何學，如畢達哥拉斯定律後由歐幾里得將之系統化形成了平面幾何學等，都說明了科學的繼承性。這就是說，當時的中醫很大程度上停留在感性或經驗的階段上，離嚴謹的科學邏輯思維相去甚遠。

醫學對魯迅的影響固然是深刻的，而與醫學有關的其他科學同樣給魯迅以深刻的影響，這主要體現在生理學和植物學等知識的學習上。魯迅 1909 年 8 月回國後，他先在杭州的浙江兩級師範學堂任教員，開設了化學、生理衛生等課程，還擔任植物學的日語翻譯。此間，魯迅還編寫了生理學講義《人生象學》，這份長達 11 萬字的講義，說明了魯迅對此學科已經了然於心。

魯迅對於植物學也是情有獨鍾。周建人這樣說：「魯迅先生是頗愛好植物學的人，他自己學植物學，並且勸別人也學習。」「魯迅先生研究植物學的時代，在中國，也正是研究分類最感覺必要的時代」。「那時候的植物分類法盛行大陸派德國恩格勒的分類法，魯迅先生也常常查恩格勒的分類表，雖然也讀丹麥懷爾明的《植物系統》等著作。」〔註34〕這樣一種近乎嚴格意義上的現代科學觀察方法，對魯迅的影響是顯而易見的。一方面，像周建人所說的那樣，「科學不特給人們以知識，科學還教人尊重事實。從不尊重事實改變到尊重事實，在人類的歷史行程上是一個大進步。……科學走出空想的領域，走進實踐的領域。研究科學，於是用眞實的觀察，眞實的實驗了。」〔註35〕另一方面，這使魯迅在認識社會現象時，確立了以求實際觀察爲主要認識方法的科學思維。

綜上所述，假設魯迅沒有在新式教育下對地質學、礦產學、生物學、醫學、植物學等現代科學所顯示出來的思維方法和科學精神的確認，沒有在這一確認的基礎上把其整合到自我的文化心理結構中，就沒有五四文學主匠魯迅的誕生。但是，我們還應該看到，僅僅具有了這些科學知識，並不意味著魯迅就一定會成爲五四文學的主將，這還與魯迅所擁有的人文關懷有著緊密的關聯，這既決定了其在認同科學時凸現了以人爲本的目的性，又決定了其在五四文學創作上將會獲得新的理論資源，從而在有機的結合點上，成就了作爲五四文學主將的魯迅。

〔註34〕周建人：《魯迅先生與自然科學》，《年少滄桑》，石家莊：河北教育出版社，2000 年版，第 275 頁。

〔註35〕周建人：《魯迅先生與自然科學》，《年少滄桑》，石家莊：河北教育出版社，2000 年版，第 276 頁。

第三節　新式教育的科學品格對魯迅文化人格的影響

　　周建人曾經就魯迅在新式教育下所受科學的影響時這樣說過:「學習科學不僅給人們以知識,還給他鍛煉求知的力量,和怎樣正確地要求知識,怎樣明晰地觀察,探究,使他所知道的事情更眞實。即使愛好文藝之類的人,我想,有了科學的底子,再寫小說、雜文或批評之類的文字時,也許能寫得更好些。這就得了學習科學的幫助。」〔註36〕許廣平也曾經說過,魯迅「造詣的深,學識的博,文章的所向無敵,就是隨手那科學的方法,解剖,分析,綜合,證明的」。〔註37〕無疑,這樣的解讀是有道理的,但遺憾的是,他們並沒有把新式教育的科學品格對五四文學發生中的魯迅其人其文的影響進行深入闡釋。

　　實際上,魯迅不但擁有寬厚的科學知識,而且還擁有對科學精神的深刻體察。對此,日本友人、科學家長尾景和回憶說,1930 年,他和魯迅在一起交談,第一天談的是美術,第二天談的卻全是自然科學,即「第二天的談話,是從醫學開始的。從維生素、荷爾蒙、達爾文的進化論起,一直談到天文學、愛因斯坦相對論、靈魂不滅說,愈談愈覺得他是個博學的人。像這樣學識淵博的人,我是從未見過的。」〔註38〕魯迅自己也說過:「我首先正經學習的是開礦,叫我講掘煤,也許比講文學要好一些。」〔註 39〕這說明科學既是魯迅現代知識結構的重要組成部分,也是魯迅內化爲精神世界的濃鬱情結所在,這才使魯迅自認爲駕馭起自然科學知識來比講文學「更好一些」。

　　當然,魯迅的這一斷語可能有些突兀,但細究起來都符合其毅然決然選擇文學的邏輯基點。魯迅之發現文學,起因於他對文學啓蒙功能的認同,而啓蒙所依賴的理論武器,則是五四文學運動倡導的自由、個性、科學和民主等現代理念。這裡的科學,主要指自然科學,應包涵科學原理、科學方法和科學精神。這說明魯迅的「從文」一直沒有離開科學的理論支持,既得力於科學方法又受益於科學精神。魯迅終其一生的韌性戰鬥所創造的光輝業績和文學瑰寶,都充溢著科學理性精神,魯迅即使在臨終前還一再呼籲從事文學

〔註36〕周建人:《魯迅先生與自然科學》,《年少滄桑》,石家莊:河北教育出版社,2000 年版,第 277 頁。

〔註37〕許廣平:《關於魯迅的生活》,《十年攜手共艱危》,石家莊:河北教育出版社,2000 年版。

〔註38〕長景尾和:《在上海「花園莊」我認識了魯迅》,《魯迅和自然科學》,北京:科學出版社,1979 年版,第 17 頁。

〔註39〕《魯迅全集》(第 3 卷),北京:人民文學出版社,1981 年版,第 417 頁。

創作的人應該學點自然科學。這不能不表明自然科學所蘊含的現代理念和思維方式，是魯迅建構現代文化心理結構和進行五四文學創作的重要精神資源。

新式教育下的西學知識引發了魯迅知識結構的變化。那麼，西學中的科學方法和科學精神對五四文學創建巨匠魯迅有哪些影響、并由此形成了魯迅怎樣的科學品格呢？

自然科學，尤其是生物學中的進化論思想，重構了魯迅的人生哲學，使之具有了獨特的進化論觀念。魯迅的進化論思想是通過兩個基本途徑確立的。其一是嚴復的《天演論》，嚴復把達爾文的生物學的進化論整合爲社會學的進化論，即「物競天擇，適者生存」。魯迅汲取並接受了進化論的物競天擇的原則，成功地運用於社會歷史的觀察和分析。其二是達爾文的《生物進化論》，這是達爾文所創立的關於生物界歷史發展一般規律的學說，主要內容包括生物的變異性和遺傳性、物種的起源、生存鬥爭等。這促成了魯迅堅信未來勝過當下、青年勝於老年，並把希望寄託在孩子身上的歷史發展觀的形成。

魯迅所認同的生物學上的進化論思想，和中國傳統哲學中「天不變，道亦不變」的陳腐觀念具有本質的區別。在中國傳統的哲學觀念中，與其所認同的「道不變」的前提是「天不變」，並且成爲「君權」「天授」得以確立的哲學基礎。但是，隨著自然科學對客觀規律的揭示，動搖了過去的「天不變」的觀念，這就使皇權存在的合法性受到了挑戰，顛覆了「君權天授」合法性。因此，自然科學所宣揚的基本觀念，成爲解構整個封建文化基石的強大力量。也正是在這樣的基點上，魯迅在五四文學革命中借狂人之口，對「從來如此」進行了徹底質疑。

魯迅確立的進化論思想，從他早期的一些思想中可以得到印證。發表於1903年10月《浙江潮》月刊第八期的《說鐳》一文，標誌著魯迅對科學進步將帶來人的觀念變革的認同。其在文章開首這樣寫到：「昔之學者日：『太陽而外，宇宙間殆無所有。』歷紀以來，翕然從之；懷疑之徒，竟不可得。乃不謂忽有一不可思議之原質，自發光熱，煌煌焉出現於世界，輝新世紀之曙光，破舊學者之迷夢。若能力保存之說，若原子說，若物質不滅說，皆蒙極酷之襲擊，踉蹌傾欹，不可終日。由是而思想界大革命之風潮，得日益磅礴，不可知也！」本來，研究鐳所需要的條件，中國並不具備，魯迅也不會像居里夫人那樣，爲自然科學而奉獻出自己的全部人生。事實上，魯迅由鐳的發現而導引出的結論是人的思想革命。從這樣的意義上說，《說鐳》一文就不再

是一篇單純介紹科學知識的論文，而是帶有極強的進化論思想的社會論文，是對「天不變，道亦不變」哲學觀的解構，是對中國社會現實變革的理論支持。與此相關聯，則形成了魯迅的發展變化的文化品格，這一方面促成了魯迅的自我否定和超越，另一方面則促成了魯迅的社會發展觀的形成，成爲魯迅對抗孤獨與絕望的重要思想力量。

　　醫學中的生理病理學的思維方法，給魯迅的影響也是深刻的。但魯迅並未把這種影響止於醫學本身，而是由此運用於「社會病理學」的思考中，成爲他建構五四文學的重要方法。固然，魯迅把生理病理學的原理運用於社會病理學去，同樣隸屬於自我文化建設的大目標。實際上，魯迅的思維方式在應用於社會病理學之前，就先驗地確定了這樣的目標。魯迅在其五十歲生辰時，「講起他起先怎樣在日本學醫，後來怎樣認明了今日的醫學祇是替富人服務。只有富人能夠給得起醫生的診費，而中國的問題，他認爲，並不是由替富人醫肚痛可以解決的。因此，魯迅移到了社會的文學，用他來喚醒青年的工具。他傾向於俄國的革命作家，並且向他們學習。」〔註40〕事實上，對於醫學本身的皈依，與把醫學知識應用於社會爲窮人富人治病並沒有什麼天然的聯繫，因爲在一個純粹的醫學研究者眼裏只有病人，而沒有窮人富人之分。而魯迅在此卻把醫學本身和醫學爲窮人和富人治病聯繫在一起，這本身也就說明了魯迅並非和其恩師藤野先生那樣把皈依醫學作爲目的，而是把醫學納入了「社會病理學」的範疇中，藉以解剖社會心態和人們心理的疾病。這顯然已經背離了從事自然科學研究所追求的價值取向，有意識地把科學精神與人文精神結合起來。

　　解剖學中的解剖方法，則重構了魯迅認知社會的方法。解剖方法是現代醫學認識對象時經常使用的一種方法，它爲了研究人體或動植物體各器官的組織構造，用特製的刀、剪把人體或動植物體剖開。顯然，從邏輯學的法則來看，這是把整體分解爲不同部分的分解過程，以便更好地認識對象。

　　解剖是對本眞對象的再現，這使人的主觀認知必然要接受解剖對象實體本眞的檢驗。解剖人體，這在中國傳統的文化觀念中是令人感到不可思議的事情，這也是藤野先生在上解剖課時對魯迅能否敢於解剖人的屍體存有疑問的重要緣由。在實驗室裏，魯迅曾親自曾解剖過二十幾具屍體：〔註41〕矽肺的礦工、花柳病患者、癆病、嬰孩……，通過解剖，他瞭解了「胎兒在母體中的如何巧妙，

〔註40〕張新穎：《魯迅印象》，上海：學林出版社，1997年版，第273頁。
〔註41〕蕭紅：《回憶魯迅先生》，《蕭紅全集》，哈爾濱：哈爾濱出版社，1998年版。

礦工的炭肺如何墨黑，兩親花柳病的貽害於小兒如何殘酷」，以及悟到纏足後的女子「已斷筋骨沒有法子可想」，更激起了他對殘酷摧殘中國婦女的封建勢力的無比痛恨。〔註42〕其中，解剖學作業中的描畫人體解剖圖促成了魯迅對於本眞原則的恪守。魯迅在《藤野先生》一文中對此有所記載，魯迅交付給藤野先生的解剖圖，由於自己偏好而隨意改動了血管的位置，受到了藤野先生的批評：「解剖圖不是美術，實物是怎樣的形狀就怎樣畫，我們根本沒法改換它。」這種對本眞原則的恪守，對動搖魯迅那種先入爲主的文化傳統，促成其對自我的反思，具有重要作用。這從根本上顛覆了那種先入爲主的認知方式，促使其認知在方式上回歸到可以接受實體檢驗的科學層面上，動搖了「從來如此」的認知方式的絕對權威，也是促成魯迅發出「從來如此就對嗎」的質疑的理論根據。這種科學方法，確保了魯迅求眞務實的科學品格的確立。

　　總之，解剖學的解剖方法使魯迅的思維從以自我意識爲本位轉移到了以客體事實爲本位，從而自覺地剔除了其自我意識中那些與客觀事實不相吻合的方面，從而恢復了事實的眞實情形，這促成了其對中國傳統文化中的瞞和騙的體認，並敢於以事實的本來面目表現世界。

　　魯迅在解剖人體的過程中，通過比較，必然會發現病變組織的表現形式，進而扣問病因。這種探因求果的思維方法，對於魯迅確立科學的社會認知方式，具有極其重要的作用。這也是魯迅在文學創作中運思的一種方式。

　　病理學和治療學方法，同樣對魯迅的文學創作以方法論上的支持：它促成魯迅從解剖學、病理學和治療學向社會解剖學、病理學和治療學的轉換，使魯迅帶著醫生一樣的極其冷靜、理智的眼光，審視社會的病情，思考如何治療這病情的藥方。這種情形，早在魯迅的白話小說陸續刊載時，就爲當時睿智和敏感的評論者所感知：「魯迅先生的醫學究竟學到了怎樣一個境地，曾經進過解剖室沒有，我們不得而知，但我們知道他有三個特色，那也是老於手術富於經驗的醫生的特色，第一個，冷靜，第二個，還是冷靜，第三個，還是冷靜。」並進而評論道：「曾經有過這樣老實不客氣的剝脫麼？曾經存在過這樣沉默的旁觀者麼？」〔註43〕事實上，自然科學在魯迅那裡，並不僅僅

〔註42〕許壽裳：《亡友魯迅印象記》,《摯友的懷念》，石家莊：河北教育出版社，2001年版。

〔註43〕張定璜：《魯迅先生》，臺靜農：《關於魯迅及其著作》，上海：開明書店，1933年版。

作爲知識而存在，還是診斷國民劣根性的科學理性眼光和療救國民性的藥方。如魯迅在 1918 年寫的《隨感錄三十八》中就說：「現在發明了六百零六，肉體上的病，既可以醫治；我希望也有一種七百零七的藥，可以醫治思想上病。這藥原來已發明，就是『科學』一味。再如魯迅在對「國粹」的分析中，所使用的更是幾乎清一色的醫學思維：「什麼叫『國粹』？照字面看來，必是一國獨有，他國所無的事物了。換一句話，便是特別的東西。但特別未必定是好，何以應該保存？」「譬如一個人，臉上長了一個瘤，額上腫出一顆瘡，的確是與眾不同，顯出他特別的樣子，可以算他的『粹』。然而據我看來，還不如將這『粹』割去了，同別人一樣的好。」〔註 44〕這說明，自然科學從哲學觀念和方法論上支持了魯迅的社會文化觀念，使魯迅的文學創作時的思維和現代醫學思維有機的聯結在一起。

　　現代醫學方法和原則，固然深刻地影響了魯迅，現代技術也給魯迅以深刻的影響，顯微鏡就是其中之一。顯微鏡是觀察微小物體用的光學儀器，主要由一個金屬筒和兩組透鏡構成。常用的顯微鏡可以放大幾百倍到幾千倍左右。顯微鏡給醫學以深刻的影響，這使那些肉眼難以看到的細菌，得以詳盡地展現在人們的眼前，極大地拓展了人們的認知空間。

　　魯迅使用顯微鏡觀察病菌是在仙臺醫專求學時。通過顯微鏡，魯迅看到了過去觀念世界所不復存在的世界。這除了使魯迅堅定了現代醫學所提倡的求眞務實的原則之外，還對魯迅的科學品格以深刻的影響：使魯迅在觀察社會現象時，不再停留於表層，而是深入到事物的背後，發現那些本質的深層，具體到社會現象的細緻觀察，就是把其置於顯微鏡下，對其所隱含的深刻內涵予以放大（如通過阿 Q 來認識國民性問題），以便於進一步接近其本質，這也是魯迅富有深刻的思想力和洞察力的重要緣由。

　　標本意識也給魯迅重要的啓迪，對其掌握現代科學的方法論起到了重要作用。標本是保持實物原樣或經過加工整理，供學習、研究時參考用的動物、植物、礦物，是醫學、植物學、礦學等學科認識對象的一種重要方式；醫學上的標本還特指用來化驗或研究的血液、痰液、糞便、組織切片等。這種標本意識，被魯迅成功地物化到自己的文學創作中，使其文本世界所描摹的對象具有了標本功能。魯迅所建構的文本世界，像標本一樣，原汁原味地保存著事物的本眞形態，這也是魯迅的文本之所以超越「瞞和騙」、回歸於本眞存

〔註44〕《魯迅全集》（第 1 卷），北京：人民文學出版社，1981 年版，第 305 頁。

在的重要緣由。

魯迅在其學習的礦學和植物學等現代科學知識中，就注意采集礦石樣本和植物標本，並由此作爲認識對象客體的一種重要方式。魯迅在杭州兩級師範學校時，就研究植物學；第二年，任紹興中學的學監，仍繼續研究植物學。魯迅對植物學的研究，「主要的是采集，記載，保存等等，主要是分類學的工作。」認爲「我們如要觀察一種植物的生活情形，生理現象，或和他種植物的關係，並把所觀察的記載下來，我們就必須知道所觀察、所記載的是什麼植物。」〔註45〕對於標本的特別重視，不只充實豐富了魯迅的科學品格，而且滲透到其五四文學的創作實踐中，這主要表現在魯迅特別重視在特定的文化語境下對某一特定的個體所顯示出來的精神形成和發展過程的展示，並以藝術標本的方式，達到「立此存照」的目的。像阿Q、孔乙己、祥林嫂等藝術形象，都具有標本價值。這說明醫學、植物學和生理學等學科的標本意識，是魯迅的求眞存實的科學品格得以確立的重要精神資源。這也是魯迅在文學創作中，採用種種藝術手法製作「社會標本」的理論根據。

自然科學離不開比較方法的使用。比較方法本來是人們就兩種或兩種以上同類的事物辨別異同或高下的、進而找尋到事物本質屬性的一種方法。這在魯迅所接觸的礦學、植物學和醫學等學科中，是比較普遍的方法。當魯迅爲了啓蒙的文化需要，最終「棄理從文」後，這種認知方式卻積澱於魯迅的認知思維深處，成爲其解剖社會現象的重要方法。對此，魯迅說過「比較是醫治受騙的好方子」。爲了說明這道理，魯迅以鑒別眞金與硫化銅爲例，說明「人常常誤認一種硫化銅爲金礦，空口是和他說不明白的，或者他還會趕緊藏起來，疑心你要白騙他的寶貝。但如果遇到一點眞的金礦，只要用手掂一掂輕重，他就死心踏地：明白了。」〔註46〕由此得出結論：「一識得眞金，一面也就眞的識得了硫化銅。」魯迅在其文化人格中之所以實現了求眞務實的價值目標，就在於通過識得並獲取自然科學知識和現代社會科學知識這樣的「眞金」，及時地清醒地辨別剔除無數類似「硫化銅」等非「眞金」。

比較方法等科學思維方法，促進了魯迅在認知思維上的相互支持的良性互動的關係。如魯迅在《吶喊·自序》中說過，自己通過學習《全體新論》和《化

〔註45〕周建人：《魯迅先生與自然科學》，《年少滄桑》，石家莊：河北教育出版社，2000年版，第275頁。

〔註46〕《魯迅全集》第6卷，北京：人民文學出版社，1981年版，第138頁。

學衛生論》等自然科學知識，感到先前的醫生的議論和方藥，「和現在所知道的
比較起來，便漸漸的悟得中醫不過是一種有意的或無意的騙子」；同時產生出「對
於被騙的病人和他的家族的同情」這樣的人文情懷。如果沒有對現代醫學知識
的把握，要想進行這樣的比較是不可能的，這也說明比較方法不僅僅是一種簡
單的認知方法，而且還和豐富的自然科學知識相聯結。否則，要對被認知扭曲
了的標本和其他對象進行比較，進而得出正確的結論，那幾乎是不可能的。

　　比較方法，魯迅還運用於對不同文化的認知上。魯迅從紹興進入南京，
再從南京到東京、仙臺，期間在新式教育中體味到了不同文化體系之間的差
異性，尤其是日本文化，對魯迅反觀中國文化具有重要參照作用。至於通過
比較而帶來的心理重壓，不但促成了魯迅科學品格的確立，而且還使其形成
了一種比較意識。如魯迅對中國現實的批判中，通過比較，進而指出了「我
在中國，看不見資本主義各國之所謂『文化』；我單知道他們和他們的奴才們，
在中國正在用力學和化學的方法，還有電氣機械，以拷問革命者，並且用飛
機和炸彈以屠殺革命群眾。」〔註 47〕魯迅在此用了資本主義文化這樣的一個
參照系，對中國現實文化的「本」和「流」作了進一步的比較：「外國用火藥
製造子彈禦敵，中國卻用它做爆竹敬神；外國用羅盤針航海，中國卻用它看
風水；外國用鴉片醫病，中國卻拿來當飯吃。」〔註 48〕

　　自然科學離不開形而下的認知方法，它在形而下的基礎上，提升到形而
上的抽象之中，完成從具體到抽象的思維過程。這種認知方法，對魯迅的積
極影響是顯而易見的。它使魯迅擺脫了傳統文化慣常使用的離開形而下的具
體對象而進行奇思玄想的思維模式，注重通過從具體事物入手來認識該類事
物的屬性，這在學習的礦產學、植物學和醫學實踐中，強化了魯迅對這一認
知方法的接受。這種認知方法一旦被魯迅所掌握，就構成了其科學品格建構
的又一重要基石：魯迅終其一生，並未建構什麼宏大的哲學體系，而是從形
而下入手，把其深刻的思想融入到具體的對象世界中，其小說、雜文等文本
世界莫不如此。在魯迅的科學品格中，包含著極其濃鬱的個體情結，他往往
把目光注視於具體社會存在的人。

　　實驗方法作爲西方科學建構的重要方法論，同樣給魯迅以深刻的影響。
實驗方法，早在魯迅擔任浙江兩級師範學堂的化學課時，就經常給學生做化

〔註47〕《魯迅全集》（第 6 卷），北京：人民文學出版社，1981 年版，第 19 頁。
〔註48〕《魯迅全集》（第 5 卷），北京：人民文學出版社，1981 年版，第 15 頁。

學實驗，教生理課，也給學生做生理實驗，這樣的一種方法，顯然不僅作為一種學科範式而積澱於魯迅的意識世界中，而且還作為一種科學的方法論積澱於魯迅的思維深處，從而成為魯迅所慣常使用的一種認知方式，並滲透到了對社會現象的認知過程中。

總之，魯迅以其卓越的文化整合力，把自然科學原則及方法論物化到其文學創作中，使自然科學成為其文學創作的基石之一，由此建構了一個與自然科學同步的現代審美文本世界。

當然，新式教育下魯迅獲得的科學知識以及方法論的支持，離不開中國人文傳統中的救世情結和使命意識。這一情結和意識，是魯迅的自然科學知識和方法論得以轉換的精神導向，也是魯迅的文化啟蒙的終極目標。因此，我們要解讀魯迅其人其文，就必須回到魯迅整個的精神世界那裡，尤其是魯迅的自然科學知識的世界中，而不能僅僅回到魯迅的人文世界中。

第四節　從新式教育到五四文學的創建

魯迅在新式教育下所接納的科學知識，賦予他科學的品格，並形成了求真務實的科學精神。這促成了他對五四文學文本的創造，對五四文學的發生具有重要的作用。

魯迅早期在新式教育中所學的礦產學，從顯層來看，是其所要闡釋的深刻哲理的載體，從其深層來看，則和其所要闡釋的深刻哲理融為一體，既是其思想的載體，還是其思想的依託，成為其思想的重要的理論資源，是其文本世界的有機組成部分。如魯迅對人類歷史發展規律的揭示中，就這樣說過：「人類血戰前行的歷史，正如煤的形成，當時用大量的木材，結果卻祇是一小塊。」〔註49〕無疑，關於煤的形成的理論，是魯迅在礦產學中所接受的基本理論。礦產學認為，煤的形成是因為地殼運動而掩埋了大量的森林，這森林在地下轉變成了煤。這關於煤的形成的理論解釋，一方面啟發了魯迅對人類歷史發展由來的理論解釋上的基本思路，另一方面，也在學理的層面上啟發了魯迅對人類發展歷史規律性的相似性認同。因此，在這裡所顯現出來的，就不再是一個簡單的比喻問題，在這比喻的背後，隱含著科學作為理論資源對其思維和論證方式的支持問題。

〔註49〕《魯迅全集》（第3卷），北京：人民文學出版社，1981年版，第277頁。

　　新式教育下的地理學的研究方法，給魯迅小說和雜文以深刻的影響。地理學的研究方法較多，主要有「相關研究法」、「形態結構研究方法」、「演化研究法」和「專門的研究技術方法」。〔註50〕在對魯迅具有較大影響的研究方法中，「形態結構研究法」和「演化研究方法」是最重要的兩種研究方法。地學上的形態結構研究法主要有兩種，一種叫類型法，就是說研究各種「地體」的類型，如土壤分類、地質構造分類、土地分類等。還有一種叫區分法，就是根據類型組合，把地表看成是各種類型的鑲嵌結構然後再進行分類。不管怎樣，這樣的分類方法，把紛繁複雜的地體通過一定的歸類，進而促成了認識上的條理化，這成爲人們把握對象的一種重要方法。

　　這種研究方法在魯迅的小說和雜文的構思中，表現爲其通過經常使用類型劃分和類型組合的方法，完成對於人的文化屬性的認知，進而使自己所創作出來的文學文本具有對複雜現實人生的無限穿透力。如在祥林嫂、孔乙己等眾多的藝術形象中，這些形象都具有一定的概括性，甚至具有顯著的類的屬性。至於阿Q這一藝術形象，更是成爲某種國民性的類別的典型代表。在魯迅的雜文構思中，魯迅一直就強調了「取類型」的藝術手法的重要性，並把此昇華到了雜文創作極其重要的藝術手法。這固然得利於魯迅對藝術精髓具有獨特的把握能力，但也無法否認，魯迅早期接觸到的地學知識體系中的類型研究方法對其觀察研究對象具有著思維定型的積極作用。

　　演化研究方法，主要是「研究的確及各種『地體』在時間上如何變化。通常把時間過程中分爲各個階段：地質年代、歷史年代和現代。演化研究方法的重點是以溯因法基礎，溯因法就是把觀察到的同一類事實看作一個歷史過程的不同階段的產物」。〔註51〕這在魯迅的雜文寫作中，主要表現爲經常使用歷史考據的方法。如魯迅在發掘國民性的劣根性時，就追溯到了元朝、清朝對漢民族的屠戮以及大清帝國自鴉片戰爭以來的失敗，從而探究國民性劣根性的遠因和近因。這都可以看作利用演化研究方法的範例。

　　新式教育下的礦產學固然對魯迅有較大影響，病理學對魯迅的影響更大。病理學在魯迅的知識系統中，不僅作爲一種純粹的知識而存在著，而且

〔註50〕沈克琦主編：《自然科學基礎》（下冊），北京：高等教育出版社，1989年版，第325頁。

〔註51〕沈克琦主編：《自然科學基礎》（下冊），北京：高等教育出版社，1989年版，第326頁。

還融化於其思想中，並在新的層面上整合了其既有的思想，對其五四文學創作產生了較大影響。在五四文學創作中，魯迅一旦有了外在觸媒，就會迅疾地將病理學轉化為審美意識而湧之於筆端，其文之所至也就常常會塑造出文學上的某一類型。其對生物學、昆蟲學等自然科學的熟悉程度，更是令人歎為觀止。如魯迅在《春末閒談》一文中講細腰蜂「是一種很殘忍的兇手」，它身上有一根「神奇的毒針」，每當盛夏青蟲密集的時候，它便向青蟲的「運動神經球上只一螫，他便麻痺為不死不活狀態，這才在它身上生下蜂卵，封入窠中。青蟲因為不死不活，所以不動，但也因為不活不死，所以不爛，直到她的子女孵化出來的時候，這食物還和被捕當日一樣的新鮮。」〔註52〕這與慣於施行「愚民政策」的我國的「聖君」、「賢臣」、「聖賢之徒」愚弄麻痺人民的情況很相似。所以魯迅說，細腰蜂殘忍地對付青蟲的辦法，正是「聖賢們」早已有之的「黃金世界的理想」。顯然，如果說對細腰蜂毒針的瞭解需要生物學的知識作為前提的話，那麼，從生物學知識轉化為社會學知識，並以象徵隱喻方式形成一種具有著內在關聯的邏輯關係，這就要求在藝術思維路徑上用後者驅動並整合前者，使前者在後者的燭照下從喻體中閃現出新的文化意蘊。同樣，如果說對前者的把握只需要生物學的知識就可以的話，那麼，把前者轉化為後者就需要有社會學的新文化理念和主體藝術思維。

在《十四年的「讀經」》一文中，魯迅從遊走細胞的活動講起，並以遊走細胞比喻當時提倡尊孔讀經的封建復古主義者的「形象」。魯迅把舊社會比成衰老的人體，說人體的衰老是「廢料愈積愈多，組織間又沉積下礦質，使細胞變硬，易就於滅亡」，而舊社會的滅亡也是「因為大部分的組織被太多的古習慣教養得硬化了」，而在這過程中，遊走細胞又趁機搗亂，起了特別壞的破壞作用。魯迅說「原是養衛人體的遊走細胞（Wanderzelle）漸次變性，只顧自己，只要組織間有小洞，它便鑽，蠶食各組織。使組織耗損，易就於滅亡。」魯迅接著把批判的矛頭轉向對五四文學運動實行反攻倒算的北洋軍閥及其幫兇，指出：「若干分子又被太多的壞經驗教養得聰明了，於是變性，知道在硬化的社會裏，不妨妄行。」〔註53〕

新式教育下的自然科學，醫學還使魯迅的五四文學寫作具有了社會病理學分析報告的性質，同時，他還融入了解剖學、標本原則、顯微鏡放大法等，

〔註52〕《魯迅全集》（第1卷），北京：人民文學出版社，1981年版，第204頁。
〔註53〕《魯迅全集》（第3卷），北京：人民文學出版社，1981年版，第130頁。

體現了病理分析中的冷峻、客觀、求眞的特點：它既是對中國文化病端標本的存檔，也是在顯微鏡下對病端標本的解剖，還是對病理發生機制的闡釋，當然其中的不少文章還是「藥方」。

　　病理是關於疾病發生和發展的過程和原理，其使命是通過對疾病發生和發展的過程和機制的把握，追溯其之所以然的緣由，爲疾病的預防和治療奠定基礎。魯迅的雜文更多地著眼於病理本身的分析，其目的是引起療救的注意。所以，特定意義上說，魯迅的雜文屬於病理分析報告，魯迅本人則是病理學分析師，並且是一個及時跟蹤社會流行病症並對之作出病理性分析報告的大師。這就使魯迅雜文的病理性分析報告，帶有極強的社會現實針對性。這也是魯迅在五四文學創作中，之所以多爲短製而沒有世紀之初的那種長篇宏論的重要原因。

　　魯迅在五四文學的發生中創作的雜文所具有的病理性分析報告特質，對五四文學的接受主體產生了積極效能。魯迅用雜文的形式及時地感應並回應現實病症，做出病理性闡釋，這就爲及時地遏制其病症的進一步發展，起到了重要作用。因此，雜文之所以在魯迅那裡形成並獲得了發展，實際上還深潛這種根本性緣由。

　　魯迅的雜文，可以當作中國文化演進過程中種種病症的綜合性顯現，是用文學的形式寫就的病理性分析報告，這就爲後來的文化啓蒙和文化改造提供了標本，既有「立此存照」的作用，也標示了那一時代所達到的認識高度，有思想史的價值。

　　魯迅的爲文，不僅把他所學的植物學知識融化於其中，還注重揭示事物之間的內在規律性，這也是魯迅雜文把他的植物學知識和他的文化思考互爲印證的重要緣由。如魯迅在論證新興的藝術擁有未來時，就把他的植物學知識這樣融合到了他的論證中：「以清醒的意識和堅強的努力，在榛莽中露出了日見生長的健壯的新芽。」〔註54〕魯迅對於事理的分析，不僅把植物學知識作爲一種載體，而且還把植物學的內在規律性作爲其所要論證的規律的支撐，使其不再是事理上的比附式論證，而是把其整合到了自己的精神世界中，成爲一個既具有形而下的形式、又具有形而上的意蘊的統一體，從而超越了純粹自然科學的疆域，使之具有哲學意蘊的對象化世界。

　　實際上，新式教育下的科學知識在魯迅的精神世界中，不再是作爲點綴

〔註54〕《魯迅全集》（第4卷），北京：人民文學出版社，1981年版，第308頁。

和口號而存在了，而是作為一種直接參與五四文學主體精神建構的重要因素而存在著。而這種存在不僅表現在論證的方式上，還表現為思維方式的轉換和新哲學觀念的建構上，這使魯迅建構現代文學的基點和傳統文學建構的基點有質的差異。甚至可以這樣說，魯迅和五四文學的其他創建主體，本身就深受包括自然科學在內的所有現代文化的滋潤，並在自我既有的文化心理結構的基礎上，最終成功地把擁有自然科學知識的精神世界納入整合到五四文學文本的建構中，這是魯迅在小說創作獲得現代轉型的重要根據。

魯迅在談及做小說的緣故時說過：《狂人日記》「大約所仰仗的全在先前看過的百來篇外國作品和一點醫學上的知識，此外的準備，一點也沒有。」〔註55〕這說明魯迅對傳統小說模式的超越的一個重要根源在於他掌握醫學上的知識，即魯迅把醫學上旨在療救的思維模式導入到文學的思維模式中，並使文藝自覺地承擔起療救精神病端的重任：「我們的第一要著，是在改變他們的精神，而善於改變精神的是，我那時以為當然要推文藝，於是想提倡文藝運動了。」〔註56〕從另一個方面來看，魯迅從醫學等科學出發所認同的文藝，又反轉過來進一步皈依了其所認同的科學，即自然科學知識是確保其「世界人」的一個前提，致使文藝如同醫學一樣理所當然地成為醫治精神病端的藥方。這既是魯迅在五四文學創作之初傾向於引進那些契合我們病症的「藥方」的重要緣由，也是魯迅為什麼能建構五四文學的科學品格的重要緣由。

為了「改變他們的精神」，魯迅在創作中就特別注重了小說的「『為人生』，而且要起到改良這人生」的作用。在取材上，則是「多採自病態社會的不幸的人們中，意思是在揭出病苦，引起療救的注意。」〔註57〕為了達到這一目的，魯迅的五四文學創作必然以展現人的精神病症為鵠的；而要展現人的精神病症，就要把人置於一定的文化語境中，重新演示其病症的來龍去脈。這一文本建構原則，確保了魯迅在營造小說文本的過程中，脫離了傳統的思維路徑，建構起了一個新的文本世界。

魯迅善於把在新式教育所學到的科學知識整合到文學創作中，著重於人的精神病端的演示，這和以著重於情節和傳奇性的文本建構原則有質的差異性。魯迅所塑造的人物往往和其生活語境下的不同性格的人物發生衝突；這

〔註55〕《魯迅全集》（第4卷），北京：人民文學出版社，1981年版，第512頁。

〔註56〕《魯迅全集》（第1卷），北京：人民文學出版社，1981年版，第417頁。

〔註57〕《魯迅全集》（第4卷），北京：人民文學出版社，1981年版，第512頁。

衝突本身，就像化學反應一樣，能在反應的過程中凸現人的性格特徵。如阿 Q
在和社會不同層次的人的矛盾衝突中凸現出複雜的文化性格：從假洋鬼子到
趙太爺，從小尼姑到吳媽，從王胡到小 D，從未莊到城裏，以至於到辛亥革命，
幾乎是這一時期的所有文化語境下的「文化反應」的總和。魯迅通過阿 Q 和
趙老太爺的「化學反應」，顯示了阿 Q 面對居於社會支配地位、擁有霸權話語
的人物時所顯示出來的精神勝利法的社會屬性；通過和吳媽的「化學反應」，
顯示了阿 Q 的性的自然屬性的內在要求和由此展示出來的性道德與婚姻文化
觀念；更具有意味的是，阿 Q 的性要求並不是來自自然屬性，而是來自外在
於自我的社會，阿 Q 之所以想要和吳媽「困覺」，直接動因是對儒學所張揚的
「不孝有三，無後爲大」的文化觀念的認同，這又起因於小尼姑的「斷子絕
孫」的咒罵。本是自然人性的要求的「性」，竟然也被異化到了對「種」的自
然繁衍的需求中，「種」的需求又來自對儒家的教義的皈依。這樣的「化學反
應」所顯示出來的文化，不僅具有十分顯著的社會意義，而且也契合了魯迅
所宣稱的揭出病端、引起療救的文化目的。因此，這一新的文本建構原則，
不是根源於表層的技術性變化，而是深潛於其現代科學品格中，是在此基礎
上所建構起來的現代文化的感性顯現。

　　綜上可見，魯迅在新式教育的科學品格的影響下，接受了科學原理、科
學方法和科學精神，鑄造了自我的求眞務實的科學品格和縝密的邏輯思維與
實證方法相結合的科學精神，以開拓創新的姿態，給五四文學革命以創作實
績的支持，從而奠定了其在五四文學發生和確立過程中的巨匠地位，成爲晚
清以來的文化巨人，把包括第一代學生所開創的救亡和啓蒙這一主題推向了
一個前所未有的歷史高度，開啓了五四文學和 20 世紀中國文學的新紀元。

結　語

　　通過以上的綜合分析可以見出，沒有新式教育，就不能解構「人」的傳統文化心理結構，更不能建構起「人」的現代文化心理結構；沒有「人」的現代文化心理結構，就不會促成五四文學的發生。正是從這樣的意義出發，教育、立人、文學這三個要素環環相扣，遞次推進，最終釀成五四文學的狂飆巨瀾。

　　通過考察我們可以發現，新式教育對五四文學的發生產生了直接的推動作用。教育對文學的作用，從來沒有像五四文學發生時期這樣緊密。新式教育與五四文學之間構成了複雜的連鎖互動關係。是新式教育，促成了五四文學創建主體現代文化心理結構的建構；也正是新式教育，促成了五四文學接受主體現代文化心理結構的建構。而五四文學則又促成了新式教育的發展。也就是說，五四文學的創建主體和接受主體，幾乎沒有一個不是受到了新式教育的熏染。在他們那裡，五四文學和新式教育本就是無法拆解的一個問題的兩個方面。新式教育和五四文學正是互動中實現了共同發展，在最終促成了五四文學發生的同時，也促成了新式教育的發展。

　　這裡就涉及我們對五四文學發生的獨特規律究竟應如何認識的問題。正如我們在論文中闡釋的：五四文學的發生並不是直接從中國文學母體中孕育產生的，這從五四文學的創建主體和接受主體的構成中就可以見出。因為晚清那些叱吒文壇的風雲人物，並沒有承繼並延續他們已有的輝煌，他們在五四文學運動面前大都被邊緣化。當然，我們不能否認他們對五四文學創建主體和接受主體的啟蒙作用，但也不能誇大他們對五四文學的創建主體和接受主體的啟蒙作用。那麼，接受新式教育的第一代學生為什麼能夠給第二代學生予以啟蒙，而自己卻無法完成對新文學的創造呢？關鍵在於他們在接受新

式教育中所建構的文化心理結構有著質的不同。

通過分析可以見出這樣的一個基本事實，五四文學的創建主體的文學主張之所以能夠獲得認同，就在於他們的文學訴求得到了接受主體的共鳴與接納。正是從這樣的意義上說，五四文學的創建主體和接受主體一道，開啓了中國文學史的一個新時代。但是，我們在對五四文學的解讀中，只注意到了五四文學的創建主體對形成五四文學運動的重要作用，而漠視了接受主體對五四文學運動的推動作用，特別是在我們的文學史中，接受主體對五四文學運動的貢獻完全被遮蔽了。其實，五四文學的接受主體，對五四文學發生的作用，一點也不亞於五四文學的創建主體。這同時也隱含了本文的寫作目的，在最大限度地還原五四文學發生的眞實情景時，消解當下文學史單純凸現五四文學創建主體的傾向，彰顯公共領域在五四文學發生中的作用。

正是由此出發，我們認爲五四文學的發生必須在教育、立人和文學這三個要素的關係中確立，五四文學的發生也正是教育、立人、文學等諸要素合力作用的結果。五四文學開闢了中國新文學發展的道路，對整個 20 世紀中國文學的發展是一次成功的預演。

其實，當我們巡視 20 世紀中國文學的發展歷程時，就可以發現，教育對文學的作用是其他要素所無可取代的。這也啓示我們，現在的教育在建構人的現代文化心理結構方面，應該以更開放的胸襟，以拿來主義的氣魄，以再造文化的勇氣，像五四文學的創建主體和接受主體那樣，爲建設和五四文學相比肩的新文學而開拓前行，這對推動 21 世紀中國文學的發展具有重要的借鑒意義。

最後，需要特別指出的是，當我們在凸現新式教育在五四文學的發生中的作用的同時，還應該銘記的一點是，五四文學是在社會的、文化的、歷史的等眾多因素的共同作用下確立起來的，我們不應該把新式教育當作五四文學發生的最終或唯一的推動力量，儘管在本文中使用新式教育的視角透視和闡釋五四文學發生時，特別凸現了新式教育的重要作用。

參考文獻

1. 舒新城：《中國近代教育史資料》北京：人民教育出版社，1961 年版。

2. 《中國現代文學史參考資料》，北京：高等教育出版社，1959 年版。

3. 趙家璧主編：《中國新文學大系》，上海：上海文藝出版社，1980 年版。

4. 中共中央馬恩列斯著作編譯局研究室：《五四時期期刊介紹》，北京：三聯書店，1979 年版。

5. 《魯迅全集》，北京：人民文學出版社，1981 年版。

6. 孫培青：《中國教育史》，上海：華東師範大學出版社，1992 年版。

7. 張允侯等：《五四時期的社團》，北京：生活・讀書・新知三聯書店，1979 年版。

8. 沈殿成：《中國人留學日本百年史》，瀋陽：遼寧教育出版社，1997 年版。

9. 呂達：《中國近代課程史論》，北京：人民教育出版社，1994 年版。

10. 朱有瓛：《中國近代學制史料》第 2 輯上冊，上海：華東師範大學出版社，1987 年版。

11. 嚴復：《嚴復集》，北京：中華書局，1986 年版。

12. 陳學恂：《中國近代教育史教學參考資料》，北京：人民教育出版社，1987 年。

13. 陳平原：《中國大學十講》，上海：復旦大學出版社，2002 年版。

14. 高旭東：《五四文學與中國文學傳統》，濟南：山東大學出版社，2004 年版。

15. 桑兵：《晚清學堂學生與社會變遷》，上海：學林出版社，1995 年版。

16. 梁啓超：《飲冰室合集》，北京：中華書局，1989 年影印版。

17. 范伯群：《中國近現代通俗文學史》，南京：江蘇教育出版社，2000 年版。

18. 劉納：《嬗變——辛亥革命時期至五四時期的中國文學》，北京：中國社會科學出版社，1998 年版。

19. 彭定安：《魯迅：在中日文化交流的座標上》，瀋陽：春風文藝出版社，1994 年版。

20. 張新穎：《魯迅印象》，上海：學林出版社，1997 年版。

21. 劉再復等：《魯迅與自然科學》，北京：科學出版社，1979 年版。

22. 錢理群：《周作人傳》，北京：北京十月文藝出版社，1990 年版。

23. 《外來文化攝取史論》，靳叢林等譯，長春：吉林教育出版社，1990 年版。

24. 〔美〕格里奇：《胡適與中國的文藝復興》，魯奇譯，南京：江蘇人民出版社，1996 年版。

25. 許志英、鄒恬主編：《中國現代文學主潮》，福州：福建教育出版社，2001 年版。

26. 孫世哲：《蔡元培魯迅的美育思想》，瀋陽：遼寧教育出版社，1990 年版。

27. 《楊振聲選集》，北京：人民文學出版社，1987 年版。

28. 唐德剛譯注：《胡適口述自傳》，合肥：安徽教育出版社，1998 年版

29. 周策縱：《五四運動史》，長沙：嶽麓書社，1999 年版

30. 袁進：《近代文學的突圍》，上海：上海人民出版社，2001 年版。

31. 許志英：《五四文學精神》，南京：江蘇文藝出版社，1991 年版。

32. 〔美〕王德威：《想像中國的方法》，北京：三聯書店，1998 年版。

33. 汪暉：《反抗絕望》，石家莊：河北教育出版社，2000 年版。

34. 張光芒：《中國近現代啟蒙文學思潮論》，濟南：山東文藝出版社，2002 年版。

35. 陳平原：《中國小說敘事模式的轉變》，北京：北京大學出版社，2003 年版。

36. 錢理群、溫儒敏、吳福輝：《中國現代文學三十年》，北京：北京大學出版社，1998 年版。

37. 朱德發：《五四文學初探》，濟南：山東人民出版社，1982 年版。

38. 朱德發：《中國五四文學史》，濟南：山東文藝出版社，1986 年版。

39. 朱德發：《跨進新世紀的歷程》，濟南：明天出版社，2000 年版。

40. 朱德發：《五四文學新論》，濟南：山東文藝出版社，1995 年版。

41. 汪暉、陳燕谷主編：《文化與公共性》，北京：三聯書店，1998 年版。

42. 〔德〕E・卡西勒：《啟蒙哲學》，濟南：山東人民出版社，1988 年版。

43. 〔美〕本尼迪克特・安德森：《想像的共同體》，吳叡人譯，上海：上海人民出版社，2003 年版。

44. 連燕堂：《梁啓超與晚清文學革命》，桂林：灕江出版社，1995 年版。

45. 張永芳：《晚清詩界革命論》，桂林：灕江出版社，1995 年版。

46. 章亞昕：《近代文學觀念流變》，桂林：灕江出版社，1995 年版。

47. 顏廷亮：《晚清小說理論》，北京：中華書局，1996 年版。

48. 夏曉虹：《覺世與傳世──梁啓超的文學道路》，上海：上海人民出版社，1991 年版。

49. 〔美〕張灝：《梁啓超與中國思想的過渡（1890～1907）》，崔之海、葛夫平譯，南京：江蘇人民出版社，1993 年版。

50. 李孝悌：《清末的下層社會啓蒙運動：1901～1911》，石家莊：河北教育出版社，2001 年版。

51. 陳平原、夏曉虹主編：《二十世紀中國小說理論資料》，北京：北京大學出版社，1997 年版。

52. 謝晃：百年中國文學書系《1898：百年憂患》，濟南：山東教育出版社，1998 年版。

53. 程文超：百年中國文學書系《1903：前夜的湧動》，濟南：山東教育出版社，1998 年版。

54. 周作人：《周作人自編文集》，止菴校訂，石家莊：河北教育出版社，2002 年版。

55. 尚禮、劉勇主編：《現代文學研究》，北京：北京出版社，2001 年版。

56. 王富仁：《中國反封建思想革命的一面鏡子：〈吶喊〉〈彷徨〉綜論》，北京：北京師範大學出版社，1986 年版。

57. 王富仁：《中國文化的守夜人──魯迅》，北京：人民文學出版社，2002 年版。

58. 劉納：《論「五四」新文學》，杭州：浙江文藝出版社，1986 年版。

59. 〔美〕李歐梵：《現代性的追求》，北京：三聯書店，2000 年版。

60. 楊聯芬：《晚清至五四：中國文學現代性的發生》，北京：北京大學出版社，2003 年版。

61. 李澤厚：《中國近代思想史論》，天津：天津社會科學院出版社，2003 年版。

62. 李澤厚：《中國現代思想史論》，天津：天津社會科學院出版社，2003 年版。

63. 〔美〕微拉·施瓦支：《中國的啓蒙運動──知識份子與五四遺產》，李國英等譯，太原：山西人民出版社，1989 年版。

64. 王躍、高力克編：《五四：文化的闡釋與評價──西方學者論五四》，太原：山西人民出版社，1989 年版。

65. 蕭延中、朱藝編：《啓蒙的價值與侷限——臺港學者論五四》，太原：山西人民出版社，1989 年版。

66. 劉小楓：《現代性社會理論緒論》，上海：上海人民出版社，1998 年版。

67. 陳萬雄：《五四新文化的源流》，北京：三聯書店，1997 年版。

68. 〔美〕林毓生：《中國意識的危機：「五四」時期激烈的反傳統主義》，穆善培譯，貴州：貴州人民出版社，1986 年版。

69. 孫郁：《魯迅與周作人》，石家莊：河北人民出版社，1997 年版。

70. 鄭家建：《中國文學現代性的起源語境》，上海：上海三聯書店，2002 年版。

71. 王一川：《中國現代性體驗的發生》，北京：北京師範大學出版社，2001 年版。

72. 王曉明：《無法直面的人生——魯迅傳》，上海：上海文藝出版社，2001 年版。

73. 鄧國偉：《魯迅與五四新文化精神》，廣州：廣東人民出版社，2001 年版。

74. 劉再復、林崗：《傳統與中國人》，合肥：安徽文藝出版社，1991 年版。

75. 陳繼會：《二十世紀中國小說文化精神》，北京：東方出版社，2002 年版。

76. 陳伯海主編：《近四百年中國文學思潮史》，上海：東方出版中心，1997 年版。

77. 錢理群：《話說周氏兄弟——北大演講錄》，濟南：山東畫報出版社，1999 年版。

78. 劉克敵：《百年文學與大學》，北京：中國文聯出版社，2004 年版。

79. 陳方競：《多重對話：中國新文學的發生》，北京：人民文學出版社，2003 年版。

80. 《新青年》雜誌。

81. 《新潮》雜誌。

82. 《教育雜誌》雜誌。

後　記

　　三年的學習生活即將成爲過去，面對那些流逝了的歲月，我知道，在這一千多個日夜裏，我曾經跋涉在一段既充滿了思考的困惑和焦慮、又分享著創造的充實和愉悅的坎坷之路上；我也知道，在這樣的坎坷之路上，曾經留下了很多成功者依稀可辨的腳印，我只不過是循著他們的足迹，實在地體驗著他們曾經有過的「體驗」而已。每每想到這些，我似乎就遠離了斗室獨居時的落寞，有了一種行進在紛擾擁擠的道路上的緊迫感和使命感。

　　站在當下回眸著那些蜿蜒而來的道路時，我切實地感到，這三年的生活對自己人生的重新塑造是顯著的。爲了學術，我遠離了熱鬧，遠離了享受，在冷板凳上，我體味到了「我思故我在」的眞諦。特別是每當自己產生退縮的念頭時，導師朱德發教授那謹嚴的治學作風總是激勵著我——我沒有理由讓自己停頓下來。我的博士指導老師朱德發教授。他用那點石成金的巨臂，爲我開啓了一個如此神奇的學術天地，使我得以廁身於這樣的一個學術殿堂，開始了用自己的眼睛，觀照這世界，思考這世界，並把自己眼中的世界，用語言的磚塊堆砌起了可以安放自己的性靈的物質場所。在這個物質的場所裏，我清晰地體認到了自己精神的獨立存在。

　　面對著我所走過的求學道路，我還應該感謝我的碩士生指導老師蔣心煥教授。他用自己的學術視野，爲我劃定了一個使我堅守一生的學術疆域。使我得以聚焦於中國現當代文學的廣袤原野上，開始了把自己的人生和一個具體的研究對象有機地聯接在一起。這曾經使我原來一度騷動的心爲此而忐忑過，因爲，當我面對文化史上那些百科全書式大師的時候，我曾經從心底升騰起多麼熱切的期盼和神往啊。但隨著我人生體悟的昇華，我懂得了要想在

這個世界上成長為高速旋轉的陀螺，離不開對一個人生支點的堅守，正是由此出發，我自覺地放棄了如此之多的誘惑，開始把自己的人生目標定位到一個支點上。

其實，當我跋涉在學術的道路時，我切實感受到的並不是寂寞和痛楚，而是生命存在的真實和厚重。我經常地想，漫無邊際的人生的意義是什麼，行色匆匆的人生的歸宿在哪裡等諸多形而上的命題，思考的結果使我感到，人生的意義正在於我們自己對意義的認同和賦予中，人生的歸宿正在於我們自己對歸宿的選擇和皈依中。正是在這樣的認同和賦予中，正是在這樣的選擇和皈依中，我感到學術構成了我的人生的意義和歸宿的全部內容。抵禦著世俗的侵蝕，拒絕著功利的誘惑，抗拒著輝煌的眩目，堅守著自己心造的「希臘小廟」，讓靈魂找尋到一個最好的呈現方式，恰是我多年來的矢志未渝的理想追求。

這樣的一種堅守，使我越來越相信，一個人能夠打開的世界有多大，即便不是一個定數，也是一個有規律可循的數位，那就是只要我們自己沒有放棄自己，那我們也終將會打開一個屬於我們的世界。如果說在別人所打開的世界中，我們沒有找尋到存在的位置的話，那麼，在我們打開的世界裏，別人也難以找尋到存在的位置。這樣的信念支持著我，我們沒有理由和必要拜倒在別人的疆域中，我們完全有理由和可能開拓一個馳騁我們自己人生的疆域。這使感到，別人的褒獎正如別人的詆毀一樣，都不是我們獨立存在的價值的尺規。

客觀地說，三年的讀書生活過得真快。遙想剛剛踏上這次求學之旅時，導師朱德發教授就殷切期望我切實地抓住這三年的時間，爭取使人生實現一個大的跨越。在這一精神的感召下，我努力地向著這個美好的彼岸挺進。在即將觸摸到三年學習生活的彼岸時，我感到自己的所作所為離導師所描畫的彼岸依然還有一段長長的距離。好在經過這三年的錘煉，我已經有了毅然決然地走下去的勇氣和必要的知識貯備。

在過去的歲月中，我面對著那些撲面而來的一個個平淡日子，時常提醒自己，這些看似平淡的日子，正是自己建功立業的好時光。然而，每一個到來的日子，似乎離建功立業的輝煌是那樣地遙遠，但值得慶幸的是，在導師朱德發教授的鼓勵下，我沒有虛度這些平淡的日子。

在這三年讀書的日子裏，我從一開始追隨導師朱德發教授主編的《現代

中國文學英雄敘事論稿》，到當下撰寫的《新式教育與五四文學的發生》，經歷了一個自我重鑄和自我蛻變的艱難歷程。在《現代中國文學英雄敘事論稿》一書中，我主要是承擔了十七年文學英雄敘事的寫作任務，在我跋涉在十七年文學英雄敘事的道路上時，我感到自己走過的每一步都是堅實的，面對很多已經被前輩或同輩的學人闡釋過的問題，我沒有人云亦云地敷衍一切，我通過把閱讀文本積累起的感性認識上陞到理性認知的高度，努力地在那些既有的套路中找尋到展現自我個性的空間。也算是付出總會有回報吧，我撰寫的《對巴金五十年代英雄敘事的再解讀》一文，獲得了陳思和先生主辦的第八屆巴金國際學術討論會‧青年論壇的優秀獎。並有了當面聆聽巴金研究專家的高論的機緣。最後，我共撰寫了十餘萬字的英雄敘事的文字。

　　在當初進行論文開題時，我就已經意識到了自己從撰寫十七年文學的英雄敘事到撰寫畢業論文所需要跨越的知識，將是對自我一個極大的挑戰，也有朋友提議我用這些經過導師審閱過還算滿意的論文當作畢業論文。但我不甘心，我是一個喜歡挑戰並敢於應戰的人，我自己也清楚地意識到，人如果失卻了壓力，動力也就相應的減弱，況且，對五四文學的發生作出一番屬於我自己的解讀，一直是我從八十年代末到九十年代初讀碩士時就有的一個心願。我的碩士論文是關於中國小說由傳統向現代的轉換，其中的一部分還獲得過王富仁先生的偏愛，在 1994 年《中國現代文學研究叢刊》的第四期上刊發。以後，我還繼續關注這一課題，並寫了一些論文，但並沒有想到從新式教育的視角來研究五四文學的發生問題。對教育這個話題，我還是比較感興趣的，於是，我查閱了大量的有關晚清新式教育方面的資料，益發感到新式教育和五四文學的發生的關係是如此的密切，這便更加堅定了我對這一課題研究的信心。儘管如此，這個課題對我來說依然是有難度，首先，這是一個跨學科的研究，需要對晚清的新式教育有著深刻的把握，需要對晚清的文化思潮有一定的思考，需要對晚清的五四文學發生有著切實的還原。這期間我經常在閱讀一些資料中陷入到時有困惑時有所得的雙重情思的交替中。但我在導師朱德發教授的提攜下，最後總算是梳理出了論文寫作的基本眉目。每當想起導師朱德發教授為此費了很多心血，我就深感不安。但值得慶幸的是，我總算是在導師朱德發教授的導引下，基本上把自己既有的設想外化了出來。

　　在這挑戰和應戰的論文寫作過程中，我感到自己除提升了對專業的把握能力外，還學習到了導師朱德發教授那種謹嚴的治學作風。導師朱德發教授

常對我說的話是「文章首先要使自己滿意」，這時時提醒我，交給編輯或老師的文稿一定是自己滿意的定稿。這一看似不算太高的要求，經常讓我不厭其煩地跋涉在再三斟酌的道路上。這將一直伴隨著我的學術研究，成為我這三年的時間裏所收穫到的另一重要果實。

誠如我在論文中所論及到的那樣，大學作為一個公共領域具有著神奇的功能。過去，儘管也生活在大學中，但缺少了參與公共領域的機緣，這恐怕也是自己沒有很好地保持著良好的競技狀態的一個重要原因。當下的重新學習，我確有一種站在公共領域上的感覺，從導師那裡獲得的精心點撥自不必說，單就從其他老師和同學那裡所獲得的啟迪，就是一個值得認真敘說的話題，這應該感謝蔣心煥教授、王萬森教授、宋益喬教授、吳義勤教授、姜振昌教授、魏建教授等，在他們所提供的公共領域中，我體認到了學術的精髓。

在此，我還不能不提及的是，我的愛人給了我很大的支持，沒有她作為我跋涉的後盾，我可能無法達到當下的水平，儘管當下的這一水平並不是很令人滿意；她不僅忙著自己的事業，也不僅為我提供著直接的支持，而且還幾乎把照顧兒子學習的任務全都承擔了下來。特別需要提出的是，在她的指導下，即將小學畢業的兒子還發表了幾篇文章。每當我為兒子的成長感到自豪的同時，也頓時生起發自內心的愧疚，我為了讀書，即便是周末也沒有很好地陪著兒子寫過一次作業。

所有的這些累加起來，使我感到在自己的肩上，擔起的似乎已經不是自己一人對未來的希冀，還有許多許多人的期盼。的確是如此的，在我成長道路上，為了趕寫文章，這三年多來我幾乎沒有一個周末在家裏像普通人那樣地生活過，每天在腦子裏縈繞的是那些揮之不去的寫作對象。在這種情景下，我離開自己溫馨的家，躲進我山師的斗室裏，精心地打磨著自己的論文。

在此，特別令我念及的是還有那麼多曾經關愛過我的老師和親朋好友，他們以不同的方式支持著我的發展，這使我感到自己所從事的工作，不再僅僅是為了自己的生存和發展，而且還是為了他們的榮譽。每當我把自己從事的工作當作了他們生命向前延伸的一個鏈條，就感到自己沒有理由懈怠自己，更沒有理由使他們感到失望，這樣的念頭時常地提醒自己，當下的論文寫作就是對他們的精神銜接。當然，這銜接也許還做得不夠好，但我知道，只要實實在在地努力著，就有可能在傳承老師的學術精神的同時，把所有指向未來的精神銜接得更好一點。

當我即將與我的博士論文所論及的那些歷史人物告別的時候，我突然感到了歷史竟然是如此的殘酷。無可諱認，他們當中的很多人曾經很用心地來扮演著屬於自我的角色，但依然被歷史無情地劃定爲眞誠的遺老；他們當中的很多人曾經無意地扮演著一些本不該屬於自己的角色，但依然被歷史眞情地記誦著。這不僅使我想起了馬克思所說過的一句話：「無論古老世界崩潰的情景對我們個人的感情是怎樣難受，但是，從歷史觀點來看，我們有權同歌德一起高唱：『既然痛苦是快樂的源泉，那又何必因痛苦而傷心？』」（《馬克思恩格斯選集》第四卷，人民出版社，第 68 頁。）是的，古老世界的崩潰的情景固然是令我們的感情難以接受，但當我看到一個新的世界因此而孕育並最終降臨到這個世界時，我們就沒有理由不對歷史的法則表示深深的敬意。

當然，在本書即將付梓之際，我感到還有一些話語需要表達。這就是對那些給我大力鼓舞和支持的專家學者的衷心感謝。他們以不同的方式，給我深刻的啓迪。其中有王富仁教授、范伯群教授、丁帆教授、孔範今教授、宋益喬教授、劉增人教授、牛運清教授、解洪祥教授、許祖華教授、昌切教授、逄增玉教授、方長安教授、曾紹義教授、馬以鑫教授等專家學者。他們都對我的論文寫作有過非常大的幫助。這使我切實地感到，任何一個學人的成長，都離不開那些先行者的大力提攜。也許，正是從這樣的意義上，我們可以把學術的研究看作一種精神的傳承，並不是沒有根據的。

本書的很多章節，在過去一年的時間裏，斷斷續續地有了面世的機緣，有些還有了一定的反響。這使我對那些一直默默無聞、甘爲人梯的編輯有了更深的理解。正是由於他們的偏愛，才使我有了毅然前行的動力和勇氣。這正如魯迅在《吶喊》中所陳述的那樣：「凡一人的主張，得了贊和，是促其前進的，得了反對，是促其奮鬥的，獨有叫喊於生人中，而生人並無反應，既非贊同，也無反對，如置身毫無邊際的荒原，無可措手的了，這是怎樣的悲哀呵，我於是以我所感到者爲寂寞。」（魯迅：《吶喊·自序》）值得慶幸的是，在我前行的道路上，沒有「置身毫無邊際的荒原」的感覺。我始終都感到了來自贊和與質疑給我的學術帶來的動力。正是從這樣的意義上，我不得不表達對那些曾經大力提攜過我的編輯們的崇高敬意。在將來的學術道路上，我不管走得多遠，我都無法忘記這些名字：王保生先生（《文學評論》）、邢少濤先生（《文學評論》）、張傑先生（《魯迅研究月刊》）、王衛國先生（《河北學刊》）、陳穎先生（《福建師範大學學報》）、劉岸挺先生（《揚州大學學報》）、武衛華

先生（《山東社會科學》）、王連仲先生、曹振華先生（《東嶽論叢》）、翟德耀先生、時曉紅先生（《山東師範大學學報》）、王敏先生（《理論學刊》）、馮濟平先生（《東方論壇》）、賈岩先生（《濟南大學學報》）、周棉先生（《徐州師範大學學報》）等諸多編輯。我非常清楚地知道，在我所塗鴉的這些文字背後，隱含著他們的思想和心血，也隱含著他們的期待和鼓勵。

當我即將寫上本書的最後一些話的時候，驀然之間，回眸那已經過去的讀書生活，一切都好似還在昨天，一切都是那麼清晰地映現在我的記憶的螢幕上。感謝這樣的一種生活，她不僅使我理解了學術的精髓，而且還使我開始觸摸到了人生的一點真諦，這由此構成了我人生最美好的記憶。

李宗剛

2006 年 8 月